线装中华国粹

晏子春秋

俞婉君◎译注

二十一世纪出版社集团
21st Century Publishing Group

图书在版编目（CIP）数据

晏子春秋 / 俞婉君译注 . — 南昌：二十一世纪出版社集团，2015.12
（线装中华国粹系列）
ISBN 978-7-5568-1192-2

Ⅰ . ①晏… Ⅱ . ①俞… Ⅲ . ①先秦哲学②《晏子春秋》—译文③《晏子春秋》—注释 Ⅳ . ① B22

中国版本图书馆 CIP 数据核字 (2015) 第 194179 号

晏子春秋　　俞婉君　译注

策　　划	张秋林
责任编辑	周向潮　张波虹
出版发行	二十一世纪出版集团（江西省南昌市子安路 75 号　330009） www.21cccc.com　cc21@163.net
出 版 人	张秋林
经　　销	全国各地书店
印　　刷	南昌市印刷十二厂有限公司
版　　次	2015 年 12 月第 1 版　2015 年 12 月第 1 次印刷
印　　数	0001 ~ 15000 册
开　　本	787mm × 1092mm　1/16
印　　张	20.5
字　　数	346 千字
书　　号	ISBN 978-7-5568-1192-2
定　　价	24.90 元

赣版权登字—04—2015—684
（如发现印装质量问题，请寄本社图书发行公司调换，服务热线：0791-86524997。）

目录

contents

第一卷　内篇谏上第一

第二卷　内篇谏下第二

第三卷　内篇问上第三

第四卷　内篇问下第四

第五卷　内篇杂上第五

第六卷　内篇杂下第六

第七卷　外篇第七

第八卷　外篇第八

第一卷 内篇谏上第一

庄公矜勇力不顾行义晏子谏第一①

原 文

庄公奋②乎勇力，不顾于行义。勇力之士，无忌于国。贵戚不荐善③，逼迩不引过④，故晏子见公。

公曰："古者亦有徒⑤以勇力立于世者乎？"

晏子对曰："婴闻之，轻死以行礼谓之勇，诛暴不避强谓之力。故勇力之立也，以行其礼义也。汤、武⑥用兵而不为逆，并国而不为贪，仁义之理也。诛暴不避强，替⑦罪不避众，勇力之行也。古之为勇力者，行礼义也。今上无仁义之理，下无替罪诛暴之行，而徒以勇力立于世，则诸侯行之以国危，匹夫行之以家残。昔夏之衰也，有推侈、大戏⑧；殷之衰也，有费仲、恶来。足走千里，手裂兕⑨虎，任之以力，凌轹⑩天下，威戮无罪，崇尚勇力，不顾义理，是以桀、纣⑪以灭，殷、夏以衰。今公目夺乎勇力，不顾乎行义，勇力之士，无忌于国，身立威强，行本淫暴，贵戚不荐善，逼迩不引过，反圣王之德，而循灭君之行。用此存者，婴未闻有也。"

注 释

①庄公：姜姓，吕氏，名光，齐灵公之子。春秋时期齐国国君，公元前553年—公元前548年在位。荒淫无道，因与大臣崔杼之妻私通，为崔杼所杀。矜：夸耀。

②奋：鼓起劲来，振作。这里义同"矜"，夸耀的意思。

③贵戚：指帝王本姓的亲族。荐：进，进献。

④逼迩：指近臣。引：称引，指出。

⑤徒：独，仅仅。

⑥汤、武：指商、周两代的开国君主商汤和周武王。

⑦替：废除，消灭。

⑧推侈、大戏：和下文的“费仲、恶来”一样，均为勇力之士。推侈、大戏为夏桀时人，费仲、恶来为殷纣时人。

⑨兕（sì）：雌性犀牛。

⑩凌轹（lì）：欺压，排挤。

⑪桀、纣：夏朝和商朝的末代君主。

译　文

齐庄公崇尚勇力，不重视推行仁义。勇猛强悍的人在齐国横行无忌。王室贵族不敢进献忠言，左右近臣不敢指责过失，所以晏子就去拜见庄公。

庄公问：“古时也有只凭勇力在世上立足的人吗？”

晏子回答说：“我听说，为了实行礼仪而轻视死亡叫作勇，为了除灭暴乱而不畏惧强势叫作力。所以确立勇力的地位，是为了推行礼义。商汤、周武王发动战争却不算叛逆，吞并别国却不算贪心，这是因为他们的行为符合仁义的原则。为了除灭暴乱而不畏惧强势，推翻罪恶的统治而不惧怕众人，这才是勇力的行为。古时具有勇力的人是推行礼义的。如今君主不遵守仁义的原则，臣下没有消除罪恶和暴乱的行为，而只是凭借勇力在世上立足。那么，诸侯这么做就会使国家危险，百姓这么做就会使家庭破败。以前夏朝的衰败是因为有推侈、大戏这样的人，殷朝衰败是因为有费仲、恶来这样的人。他们徒步能行走千里，徒手能撕裂犀牛、猛虎。他们凭借勇力被任用，就欺压天下人，杀戮无罪的人，崇尚勇力，不顾仁义道理，夏桀、商纣因此被消灭，殷朝和夏朝因此而衰亡。现在国君您只一味地推崇勇力，而不重视推行仁义，使得具有勇力的人在国内横行无忌，凭借威势和强力立身朝廷，把淫邪暴虐作为行为的根本，王室贵族不敢进献忠言，左右近臣不敢指责过失，这是违反圣德君主的德行，遵循亡国君主的行为。凭借这种行为而能使自身和国家保存的，我还没有听说过。”

景公饮酒酣愿诸大夫无为礼晏子谏第二①

原　文

景公饮酒酣，曰：“今日愿与诸大夫为乐饮，请无为礼。”

晏子蹴然[2]改容曰："君之言过矣！群臣固[3]欲君之无礼也。力多足以胜其长，勇多足以弑[4]其君，而礼不使也。禽兽以力为政[5]，强者犯弱，故日易主。今君去礼，则是禽兽也。群臣以力为政，强者犯弱，而日易主，君将安立矣？凡人之所以贵于禽兽者，以有礼也。故《诗》曰：'人而无礼，胡不遄死[6]。'礼不可无也。"公湎[7]而不听。

少间[8]，公出，晏子不起；公入，不起；交举[9]则先饮。公怒，色变，抑手疾视[10]曰："向者[11]夫子之教寡人，无礼之不可也。寡人出入不起，交举则先饮，礼也？"

晏子避席[12]，再拜稽首[13]而请曰："婴敢与君言而忘之乎？臣以致[14]无礼之实也。君若欲无礼，此是已！"

公曰："若是，孤之罪也。夫子就席，寡人闻命矣。"觞三行[15]，遂罢酒。

盖[16]是后也，饬[17]法修礼以治国政，而百姓肃[18]也。

注　释

①景公：姜姓，吕氏，名杵臼，齐灵公之子，齐庄公之异母弟。春秋时期齐国国君，公元前547年—公元前490年在位。酣：酒喝得很畅快。在位期间，横征暴敛，大兴酷刑。

②蹴然：局促不安的样子。

③固：本来。

④弑：古代称子杀父母、臣杀君。

⑤为政：主持政事。这里指统治。

⑥"人而无礼"二句：见于《诗经·鄘风·相鼠》。胡：何。遄（chuán）：快，迅速。

⑦湎：沉迷。俞樾认为"湎"为"偭（miǎn）"之误。偭：背，背身。

⑧少间：一会儿，不多久。

⑨交举：互相举杯敬酒。古礼，相互举杯，尊者先饮。

⑩抑手疾视：手按着几案，怒目而视。抑：按，向下压。疾：怒，强狠。

⑪向者：之前，刚才。

⑫避席：古人席地而坐，离席起立，以示敬意。

⑬再拜：古代一种隆重的礼节，拜两次，表达敬意。稽（qǐ）首：指古代汉族跪拜礼，为九拜中最隆重的一种。常为臣子拜见君父时所用。跪下并拱手至地，头也至地。

⑭致：招引，使达到。

⑮觞三行：三次敬酒。古礼，臣子陪侍君主宴饮，以三次敬酒为度。觞：向人敬酒。

⑯盖：发语词，无义。

⑰饬：修整，整顿。

⑱肃：恭敬。

译文

齐景公喝酒喝得正尽兴，说："今天我希望和各位大夫喝个痛快，请大家不要拘礼了。"

晏子神色不安地说："国君您的话不对啊！群臣本来就希望您不拘礼。力量大的人足以战胜自己的尊长，勇猛多的人足以杀死自己的君主，而礼仪却让他们不这样去做。禽兽凭借勇力来统领它们的世界，强大的欺凌弱小的，所以时常更换首领。如今您舍弃礼仪，那就是和禽兽一样了。群臣凭借勇力治理国家，强大的人欺凌弱小的人，时常更换君主，那大王您将怎么立身于君位呢？人之所以比禽兽高贵，就是因为人有礼仪。所以《诗经》中说：'做人如果不讲礼仪，那还不如早早死去。'礼仪不能舍弃啊！"景公执迷不悟，没有听从。

过了一会儿，景公出去，晏子没有站起来行礼；景公进来，晏子又没有站起来；和景公互相敬酒时，晏子抢先饮酒。景公非常生气，露出愤怒的神色，手按几案，怒视着晏子说："之前夫子你教育我不能舍弃礼仪，现在我出入时你都不站起来行礼，和我敬酒时又抢先饮酒，这是遵守礼仪吗？"

晏子起身离开座位，拜了两拜叩头请罪说："我怎么敢忘记和大王您说过的话呢？我只是想造成一种舍弃礼仪的实际情况。您如果想舍弃礼仪，刚才这种情况就是结果。"

景公说："如果是这样，那是我的罪过了。夫子您请坐吧，我听从您的教导。"敬酒三遍，就结束了宴饮。

从此以后，景公就整饬法度修明礼仪来治理国家政事，百姓也都恭敬守礼了。

景公饮酒酲三日而后发晏子谏第三①

原　文

景公饮酒，酲，三日而后发。

晏子见曰："君病酒乎？"

公曰："然。"

晏子曰："古之饮酒也，足以通气合好②而已矣。故男不群乐以妨事，女不群乐以妨功③。男女群乐者，周觞五献④，过之者诛。君身服⑤之，故外无怨⑥治，内无乱行。今一日饮酒而三日寝之，国治怨乎外，左右乱乎内。以刑罚自防者，劝⑦乎为非；以赏誉自劝者，惰乎为善；上离德行，民轻赏罚，失所以为国矣。愿君节之也。"

注　释

①酲（chéng）：喝醉后神志不清有如患病的感觉。发：醒来。

②通气合好：指气血畅通交会。

③功：指妇女所做的纺织、刺绣、缝纫等工作。

④献：指敬酒。

⑤服：遵从，遵守。

⑥怨：通"蕴"，郁积。

⑦劝：勤勉，努力。

译　文

齐景公喝酒喝得昏昏沉沉的，三天后才清醒过来。

晏子拜见说："国君您喝醉了吧？"

景公说："是的。"

晏子说："古人喝酒，只要喝到能够气血通畅就好了。所以男子不因为聚众饮酒取乐而妨碍正事，女子不因为聚众饮酒取乐而妨碍女红。男女在一起喝酒作乐，大家举杯只能敬酒五回，过度了就要受罚。君主自身遵循这条准则，所以在外没有积聚不办的政事，在内没有昏乱无礼的行为。如今您喝一天酒，醉卧三天，朝廷外积聚了很多政事，朝廷内左右近臣混乱无礼。那些因为刑罚而约束自己的人，就放肆地去做坏事了；那些因为赏赐赞誉而勉励自己的人，就懒得去做好事了；君主背离德行，百姓就轻视赏赐和惩罚的法度，这样就失去了治理国家的关键。希望您能节制宴饮。”

景公饮酒七日不纳弦章①之言晏子谏第四

原文

景公饮酒，七日七夜不止。弦章谏曰：“君饮酒七日七夜，章愿君废酒也！不然，章赐死！”

晏子入见，公曰：“章谏吾曰：‘愿君之废酒也！不然，章赐死。’如是而听之，则臣为制②也；不听，又爱③其死。”

晏子曰：“幸矣！章遇君也。令④章遇桀、纣者，章死久矣。”

于是公遂废酒。

注释

①弦章：齐景公时齐国大臣，善于讽谏。

②臣为制：被臣子制约。

③爱：舍不得，吝惜。

④令：假使，假设。

译文

齐景公喝酒，喝了七天七夜也没有停止。弦章进谏道：“国君您喝酒喝了七天七夜了，臣恳请您停止吧！不然的话，就请赐臣一死！”

晏子进来拜见，景公说：“弦章劝谏我说：‘恳请您停止喝酒吧！不然的话，就赐我一死！’如果我就这样听从他的话，那就是被臣子制约了；不听从的话，又舍不得他死去。”

晏子说：“弦章遇到国君您真是幸运啊！假如让弦章遇到像夏桀、商纣那样的君主，他早就已经死了。”

于是景公就停止饮酒了。

景公饮酒不恤天灾致能歌者晏子谏第五

原 文

景公之时，霖雨十有七日[1]。公饮酒，日夜相继。晏子请发粟于民，三[2]请，不见许。公命柏遽[3]巡国，致能歌者。

晏子闻之，不说[4]，遂分家粟于氓[5]，致任器于陌[6]，徒行见公曰：“霖雨十有七日矣！坏室乡[7]有数十，饥氓里有数家，百姓老弱，冻寒不得短褐[8]，饥饿不得糟糠[9]，敝撤[10]无走，四顾无告。而君不恤，日夜饮酒，令国致乐不已，马食府粟，狗餍刍豢[11]，三保[12]之妾，俱足粱肉[13]。狗马保妾，不已厚乎？民氓百姓，不亦薄乎？故里穷而无告，无乐有上矣；饥饿而无告，无乐有君矣。婴奉数之策[14]，以随百官，使民饥饿穷约[15]而无告，使上淫湎失本而不恤，婴之罪大矣。”再拜稽首，请身[16]而去，遂走而出。

公从之，兼于涂而不能逮[17]，令趣[18]驾追晏子，其家，不及。粟米尽于氓，任器存于陌，公驱及之康[19]内。公下车从晏子曰：“寡人有罪，夫子倍[20]弃不援，寡人不足以有约也，夫子不顾社稷百姓乎？愿夫子之幸存[21]寡人，寡人请奉齐国之粟米财货，委[22]之百姓，多寡轻重，惟夫子之令。”遂拜于途。

晏子乃返，命禀[23]巡氓。家有布缕之本[24]而绝食者，使有终月之委；绝本之家，使有期年[25]之食；无委积之氓，与之薪橑[26]，使足以毕霖雨。令柏巡氓，家室不能御者予之金，巡求氓寡用财乏者。死[27]三日而毕，后者[28]若不用令之罪。

公出舍，损肉撤酒，马不食府粟，狗不食馇肉[29]，辟拂嗛齐[30]，酒徒减赐。三日，吏告毕上：贫氓万七千家，用粟九十七万钟，薪橑万三千乘；坏室二千七百家，用金三千。公然后就内[31]退食，琴瑟不张[32]，钟鼓不陈。晏子请左右与可令歌舞足以留思虞者[33]退之，辟拂三千，谢于下陈[34]。人待三，士待四[35]，出之关外也。

注释

①霖雨：连日不断的大雨。有：通“又”。

②三：表示多次，不是确指。

③柏：人名，齐景公近臣。一说柏通“伯”，为官名。遽：急速。

④说：通“悦”，高兴。

⑤氓：即百姓。

⑥任器：这里指装载搬运粮食的器具。陌：道路。

⑦乡：与下文的“里”均为古代的行政单位。周制：王及诸侯国都郊内置乡，民众聚居之处曰里。

⑧短褐：用兽毛或粗麻布做成的短上衣，用来形容平民的衣着。

⑨糟糠：指酒糟、米糠等粗劣食物，旧时穷人用来充饥。

⑩敝撤：行走困难的样子。敝：通“蹩”，跛。

⑪餍（yàn）：吃饱。刍豢（huàn）：泛指牛羊猪狗等家畜，也用以指祭祀用的牺牲。

⑫三保：孙诒让认为“三保”当为“三室”之误。

⑬粱肉：指精美的饭食。

⑭奉数之策：指手捧简策。意为掌管国家政务。

⑮约：贫困。

⑯请身：指辞官。

⑰兼：借为“溓（nián）”，通“粘”。这里指道路泥泞难行。涂：通“途”，道路。逮：到，及，追上。

⑱趣：通“促”，急速。

⑲康：五路通达的大路，泛指大路。

⑳倍：通“背”，背离。

㉑幸存：意为赐幸留下。

㉒委：交付，给。

㉓禀：一说指主管粮食的官员廪人。一说为人名。

㉔布缕之本：指种桑养蚕业。古人以农桑为本。

㉕期年：满一年。

㉖薪橑（lǎo）：指柴草。

㉗死：吴则虞认为“死”字疑为“比”字之讹。比：官府限期办好公事。

㉘后者：指超出限期的人。

㉙馇肉：肉粥。馇：稠粥。

㉚辟拂：即辅拂。指侍御之幸臣。辟：通“弼”。嗛（qiàn）齐：减少资费用度。嗛：通“歉”，减少。齐：通“资”。

㉛就内：指景公回到宫中。

㉜不张：与下文“不陈”意思相同，均为收起不用之意。

㉝留思虞者：使人留恋歌舞取乐。

㉞谢：辞去官职。下陈：古代统治者宾主相见，在堂下陈列礼品，站立傧从之处。这里指君主后宫的姬妾。

㉟人待三，士待四：俞樾云：“人则以三日为期，士则稍优容之，以四日为期，皆使得办装也。”

译 文

齐景公在位时，雨不停地下了十七天。景公却日以继夜地饮酒作乐。晏子请求发放粮食给百姓，请求了很多次，都没有得到允许。景公还命令柏迅速巡视全国，搜罗能歌善舞的人。

晏子听说这件事，非常不高兴，于是就分发自家的粮食给流民，把运输粮食的器物放在路上，自己走着去见景公，说：“雨已经不停地下了十七天了！每乡毁坏的房屋有几十幢，每里有好几家挨饿的百姓，年老体弱的人，觉得寒冷却连粗布麻衣都穿不上，感到饥饿却连酒糟谷糠都吃不到，步履艰难，不能奔走，环顾四周，没有可以求告的地方。但是国君您却不体恤百姓，天天饮酒作乐，还命令全国各地不断地进献能歌善舞的人，宫里的马吃的是府库里的粮食，狗吃的是牛羊猪肉，三宫六院的嫔妃都有充足的精美饭食。您对狗马和姬妾不是太优厚了吗？对流民和百姓不是也太苛刻了吗？所以乡里的百姓困窘而没有地方可以求告，就不会乐意有这样的君主了；百姓忍饥挨饿而没有地方可以求告，就不会乐意有这样的君王了。我手捧简策，跟随在百官之中，却让百姓忍饥挨饿而无处求告，让君主荒淫沉迷而不体恤百姓，我的罪过太大了。”说完拜了两拜叩了头，请求辞官回家，便跑出了宫门。

景公跟着追出来，却陷在泥里不能追上，就下令赶紧驾车追赶晏子，一直追到晏子的家里，还是赶不上。景公看到晏子家里的粮食都给了流民，运载粮食的器具停放在路边，就继续驱车，在大路上追到了晏子。景公下车跟在晏子后面说："我有罪，夫子您背弃我不再辅佐我，我也不值得让您屈尊，但是您难道也不顾念国家和百姓了吗？希望夫子能保全我，我愿意拿出国库里的粮食财物，把它们分赐给百姓，给多给少，谁轻谁重，都只听从您的命令。"说完便在路上恭敬地行礼道歉。

晏子这才回去，命令主管粮仓的官员巡视百姓的情况。凡是家里有布线之资而断粮了的，给他们一个月的粮食；家里没有布线之资的，发给他们一年的粮食；没有柴草储备的百姓，给他们柴草，让他们能够度过阴雨期。命令柏巡视流民，给那些房屋不能抵御风雨的人家适量的钱财，并到处搜寻财物匮乏的百姓。这些事都要在三天内完成，超过期限的就和不执行命令的罪过相同。景公搬出王宫，减少肉食，取消宴饮，让马不吃府库的粮草，狗不吃肉粥，缩减宫中姬妾的资费用度，减少陪酒近臣的赏赐。三天后，官员们完成差事并上报：贫苦灾民有一万七千家，分发粮食九十七万钟，柴草一万三千车；毁坏的房屋有两千七百家，发放钱财三千金。之后景公就回到宫内，减少膳食，把琴瑟和钟鼓都收了起来。晏子请求将左右近臣和那些足以让人留恋歌舞的乐人都辞退，于是就从后宫遣返了三千多个宫女侍妾。姬妾乐人限期三天，近臣限期四天，全部送出宫门之外。

景公夜听新乐而不朝晏子谏第六

原　文

晏子朝，杜扃望羊待于朝[①]。晏子曰："君奚故不朝？"对曰："君夜发[②]不可以朝。"晏子曰："何故？"对曰："梁丘据[③]入歌人虞，变齐音。"

晏子退朝，命宗祝[④]修礼而拘虞。公闻之而怒曰："何故而拘虞？"

晏子曰："以新乐淫[⑤]君。"

公曰："诸侯之事、百官之政，寡人愿以请子；酒醴之味、金石之声[6]，愿夫子无与[7]焉。夫乐，何必夫故哉？”

对曰：“夫乐亡而礼从之，礼亡而政从之，政亡而国从之。国衰，臣惧君之逆政之行。有歌，纣作《北里》，幽、厉之声，顾夫淫以鄙而偕亡[8]。君奚轻变夫故哉？”

公曰：“不幸[9]有社稷之业，不择言而出之，请受命矣。”

注　释

①杜扃（jiōng）：人名，齐景公臣。望羊：茫然仰视的样子。

②夜发：指夜里不睡觉。

③梁丘据：人名，齐景公宠臣。

④宗祝：宗伯和太祝。主祭祀之官。

⑤淫：惑乱，迷惑。

⑥醴（lǐ）：美酒。金石：指钟磬一类的乐器。

⑦与（yù）：参与。

⑧顾：回顾，反省。以：和，而且。偕：一起，一同。

⑨不幸：表自谦。即侥幸。

译　文

晏子上朝，看到杜扃目光茫然地在朝廷上等着。晏子问他：“国君为什么不上朝？”杜扃回答说：“国君晚上不睡觉，所以不能上朝。”晏子问：“为什么不睡觉？”杜扃回答说：“梁丘据进献了一个叫虞的歌者，改变了齐国的古音，演奏出了新的曲子。”

晏子退朝，命令主管祭祀的官员根据礼法拘捕了虞。景公知道后，生气地问：“您因为什么拘捕虞？”

晏子说：“因为他用新曲迷惑君主。”

景公说：“关于诸侯的事宜、管理百官的政事，我愿意请教您；但是品尝美酒的味道，欣赏丝竹音乐，我希望您不要参与。音乐，为什么一定要用以前的曲子呢？”

晏子回答说：“音乐衰亡了，礼仪就会跟着衰亡；礼仪衰亡，政事就会跟着衰亡；政事衰亡，国家就会跟着衰亡了。现在齐国正在衰弱，我怕大王您的行为违背政教。有这样的歌曲，商纣王创作的《北里》，周幽王、周厉王时的音乐，回想一下都是因为它们淫邪鄙陋，才导致国家也一起灭亡了。大王您难道还要轻易改变古曲吗？”

景公说：“我侥幸拥有国家大业，没有斟酌就随便说出了那样的话，我接受您的教诲了。”

景公燕赏无功而罪有司晏子谏第七

原 文

景公燕[1]赏于国内，万钟者三，千钟者五。令三出，而职计[2]莫之从。公怒，令免职计。令三出，而士师[3]莫之从。公不说。

晏子见，公谓晏子曰：“寡人闻君国[4]者，爱人则能利之，恶人则能疏之。今寡人爱人不能利，恶人不能疏，失君道矣。”

晏子曰：“婴闻之，君正臣从谓之顺，君僻[5]臣从谓之逆。今君赏谗谀[6]之臣，而令吏必从，则是使君失其道，臣失其守也。先王之立爱，以劝善也；其立恶，以禁暴也。昔者三代之兴也，利于国者爱之，害于国者恶之，故明所爱而贤良众，明所恶而邪僻灭，是以天下治平，百姓和集[7]；及其衰也，行安简易[8]，身安逸乐，顺于己者爱之，逆于己者恶之，故明所爱而邪僻繁，明所恶而贤良灭，离散百姓，危覆社稷。君上不度[9]圣王之兴，而下不观惰君[10]之衰，臣惧君之逆政之行，有司不敢争[11]，以覆社稷，危宗庙。”

公曰：“寡人不知[12]也，请从士师之策。”国内之禄，所收者三也[13]。

注 释

①燕：通“宴”，宴饮。

②职计：古官名，掌钱财会计。

③士师：古官名，掌禁令、狱讼、刑罚之事。

④君国：指做君主统治国家。

⑤僻：邪僻。

⑥谗谀：谗毁，阿谀。

⑦和集：亦作“和辑”，和睦团结。

⑧安：安于，满足于。简易：随便，不拘礼节。

⑨度：猜测，揣度。

⑩惰君：败坏国事之君。

⑪争：通“诤”，诤谏。

⑫知：通“智”。

⑬“国内之禄”二句：文义不明，原文疑有缺漏，或为外文羼入，故不译。

译文

齐景公在国内举行宴饮大行赏赐，赏了三个人一万钟粮食、五个人一千钟粮食。命令下了好几次，但掌管钱粮会计的职计都没有听从。景公很生气，就下令罢免这个官员。命令下了好几次，但掌管司法的士师都没有听从。景公非常不高兴。

晏子拜见景公，景公对晏子说：“我听说统治国家的人，喜欢谁就能让谁得到利益，讨厌谁就可以疏远谁。现在我喜欢一个人却不能让他受益，讨厌一个人却不能疏远他，这是失去做君主的权利了。”

晏子说：“我听说，君主品行端正而臣子听从叫作顺，君主行为邪僻而臣子听从叫作逆。现在大王您赏赐进谗言善于奉承的臣子，却下令让主管官吏一定要听从，那就是使君主失去他的道德、臣子失去他的操守。古代圣王树立爱的规范，是为了劝勉百姓做好事；他们树立恶的典型，是为了禁止暴乱。从前夏、商、周三代兴盛时，君主喜爱有利于国家的人，讨厌有害于国家的人。所以昭明君主喜爱什么，贤良的臣子就众多；昭明君主厌恶什么，邪僻的臣子就绝迹了。因此天下安定太平，百姓和睦团结。等到三代衰败时，君主的行为满足于粗陋无礼，自身满足于安逸享乐，顺从自己的就喜爱他，违逆自己的就厌恶他。所以昭明君主喜爱什么，邪僻的臣子就繁多；昭明君主厌恶什么，贤良的臣子就绝迹了，使得百姓离散，国家倾覆。国君您上不思虑圣王兴盛的原因，下不考察昏君衰亡的原因，我怕您的行为违背政教，使得主管官吏不敢诤谏，导致国家倾覆，宗庙危亡。”

景公说：“我太不明智了，请听从司法官的决策。”

景公信用谗佞赏罚失中晏子谏第八[1]

原 文

景公信用谗佞，赏无功，罚不辜。晏子谏曰："臣闻明君望[2]圣人而信其教，不闻听谗佞以诛赏。今与左右相说颂[3]也，曰：'比死者勉为乐乎[4]！吾安能为仁而愈黥民耳矣[5]？'故内宠之妾，迫[6]夺于国；外宠之臣，矫[7]夺于鄙；执法之吏，并荷[8]百姓。民愁苦约病，而奸驱尤佚[9]。隐情奄[10]恶，蔽谄[11]其上，故虽有至圣大贤，岂能胜若谗哉？是以忠臣常有灾伤也。臣闻古者之士，可与[12]得之，不可与失之；可与进之，不可与退之。臣请逃之矣。"遂鞭马而出。

公使韩子休追之，曰："孤不仁，不能顺教，以至此极。夫子休国焉而往，寡人将从而[13]后。"晏子遂鞭马而返。

其仆曰："向之去何速？今之返又何速？"晏子曰："非子之所知也，公之言至[14]矣。"

注 释

①谗佞：指谗邪奸佞的小人。失中：不合准则。

②望：仰望，仰慕。

③说颂：迎合称颂。

④比死者：将要死去的人。勉：勉力，尽情。

⑤愈：超过。黥（qíng）：在犯人脸上刺字。黥民：受刑的犯人。

⑥迫：逼迫，强迫。

⑦矫：假托。

⑧荷：通"苛"，苛责，苛刻。

⑨驱：通"区"，隐藏。佚：放荡，放纵。

⑩奄：通"掩"，掩盖。

⑪蔽谄：蒙蔽迷惑。谄：王念孙认为当为“谄”之误。谄：隐瞒。
⑫与：亲近，亲附。
⑬而：通“尔”，你。
⑭至：真挚，诚恳。

译文

齐景公信任重用谗邪奸佞的小人，赏赐没有功劳的人，惩罚没有罪过的人。晏子进谏说：“我听说过贤明的君主仰慕圣人而信奉他的教诲，没有听说过听从谗邪奸佞的小人来进行惩罚和赏赐的。现在您与左右近臣互相取悦称颂，说：‘将要死去的人还尽力取乐呢！我怎么能为了仁义而只比犯人过得好一些呢？’所以后宫受宠的姬妾在国内巧取豪夺，朝上受宠的臣子在各地假借您的命令夺取钱财，和执法的官吏一起苛责欺压百姓。民众愁苦贫病，而奸人隐藏财富更加放肆。他们隐瞒实情，掩盖罪恶，蒙蔽迷惑君主，所以即使有最高明的圣贤，又哪里能胜过这样的奸谗小人呢？因此忠臣时常会受到灾祸和伤害。我听说古代的士人，遇到可以亲附的国君就出仕，遇到不可亲附的国君就隐遁；遇到可亲附的国君就进仕，遇到不可亲附的国君就引退。我请求离开这里。”说完就鞭打着马出走了。

景公派韩子休去追赶晏子，说：“我不仁义，不能顺从您的教导，因此到了这个地步。夫子您抛弃国家走到哪里，我就跟着您到哪里。”晏子于是就鞭打着马回来了。

他的仆从问：“之前离开的时候为什么那样快？现在回来又为什么这样快？”晏子说：“这不是你能明白的，大王的话太诚恳了。”

景公爱嬖[①]妾随其所欲晏子谏第九

原文

翟[②]王子羡臣于景公，以重驾[③]，公观之而不说也。嬖人婴子欲观之，公曰：“及晏子寝病[④]也。”居圃中台上以观之。婴子说之，因为之请曰：“厚禄之！”公许诺。

晏子起病[⑤]而见公，公曰：“翟王子羡之驾，寡人甚说之，请使之示乎？”

晏子曰：“驾御之事，臣无职焉。”

公曰：“寡人一[6]乐之，是欲禄之以万钟，其足乎？”

对曰：“昔卫士东野之驾也，公说之，婴子不说，公曰不说，遂不观。今翟王子羡之驾也，公不说，婴子说，公因悦之；为请，公许之。则是妇人为制也。且不乐治人，而乐治马；不厚禄贤人，而厚禄御夫。昔者先君桓公之地狭于今，修法治，广政教，以霸诸侯。今君，一诸侯无能亲也，岁凶[7]年饥，道途死者相望[8]也。君不此忧耻，而惟图耳目之乐；不修先君之功烈，而惟饰驾御之伎[9]，则公不顾民而忘国甚矣。且《诗》曰：‘载骖载驷，君子所届[10]。’夫驾八，固非制也，今又重此，其为非制也，不滋[11]甚乎？且君苟[12]美乐之，国必众为之，田猎则不便，道行致远则不可。然而用马数倍，此非御下之道也。淫于耳目，不当[13]民务，此圣王之所禁也。君苟美乐之，诸侯必或效[14]我，君无厚德善政以被[15]诸侯，而易之以僻，此非所以子民、彰名、致远、亲邻国之道也[16]。且贤良废灭，孤寡不振[17]，而听嬖妾以禄御夫以蓄怨，与民为仇之道也。《诗》曰：‘哲夫成城，哲妇倾城[18]。’今君不思成城之求，而惟倾城之务，国之亡日至矣。君其图[19]之！”

公曰：“善。”遂不复观，乃罢归翟王子羡，而疏嬖人婴子。

注　释

①嬖：宠爱。

②翟：通“狄”，中国北方的少数民族。

③以重（chóng）驾：用十六匹马驾车。下文中有“驾八”“重此”。

④寝病：卧病。

⑤起病：病愈起床。

⑥一：语气助词，无义。

⑦凶：庄稼收成不好。

⑧相望：互相看见。形容接连不断，极言其多。

⑨饰：通“饬”，整饬，整治。伎：通“技”，技艺，本领。

⑩“载骖载驷”二句：见于《诗经·小雅·采菽》。载：语气助词，无义。骖（cān）：驾三匹马。驷：驾四匹马。届：到达。

⑪滋：更加，愈益。

⑫苟：如果。

⑬当：掌管，主持。

⑭效：仿效。

⑮被：施加。

⑯子民：爱护百姓，治民。致远：招致远方的人到来。

⑰振：通“赈”，赈济。

⑱“哲夫成城”二句：见于《诗经·大雅·瞻卬》。哲：明智。

⑲图：图谋，考虑。

译文

狄王的儿子羡做了齐景公的臣仆，用十六匹马驾车，景公看到之后很不高兴。他的宠妾婴子想看，景公说：“等到晏子卧病在床的时候吧。”二人在苑囿中的高台上观看。婴子看到之后很高兴，于是就为羡请求说：“给他丰厚的俸禄吧！”景公答应了。

晏子病好之后去拜见景公，景公说：“狄王儿子羡的车驾，我非常喜欢，让他给你演示一下吧？”

晏子说：“驾驭车马的事情，不在我的职权范围内。”

景公说：“我喜欢这个车驾，所以想赏赐他一万钟的俸禄，大概足够了吧？”

晏子回答说：“从前卫国士人东野的车驾，您很喜欢，但是婴子不喜欢，您因此也不喜欢，于是就不观看了。现在狄王儿子羡的车驾，您不喜欢，但是婴子喜欢，您因此也喜欢；婴子替羡请求赏赐，您就答应了。这样您就受制于妇人了。而且您不乐于治理百姓，却乐于治理车马；不把丰厚的俸禄赏赐给贤人，却赏赐给御手。从前先王桓公拥有的土地比现在狭小，但他修治法度，推广政治教化，从而称霸诸侯。现在大王您治国，一个诸侯都不来亲附，年成不好闹饥荒，道路上死去的人随处可见。您对此不感到忧愁羞耻，而只贪图耳目的欢愉；不修习继承先王的功业，而只整治驾御车马的技能，这样您就是太不顾念百姓而忘记国家了啊。况且《诗经》中说：‘三马四马驾大车，远方诸侯已来临。’驾八马，本来就不合礼制，现在又翻倍，那不是更加不合礼制了吗？而且如果您喜欢这些，那国内就一定有很多人也会这样去做，到时候打猎就不方便了，想要出行到远方也做不到了。因此用几倍的马驾车，这不是统治臣民的方法。放纵沉迷于耳目的欢愉，不治理百姓的事务，这是圣王所要禁止的行为。如果您喜欢这些，诸侯一定会有人效仿，您没有深厚的仁德和好的政策施加给诸侯，却用邪僻的行为去改变他们，这不是用来治理百姓、彰显名声、招抚远方、亲近邻国的方法。况且贤良的人被废黜埋没，孤苦独居的人得不到救济，您却听从姬妾的话赏赐御手来积蓄百姓的怨恨，这是和百姓构怨仇的做法。《诗经》中说：‘男子有才称霸王，女子有才便国亡。’如今您不想着成就王业，而只做倾覆国家的事，国家灭亡的日子就要到来了。您好好想想吧！”

景公说：“您说得对。”于是就不再观看驾车，罢免遣返了狄王的儿子羡，疏远了宠妾婴子。

景公敕五子之傅而失言晏子谏第十[①]

原 文

景公有男子五人，所使傅之者，皆有车百乘者[②]也，晏子为一焉。

公召其傅曰：“勉之！将以而所傅为子[③]。”

及晏子，晏子辞曰：“君命其臣，据其肩[④]以尽其力，臣敢不勉乎？今有车百乘之家，此一国之权臣也，人人以君命命之曰‘将以而所傅为子’，此离[⑤]树别党，倾国之道也。婴不敢受命，愿君图之！”

注 释

①敕（chì）：命令，告诫。傅：师傅，古时特指帝王的相或帝王、诸侯之子的老师。

②有车百乘者：指卿大夫。古代卿大夫拥有的食采邑为兵车百乘。乘：一车四马为一乘。

③子：指太子。

④据其肩：按着他的肩。指对对方的重托。据：按着。

⑤离：离间。

译　文

齐景公有五个儿子，派给他们做老师的，都是拥有百辆兵车的卿大夫，晏子也是其中之一。

景公召见这些老师，分别对他们说："你要努力啊！我将把你所教的王子立为太子。"

轮到晏子时，晏子推辞说："您命令臣子，按着他的肩说让他尽力，臣子还有敢不努力的吗？如今拥有百辆兵车的卿大夫，都是国内有权势的臣子，如果人人都用您的话命令自己说'将把你所教的王子立为太子'，这是离间他们，是让他们树立各自的党羽，是倾覆国家的做法。我不敢接受您的命令，希望您再考虑考虑吧！"

景公欲废适子阳生而立荼晏子谏第十一[①]

原　文

淳于人纳女于景公[②]，生孺子[③]荼，景公爱之。诸臣谋欲废公子阳生而立荼，公以告晏子。

晏子曰："不可。夫以贱匹[④]贵，国之害也；置[⑤]大立少，乱之本也。夫阳生长而国人戴之，君其勿易！夫服位[⑥]有等，故贱不陵[⑦]贵；立子有礼，故孽不乱宗[⑧]。愿君教荼以礼而勿陷于邪，导之以义而勿湛[⑨]于利。长少行其道，宗孽得其伦，夫阳生敢毋使荼餍粱肉之味、玩金石之声，而有患乎？废长立少，不可以教下；尊孽卑宗，不可以利所爱。长少无等，宗孽无别，是设贼树奸之本也。君其图之！古之明君，非不知繁乐也，以为乐淫则哀；非不知立爱也，以为义失则忧。是故制乐以节[⑩]，立子以道。若夫恃[⑪]谗谀以事君者，不足以责信[⑫]。今君用谗人之谋，听乱夫之言也，废长立少，臣恐后人之有因君之过以资其邪[⑬]，废少而立长以成其利者。君其图之！”公不听。

景公没，田氏杀君荼，立阳生；杀阳生，立简公；杀简公而取齐国。

注　释

①适：通“嫡（dí）”，封建宗法制度下家庭的正支。嫡子：正妻所生的儿子。荼（shū）：齐景公庶子。

②淳于：古国名，在今山东安丘东北。纳女：进献女子。

③孺子：荼在齐景公病重时被立为太子，称“晏子孺子”，故有此说。

④匹：匹配。

⑤置：废弃，舍弃。

⑥服位：服饰地位。

⑦陵：通“凌”，超越，逾越。

⑧孽：庶出的，宗法制度下家庭的旁支。宗：宗子，即嫡长子。

⑨湛：通“耽”，沉溺，沉湎。

⑩节：节度，法度。

⑪恃：依仗，凭借。

⑫责信：信任。

⑬因：依靠，凭借。资：资助，助长。

译　文

淳于国送给齐景公一个女子，生下了孺子荼，景公很喜欢他。群臣图谋废掉公子阳生而改立荼为太子，景公把这件事告诉了晏子。

晏子说：“不可以。用地位低贱的人去匹配高贵的位置，这是国家的灾祸；舍弃年长的人而设立年少的人，这是惑乱的根本。阳生年长，而且国人都拥戴他，大王您不能替换他！服饰地位有等级区别，所以卑贱者不能凌驾于高贵者之上；设立太子有一定的礼制，所以庶子不会扰乱嫡子的地位。希望大王您用礼法教导荼，不要让他陷入邪僻；用仁义引导他，不要让他沉迷于利益。如果年长的和年少的都遵循各自的规矩，嫡子和庶子各得其伦序，阳生难道敢不让荼饱食珍馐美味、享受美妙乐舞而让他遭受祸患吗？废弃年长的而设立年少的，就不能教导下面的臣民；尊崇庶子而轻贱嫡子，就不能让您所爱的人得到益处。年长的和年少的没有等级，嫡子和庶子没有区别，这是造就奸党贼寇的根源。您还是好好考虑考虑吧！古代的明君，不是不知道制定浮靡的音乐，只是因为享乐过度了就会生出悲哀的世情；不是不知道立自己喜爱的人为太子，只是因为失去道义就会产生忧患。因此制定音乐要用法度来节制，设立太子要遵从礼法。至于那些凭借谗言奉承来侍奉君主的人是不足以信任的。如今您采用奸谗小人的计谋，听从谋乱臣子的主张，废弃年长的而设立年少的，我担心将来有人利用您的过错来助长他们的邪恶行为，废弃年少的荼而拥立年长的阳生来达到自己的私利。您还是好好考虑考虑吧！”景公没有听从。

景公去世之后，田氏杀了君主荼，拥立阳生；后来又杀了阳生，改立简公；最后杀了简公，夺取了齐国。

景公病久不愈欲诛祝史以谢晏子谏第十二[①]

原　文

景公疥且疟[②]，期年不已。召会谴、梁丘据、晏子而问焉，曰：“寡人之病病[③]矣，使史固与祝佗巡[④]山川宗庙，牺牲圭璧[⑤]，莫不备具，其数常多先君桓公，桓公一则寡人再。病不已，滋甚。予欲杀二子者以说于上帝，其可乎？”会谴、梁丘据曰：“可。”晏子不对。

公曰：“晏子何如？”

晏子曰：“君以祝[⑥]为有益乎？”

公曰：“然。”

晏子免冠曰：“若以为有益，则诅[⑦]亦有损也。君疏辅而远拂[⑧]，忠臣拥塞，谏言不出。臣闻之，近臣嘿[⑨]，远臣喑[⑩]，众口铄金[⑪]。今自聊、摄[⑫]以东，姑、尤[⑬]以西者，此其人民众矣，百姓之咎怨诽谤[⑭]、诅君于上帝者多矣。一国诅，两人祝，虽善祝者不能胜也。且夫祝直言情，则谤吾君也；隐匿过，则欺上帝也。上帝神，则不可欺；上帝不神，祝亦无益。愿君察之也。不然，刑无罪，夏商所以灭也。”

公曰："善解余惑，加冠！"命会谴毋治齐国之政，梁丘据毋治宾客之事，兼属之乎晏子[15]。晏子辞，不得命[16]，受相退，把政。改月而君病悛[17]。

公曰："昔吾先君桓公，以管子为有力，邑[18]狐与穀，以共宗庙之鲜[19]。赐其忠臣，则是多[20]忠臣者。子今忠臣也，寡人请赐子州款。"

辞曰："管子有一美，婴不如也；有一恶，婴不忍为也，其宗庙之养鲜也。"终辞而不受。

注 释

①祝史：祝官、史官的合称。均主祭祀。谢：谢罪。

②痎且疟：两天一发的疟疾。痎：通"痎（jiē）"，隔日疟。

③病病：指病情严重。前一个是名词，后一个是形容词。

④巡：遍。这里指遍祭。

⑤牺牲圭璧：均为祭祀时使用的祭品。牺牲：供祭祀用的纯色全体牲畜。色纯为"牺"，体全为"牲"。圭璧：古代祭祀朝聘等所用的玉器。

⑥祝：祷告，向鬼神求福。

⑦诅：诅咒，求神加祸于别人。

⑧拂：通"弼"，辅佐之臣。

⑨嘿：通"默"，不作声。

⑩喑：沉默不语。

⑪众口铄（shuò）金：指众人的言论能够熔化金属。比喻舆论的影响强大。铄：熔化。

⑫聊、摄：二地名，是当时齐国的西部边界。

⑬姑、尤：二水名，皆流经当时齐国的东部边界。

⑭咎怨诽谤：埋怨责备。

⑮兼：全部，整个。属：托付。

⑯不得命：没有得到允许。

⑰改月：即下个月。悛（quān）：停止，止息。这里指病愈。

⑱邑：用作动词，以……为食邑。

⑲共：通"供"，供给。鲜：新杀的野兽。

⑳多：表彰，赞赏。

译文

齐景公得了两天一发的疟疾，之后转成大疟疾，一年了都没有痊愈。他召见会谴、梁丘据和晏子，问他们说：“我的病很严重了，我让太史固和太祝佗遍祭山川宗庙，所用牛羊祭品和美玉，没有不齐备的，数量也往往比先王桓公时还要多，桓公用一份，我就用两份。但是病情没有好转，反而更加严重了。我想杀了这两个人来取悦天帝，可以吗？”会谴、梁丘据说：“可以。”晏子没有回答。

景公问：“晏子认为怎么样？”

晏子说：“大王您认为祭祀祝祷有用吗？”

景公说：“有用。”

晏子说：“如果祝祷有用的话，那么诅咒就会有损害了。您疏远辅佐您的人，忠臣的嘴巴被堵塞，不能畅言劝谏。我听说，近臣沉默，远臣不言，那么百姓的言论连金属都能熔化。如今从聊城、摄城的东边开始，到姑水、尤水的西边为止，这中间的百姓众多，他们中憎恨怨念、出言责备、在天帝面前诅咒您的人有很多啊。一国的人诅咒，两个人祝祷，即使是善于祝祷的人也不能胜任。况且祝祷的人如果直说实情，那就是责备君主；如果隐匿过错，那就是欺瞒天帝。天帝如果灵验，那就不会被欺瞒；天帝如果不灵验，那祝祷也是没有用的。希望您明察这个情况。如果不明察却刑杀无罪的人，那就是夏朝和商朝灭亡的原因。”

景公说：“您真是善于消解我的疑惑，请戴上帽子吧！”下令让会谴不再治理齐国的政务，让梁丘据不再管理宾客的事宜，把这些都交给晏子。晏子推辞，景公没有应允，晏子就接受了丞相的职位而告退，晏子掌握了齐国的政治。一个月后，景公的病就痊愈了。

景公说：“从前我的先王桓公，因为管子有功劳，就把狐地和穀地分封给他做食邑，用来供给宗庙祭祀用的新鲜祭品。赏赐忠臣，就是表彰忠臣。您现在是忠臣，请让我把州款之地赏赐给您。”

晏子推辞说：“管子有些美德，是我所不及的；有些缺点，是我不愿意效法的，比如为了供给宗庙新鲜的祭品而接受封赏。”晏子最终还是推辞没有接受。

景公怒封人之祝不逊晏子谏第十三[1]

原　文

景公游于麦丘[2]，问其封人曰："年几何矣？"

对曰："鄙人[3]之年八十五矣。"

公曰："寿哉！子其祝我。"

封人曰："使君之年长于胡[4]，宜国家。"

公曰："善哉！子其复之。"

封人曰："使君之嗣[5]，寿皆若鄙人之年。"

公曰："善哉！子其复之。"

封人曰："使君无得罪于民。"

公曰："诚[6]有民得罪于君则可，安有君得罪于民者乎？"

晏子谏曰："君过矣。彼疏者有罪，戚者[7]治之；贱者有罪，贵者治之；君得罪于民，谁将治之？敢问：桀、纣，君诛乎？民诛乎？"

公曰："寡人固[8]也。"于是赐封人麦丘以为邑。

注　释

①封人：刘师培云："'封'即'邦'字之借……'邦人'即邑人，非官名之封人也。"今从之。逊：谦逊，恭顺。

②麦丘：地名，战国时齐邑。在今山东省商河县西北。

③鄙人：谦辞，对人称自己。

④胡：胡耇（gǒu），高寿的人。

⑤嗣（sì）：后代。

⑥诚：表假设，如果。

⑦戚者：近臣。

⑧固：鄙陋。

译　文

齐景公出游到麦丘，询问一个当地人说："您年纪多大了？"

当地人回答说："我已经八十五岁了。"

景公说："您真长寿啊！请您为我祝福。"

当地人说："祝愿您的寿命比最长寿人还长，使国家安定。"

景公说："好啊！您再来一次。"

当地人说："祝愿您的子嗣，寿命都和我一样长。"

景公说："好啊！您再来一次。"

当地人说："祝愿您不要得罪百姓。"

景公说："如果说有百姓得罪君主是可以的，哪有君主得罪百姓的呢？"

晏子进谏说："国君您说错了。那些远方的官员有罪，您的近臣可以整治他；地位低下的人有罪，地位尊贵的人可以整治他；君主得罪了百姓，谁能整治他呢？我斗胆问一句：夏桀、商纣，是被君主诛杀的呢，还是被百姓诛杀的？"

景公说："我太鄙陋了。"于是就把麦丘赏赐给了那个当地人作为食邑。

景公欲使楚巫致五帝以明德晏子谏第十四[1]

原　文

楚巫微道裔款以见景公[2]，侍坐三日，景公说之。楚巫曰："公，明神之主、帝王之君也。公即位十有七年矣，事未大济[3]者，明神未至也。请致五帝，以明君德。"景公再拜稽首。楚巫曰："请巡国郊以观帝位。"至于牛山而不敢登，曰："五帝之位，在于国南，请斋[4]而后登之。"公命百官供斋具于楚巫之所，裔款视事[5]。

晏子闻之而见于公曰："公令楚巫斋牛山乎？"

公曰："然。致五帝以明寡人之德，神将降福于寡人，其有所济乎？"

晏子曰："君之言过矣。古之王者，德厚足以安世，行广足以容众，诸侯戴之，以为君长；百姓归之，以为父母。是故天地四时和而不失，星辰日月顺而不乱。德厚行广，配天象[⑥]时，然后为帝王之君、明神之主。古者不慢[⑦]行而繁祭，不轻身而恃巫。今政乱而行僻，而求五帝之明德也；弃贤而用巫，而求帝王之在身也。夫民不苟[⑧]德，福不苟降，君之帝王，不亦难乎？惜乎！君位之高，所论之卑也。"

公曰："裔款以[⑨]楚巫命寡人曰：'试尝见而观焉。'寡人见而说之，信其道，行其言。今夫子讥[⑩]之，请逐楚巫而拘裔款。"

晏子曰："楚巫不可出。"

公曰："何故？"

对曰："楚巫出，诸侯必或受之。公信之，以过于内，不知；出以易[⑪]诸侯于外，不仁。请东[⑫]楚巫而拘裔款。"

公曰："诺。"故曰[⑬]送楚巫于东，而拘裔款于国也。

注　释

①巫：古代称能与天神沟通而为别人祈福的人。女巫为"巫"，男巫为"觋(xí)"。明德：彰明德行。

②微：悄悄。道：通过。裔款：人名，齐景公宠臣，齐国佞臣。

③济：成就，成功。

④斋：古人在祭祀前沐浴更衣，整洁身心，以示虔诚。

⑤视事：主管事务。视：治理。

⑥象：效法。

⑦慢：放纵，无节制。

⑧苟：随便。

⑨以：为。

⑩讥：批评，劝谏。

⑪易：改变，转移。

⑫东：送到东部。因为齐国东部临海，没有诸侯国。

⑬曰：当为衍文。

译文

楚国的一个巫师通过裔款的引荐拜见了齐景公，陪了景公三天，景公很喜欢他。楚巫说："大王您是神明睿智的君主，是能成就帝王之业的国君啊。您在位十七年了，帝王之业还没有成功，这是因为神灵没有到来。我请求为您向五帝献纳，来彰明您的德行。"景公拜了两拜，叩头致敬。楚巫说："我请求巡视城郊来观察五帝的神位。"楚巫到了牛山脚下而不敢攀登，说："五帝的神位在国都的南面，我请求斋戒之后再攀登。"景公命令百官把斋戒用具送到楚巫居住的地方，让裔款主管这件事。

晏子听说之后求见景公，说："大王您让楚巫在牛山斋戒吗？"

景公说："是的。楚巫要向五帝献纳来彰明我的德行，神灵将降下福泽给我，这大概会成功吧？"

晏子说："您的话错了。古代的君王，品德淳厚能够安定世道，德行宽广能够容纳众人，诸侯们拥戴他，把他当作首领；百姓们归附他，把他当作父母。因此天地四季和谐而不失调，日月星辰顺行而不混乱。德行淳厚宽广，遵循天道合乎时宜，然后才能成为成就帝王之业的君主、神明睿智的国君。古代的君主不会行为放纵而频繁祭祀，不会轻视自身而依仗巫术。如今齐国政治混乱，您的行为邪僻，却祈求成就五帝来彰明您的德行；舍弃贤臣而采用巫术，却祈求帝王之业在自己身上实现。百姓不会随便就感恩戴德，福泽不会随便就降临，您想要成就帝王之业，不也太难了吗？可惜啊！您的地位这么高，见识却这么浅陋。"

景公说："裔款为了楚巫告诉我说：'请您试着见见，再观察他的能耐。'我见了之后很喜欢，就相信了他的道术，遵从了他的言论。现在夫子您批评了这件事，请让我驱逐楚巫，拘捕裔款。"

晏子说："不能赶走楚巫。"

景公问："为什么？"

晏子回答说："楚巫被赶走，其他诸侯一定会有接受他的。您相信他，因而在国内犯了错，这已是不明智；放他出去，而让他的巫术转移到外部诸侯中，这是不仁义的。我请求把楚巫流放到东部荒远之地，并拘捕裔款。"

景公说："好。"因此景公下令把楚巫送到了东部，把裔款拘押在了国内。

景公欲祠灵山河伯以祷雨晏子谏第十五[1]

原　文

齐大旱逾时[2]，景公召群臣问曰："天不雨久矣，民且[3]有饥色。吾使人卜，云祟在高山广水[4]。寡人欲少赋敛以祠灵山，可乎？"群臣莫对。

晏子进曰："不可！祠此无益也。夫灵山固[5]以石为身，以草木为发，天久不雨，发将焦，身将热，彼独[6]不欲雨乎？祠之何益？"

公曰："不然，吾欲祠河伯，可乎？"

晏子曰："不可！河伯以水为国，以鱼鳖为民，天久不雨，水泉将下，百川将竭，国将亡，民将灭矣，彼独不欲雨乎？祠之何益？"

景公曰："今为之奈何？"

晏子曰："君诚避宫殿暴露[7]，与灵山河伯共忧，其幸而雨乎！"

于是景公出野暴露，三日，天果大雨，民尽得种时。景公曰："善哉！晏子之言，可无用乎？其维[8]有德。"

注　释

①祠：祭祀。灵山河伯：山神和河神。

②逾时：超过了时令。

③且：将要。

④云：说。祟：指鬼神出来作怪。

⑤固：本来。

⑥独：岂，难道。

⑦诚：果真。暴露：指露宿在外。

⑧维：用于句中，帮助判断。

译文

齐国大旱超过了时令，齐景公召见群臣问道：“上天已经很久没有下雨了，百姓将要挨饿了。我让人占卜，卦辞说有鬼神在高山大河间作怪。我想征收少量赋税来祭祀山神，可以吗？”群臣没有回答。

晏子进言道：“不可以！祭祀山神是没用的。山神本来就是以石头当身体，以草木当毛发，上天长久不下雨，他的毛发就要被烤焦，身体就会发热，他难道不想下雨吗？祭祀他有什么用？”

景公说：“不祭祀山神，那我想祭祀河伯，可以吗？”

晏子说：“不可以！河伯把水当作国家，把鱼鳖当作子民，上天长久不下雨，泉水水位将会下降，无数河流将会枯竭，他的国家就会灭亡，子民就会灭绝，他难道不想下雨吗？祭祀他有什么用？”

景公问：“那现在怎么办呢？”

晏子说：“大王您若果真能离开宫殿，露宿到野外，和山神河伯一起承担忧患，大概就有幸会降雨吧！”

于是景公出宫到野外露宿。三天之后，上天果然下了大雨，百姓都赶上了播种的时令。景公说：“太好了！晏子的话难道能不采用吗？他是个有德行的人。”

景公贪长有国之乐晏子谏第十六

原文

景公观于淄[①]上，与晏子闲[②]立。公喟然[③]叹曰：“呜呼！使国可长保而传于子孙，岂不乐哉？”

晏子对曰：“婴闻明王不徒[④]立，百姓不虚至。今君以政乱国、以行弃民久矣，而欲保之，不亦难乎？婴闻之，能长保国者，能终善者也。诸侯并立，能终善者为长；列士并学，能终善者为师。昔先君桓公，方[⑤]任贤而赞德之时，亡国恃以存，危国仰[⑥]以安，是以民乐其政，而世高其德。行远征暴，劳者不疾[⑦]；驱海内使朝天子，而诸侯不怨。当是时也，盛君之行不能进[⑧]焉。

及其卒⑨而衰，怠于德而并于乐，身溺于妇侍而谋因于竖刀⑩，是以民苦其政，而世非其行，故身死乎胡宫而不举⑪，虫出而不收⑫。当是时也，桀、纣之卒不能恶焉。《诗》曰：'靡不有初，鲜克有终⑬。'不能终善者，不遂⑭其君。今君临民若寇仇，见善若避热，乱政而危贤，必逆于众；肆欲于民，而虐诛于下，恐及于身。婴之年老，不能待君使矣，行不能革⑮，则持节以没世⑯耳。"

注释

①淄：水名，在齐国境内，即今山东境内的淄河。

②闲：悠闲。

③喟然：形容叹气的样子。

④徒：空，白白地。与下文"虚"字同。

⑤方：正在，正当。

⑥仰：仰仗。

⑦疾：厌恶，憎恨。

⑧进：超过。

⑨卒：最终。

⑩因：依凭。竖刀：亦作"竖刁"。齐桓公时佞臣。

⑪举：发起。这里指发丧。

⑫虫出而不收：齐桓公死，竖刁作乱，五子争位，无人主丧，致使桓公尸体腐烂，尸虫流出门外。

⑬"靡不有初"二句：见于《诗经·大雅·荡》。靡：无。鲜（xiǎn）：少。克：能。

⑭遂：终，完成。

⑮革：改变。

⑯持节以没（mò）世：保持节操直到离开人世。指晏子不愿和齐景公同流合污。

译文

齐景公在淄水边游览，和晏子悠闲地站着。景公叹了口气说："哎！如果能让国家长久保存然后传给子子孙孙，岂不是很快乐吗？"

晏子回答说："我听说贤明的君王并不是平白无故就确立了自己的地位，

百姓也不会无缘无故来归顺。如今您用政令惑乱国家，又因邪僻的行为长期背弃百姓，现在却想保存国家，这不也太难了吗？我听说能长久保存国家的人，是能将善行推行到底的人。各国诸侯同时存在，能够将善行推行到底的人可以做首领；各位士人一起学习，能够将善行推行到底的人可以做老师。从前，先王桓公在任用贤人、崇尚仁德时，衰败的国家依赖他得以保存，危难的国家仰仗他得以安定，因此百姓喜欢他的政令，世人推崇他的德行。他行军到远方征伐暴徒，辛劳的士兵不憎恨他；他让海内的诸侯去朝见天子，诸侯们不怨恨他。在这个时候，具有盛名的君王品行也不能超过他。等到他最终衰亡时，德行懈怠，放纵享乐，自身沉迷于妇人近侍之中，谋划政事都依赖竖刁那样的小人，因此百姓痛恨他的政令，世人都非议他的品行，所以他自身死在胡宫而不得发丧，尸虫爬出宫外了也不能被收殓。在这个时候，夏桀、商纣的结局也不能比他更坏了。《诗经》中说：'不是没有好的开始，但是很少有坚持到底的。'不能把善行推行到底的人，君位就不能保持到最后。如今您与百姓就像仇敌，您看到善行就像躲避暑热，扰乱政治并且危害贤人，一定会违背众人的意愿；放纵私欲，搜刮百姓，残暴诛杀臣下，恐怕会连累到您自身。我年纪大了，不能在您身边供您使唤了，如果您的行为不能改变，那我只能保持自己的节操直到离开人世了。"

景公登牛山悲去国而死晏子谏第十七

原　文

景公游于牛山，北临其国城[①]而流涕曰："若何滂滂[②]去此而死乎？"艾孔、梁丘据皆从而泣，晏子独笑于旁。

公刷[③]涕而顾晏子曰："寡人今日之游悲，孔与据皆从寡人而涕泣，子之独笑，何也？"

晏子对曰："使贤者常守之[④]，则太公[⑤]、桓公将常守之矣；使勇者常守之，则灵公、庄公将常守之矣。数君者将守之，则吾君安得此位而立焉？以其迭[⑥]处之，迭去之，至于君也，而独为之流涕，是不仁也。不仁之君见一，谄谀之臣见二，此臣之所以独窃⑦笑也。”

注 释

①国城：国都。

②滂滂：气势盛大的样子。

③刷：擦拭。

④使：假使，如果。常：长期，永恒。

⑤太公：即姜太公。

⑥迭：更迭，交替。

⑦窃：私自，暗中。

译 文

齐景公游览牛山，向北面对着他的都城流着泪说：“为什么要离开这盛大的国家而死去呢？”艾孔和梁丘据都跟着哭泣，唯独晏子在边上发笑。

景公擦掉眼泪回头问晏子：“我今天游览觉得很悲伤，艾孔和梁丘据都跟着我哭泣，只有你在笑，这是为什么？”

晏子回答说：“如果让贤德的人长期保有齐国，那么姜太公和齐桓公将永远保有齐国；如果让勇武的人长期保有齐国，那么齐灵公和齐庄公就将永远保有齐国。有这些君王将保有齐国，那么我的国君您怎么能得到这个王位立足在世上呢？正因为他们更迭交替地处于君位又离开了君位，才能传到您这里，但是只有您因为不能长期保有而流泪，这是不仁义的。我看到一个不仁义的君主，两个谄媚阿谀的臣子，这就是我独自发笑的原因。”

景公游公阜①一日有三过言晏子谏第十八

原 文

景公出游于公阜，北面望，睹齐国，曰：“呜呼！使古而无死，何如？”晏子曰：“昔者上帝以人之死为善，仁者息焉，不仁者伏②焉。若使古而无死，太公、丁公③将有齐国，桓、襄、文、武将皆相之④，君将戴笠衣褐，执铫耨以蹲行畎亩之中⑤，孰暇患死[6]？”公忿然作色[7]，不说。

无几何[8]而梁丘据乘六马而来，公曰：“是谁也？”晏子曰：“据也。”公曰：“何以知之？”曰：“大暑而疾驰，甚者马死，薄者马伤，非据孰敢为之！”公曰：“据与我和者夫。”晏子曰：“此所谓同也。所谓和者，君甘则臣酸，君淡则臣咸。今据也，甘君亦甘，所谓同也，安得为和？”公忿然作色，不说。

无几何，日暮，公西面望，睹彗星[9]，召伯常骞[10]，使禳[11]去之。晏子曰：“不可！此天教也。日月之气[12]，风雨不时[13]，彗星之出，天为民之乱见[14]之，故诏之妖祥[15]，以戒不敬。今君若设文[16]而受谏，谒[17]圣贤人，虽不去彗，星将自亡。今君嗜酒而并于乐，政不饰[18]而宽于小人，近谗好优[19]，恶文而疏圣贤人，何暇去彗！茀[20]又将见矣。”公忿然作色，不说。

及晏子卒[21]，公出屏而立[22]，曰：“呜呼！昔者从夫子而游公阜，夫子一日而三责我，今谁责寡人哉！”

注 释

①公阜（fù）：地名。

②伏：藏匿，消失。

③丁公：太公之子。继太公之后为齐君。

④桓、襄、文、武：即桓公、襄公、文公、武公，均为齐国国君。相：辅佐。

⑤铫耨（yáo nòu）：锄田的用具。蹲行：指弯腰屈膝的样子。畎（quǎn）：田间小沟。

⑥暇：空暇。患：忧虑。

⑦忿然作色：由于愤怒而变了脸色。

⑧无几何：没过多久。

⑨彗星：古人认为彗星出现，灾祸就会到来。

⑩伯常骞：人名。齐景公臣。

⑪禳（ráng）：祈祷消除灾殃。

⑫日月之气：指日月出现奇怪的光晕。

⑬不时：指不按时到来。

⑭见：通“现”，显现。

⑮诏：告。妖祥：指凶兆和吉兆。这里偏指凶兆。

⑯设文：设置礼乐制度，推行文德。

⑰谒：拜见。

⑱饰：通“饬”，整饬，整治。

⑲优：倡优，古代表演乐舞、杂戏的艺人。

⑳茀：通“孛（bèi）”，星茫四处扫射的现象，因即以为彗星的别称。一说彗星之类，与彗星略异，光芒四射，如草木旁出。

㉑卒：死亡。

㉒屏：宫殿当门的屏风墙，又称“照壁”。立：通“泣”，哭泣。

译文

齐景公外出游览到公阜，向北远望，看到了齐国都城，说：“哎！如果自古以来人都不会死，会怎么样呢？”晏子说：“以前，天帝认为人死去是好事，仁义的人可以安息，不仁义的人可以停止作恶。如果自古以来的人都不会死，那太公和丁公将会保有齐国，桓公、襄公、文公、武公都将辅佐他们，您就会戴着斗笠，穿着粗衣，手拿着锄头农具，弯着腰在田地里劳作，哪里还有空担心死亡呢？”景公生气地变了脸色，很不高兴。

过了一会儿，梁丘据驾着六匹马来了，景公问：“是谁来了？”晏子说：“是梁丘据。”景公问：“你怎么知道是他？”晏子说：“大热天里驾车快速奔驰，严重些马就会累死，轻微些马会受伤，除了梁丘据，还有谁敢这么做！”景公说：“梁丘据与我很相和吧。”晏子说：“这叫作苟同。所说的相和，是君主觉得甜而臣子觉得酸，君主觉得淡而臣子觉得咸。现在梁丘据，君主觉得甜，他也觉得甜，这叫作苟同，怎么会是相和呢？”景公气愤地变了脸色，很不高兴。

不久之后，太阳西下，景公向西远望，看到了一颗彗星，就召见伯常骞，让他祭祀消除灾祸。晏子说：“不可以！这是上天的教诲。日月出现妖气，风雨不按时到来，彗星出现，这是上天因为知道百姓混乱而显现出来的，所以用妖异的征兆来告诫君主，戒除不恭敬的行为。现在您如果修治文德，接受劝谏，拜见圣贤的士人，即使不禳除彗星，彗星也会自然消失。可如今您喜好饮酒享乐，不修治政事，纵容小人，亲近谗佞之人，喜欢倡优，厌恶文德，疏远圣贤的人，岂止彗星呢？连孛星也将要出现了。”景公气愤地变了脸色，很不高兴。

等到晏子去世之后，景公走出屏风墙，哭着说：“哎！从前我跟着夫子游览公阜，夫子一天之中斥责了我三次，如今还有谁来指责我啊！”

景公游寒涂不恤死胔晏子谏第十九[1]

原　文

景公出游于寒涂，睹死胔，默然不问。晏子谏曰：“昔吾先君桓公出游，睹饥者与之食，睹疾者与之财，使令不劳力，藉敛不费民[2]。先君将游，百姓皆说曰：‘君当幸游吾乡乎！’今君游于寒涂，据[3]四十里之氓，殚[4]财不足以奉敛，尽力不能以周[5]役；民氓饥寒冻馁[6]，死胔相望，而君不问，失君道矣。财屈[7]力竭，下无以亲上；骄泰[8]奢侈，上无以亲下。上下交离，君臣无亲，此三代之所以衰也。今君行之，婴惧公族之危，以为异姓之福也。”

公曰：“然！为上而忘下，厚藉敛而忘民，吾罪大矣。”于是敛[9]死胔，发粟于民，据四十里之氓不服政其年[10]，公三月不出游。

注　释

①寒：古国名。夏代寒浞的封地，史称古寒国。在今山东潍坊寒亭区。涂：通“途”，道路。恤：抚恤，安置。死胔（zì）：带腐肉的尸骨。

②藉敛：征收赋税。藉：通“籍”。费：耗损。

③据：占有，占据。这里指居住。

④殚：竭尽。

⑤周：完备，完全。

⑥馁（něi）：饥饿。

⑦屈：穷尽。

⑧泰：骄纵，傲慢。

⑨敛：通“殓”，入殓安葬。

⑩不服政：不用承担劳役赋税之类的政令。其年：一整年。其：通“期（jī）”。

译　文

齐景公出游来到寒国的道路上，看到死人的腐尸，沉默不语。晏子进谏道：“从前先王桓公出游时，看到饥饿的人就给他们食物，看到生病的人就给他们钱财，下令役使百姓却不让他们过度劳累，征收赋税却不过分耗损百姓的财力。先王将要出游，百姓都很高兴地说：‘大王应该会赏光巡游到我们乡里吧！’如今您出游到寒国的路途上，居住在这四十里地的百姓，竭尽钱财也不足以缴纳赋税，用完力气也不能应付劳役；百姓饥寒交迫，到处都是腐尸，您却不闻不问，这是失去做君主的道义了。百姓财力枯竭，就不会亲近君主；君主骄纵奢侈，就不会亲近百姓。全国上下人心互相背离，君主和臣子不亲近，这是夏、商、周三代衰亡的原因。现在您也在这样做，我担心姜氏王族会有危险，从而成为异姓氏族的福分啊。”

景公说：“您说得很对！作为君主却忘记在下的臣子，加重赋税而忘记百姓的生活，我的罪过太大了。”于是收殓腐尸，发放粮食给百姓，下令居住在这四十里地上的百姓一年内都不用服役缴税，景公自己三个月内不再出游。

景公衣狐白裘不知天寒晏子谏第二十

原　文

景公之时，雨雪三日而不霁[①]。公被[②]狐白之裘，坐于堂侧阶。晏子入见，立有间[③]，公曰：“怪哉！雨雪三日而天不寒。”

晏子对曰：“天不寒乎？”公笑。

晏子曰：“婴闻古之贤君，饱而知人之饥，温而知人之寒，逸而知人之劳。今君不知也。”

公曰：“善！寡人闻命矣。”乃令出裘发粟，以与[④]饥寒者。令所睹于涂者无问其乡，所睹于里者无问其家，循[⑤]国计数，无言其名。士既事者兼月[⑥]，疾者兼岁。

孔子闻之曰："晏子能明其所欲，景公能行其所善也。"

注释

①雨（yù）：动词，指降落。霁：雨雪停止，天放晴。

②被（pī）：穿着。

③有间：一会儿。

④与：赐予，施与。

⑤循：通"巡"，巡视。

⑥既事者：已经有职事的人。既：已经。兼：两。

译文

齐景公在位时，有一次连着下了三天雪也没有放晴。景公穿着白色的狐皮裘，坐在殿堂侧边的台阶上。晏子进来拜见，站了会儿，景公说："奇怪啊！连着下了三天雪，天气却不寒冷。"

晏子回答说："天不冷吗？"景公笑了。

晏子说："我听说古代的贤君，自己吃饱但能知道别人在挨饿，自己温暖但能知道别人在受冻，自己安逸但能知道别人的劳苦。现在您却不知道。"

景公说："说得好！我听从您的教诲了。"于是下令拿出皮裘和粮食，发放给挨饿受冻的人。下令凡是在路上看到的不用问他是哪个乡的，凡是在闾里看到的不用问他是哪家的，巡行全国统计受灾的民众，不用注明他们的名字。已经有职事的人发放两个月救济粮，生病的人发放两年救济粮。

孔子听到这件事后，说："晏子能表明自己想做的事，景公能施行自己认识到的德政。"

景公异荧惑守虚①而不去晏子谏第二十一

原文

景公之时，荧惑守于虚，期年不去。

公异之，召晏子而问曰："吾闻之，人行善者天赏之，行不善者天殃之。荧惑，天罚也，今留虚，其孰当[②]之？”

晏子曰：“齐当之。”

公不说，曰：“天下大国十二，皆曰诸侯，齐独何以当之？”

晏子曰：“虚，齐野[③]也。且天之下殃，固于富强。为善不用，出政不行；贤人使远，谗人反昌。百姓疾怨，自为祈祥。录录强食[④]，进死何伤！是以列舍[⑤]无次，变星[⑥]有芒，荧惑回逆，孽星[⑦]在旁。有贤不用，安得不亡！”

公曰：“可去乎？”

对曰：“可致者可去，不可致者不可去。”

公曰：“寡人为之若何？”

对曰：“盍[⑧]去冤聚之狱，使反田矣；散百官之财，施之民矣；振[⑨]孤寡而敬老人矣。夫若是者，百恶可去，何独是孽乎！”

公曰：“善。”行之三月，而荧惑迁。

注　释

①荧惑守虚：指火星运行到虚宿所在的位置。荧惑：古代称火星。虚：古代汉族神话和天文学中的二十八宿之一，属北方七宿。

②当：承受，承担。

③野：指分野。古代占星家为了用天象变化来占卜人间的吉凶祸福，将天上星空区域与地上的国州互相对应，称作分野。

④录录：通“碌碌”，庸碌无能。食：孙星衍认为当读作“饰”，掩饰之意。

⑤列舍：列星。舍：星辰。

⑥变星：指彗星。

⑦孽星：指灾星。

⑧盍：何不。

⑨振：通“赈”，救济。

译　文

齐景公在位时，有一次火星处在虚宿的位置，一整年都没有离去。

景公觉得很奇怪，就召见晏子问道：“我听说，人做善事上天就赏赐他，做坏事上天就会让他受惩罚。火星，是上天惩罚的象征，如今停留在虚宿，谁会承受这惩罚呢？”

晏子说：“由齐国承受。”

景公很不高兴，说：“天下有十二个大国，都叫作诸侯，为什么唯独齐国来承受这惩罚？”

晏子说：“虚宿对应的是齐国的分野。况且上天降下灾祸，本来就是针对富强国家的。做善事的人不被任用，发出的政令没有施行；贤德的人被疏远，谗佞的小人反而很猖獗。百姓都埋怨愤恨，只有您自己祈求吉祥。庸碌无能，还要掩饰自己的过错，这是您自己走进死亡的境地，有什么好悲伤的！因此各个星宿都没有次序，变化不定的彗星发出了光芒，火星回转预警，灾星就在我们的分野附近。有贤人您却不任用，怎么能不灭亡呢！”

景公问：“可以让它离开吗？”

晏子回答说：“可以招致的就可以让它离开，不能招致的就不能让它离开。”

景公问：“我要怎么做呢？”

晏子回答说：“为什么不释放受冤屈的犯人，让他们回家耕种；散发百官的钱财，施舍给百姓；救济孤苦寡居的人，尊敬年纪大的人。如果这样做了，各种罪恶都可以消除了，何况只是这颗灾星呢？”

景公说：“好。”景公按晏子所言实行了三个月，火星就移走了。

景公将伐宋瞢[1]二丈夫立而怒晏子谏第二十二

原　文

景公举兵将伐宋，师过泰山，公瞢见二丈夫立而怒，其怒甚盛。公恐，觉，辟门召占瞢者[2]。至，公曰：“今夕[3]吾瞢二丈夫立而怒，不知其所言，其怒甚盛，吾犹识[4]其状，识其声。”占瞢者曰：“师过泰山而不用事[5]，故泰山之神怒也。请趣[6]召祝史祠乎泰山则可。”公曰：“诺。”

明日，晏子朝见，公告之如占瞢之言也。公曰：“占瞢者之言曰：‘师过泰山而不用事，故泰山之神怒也。’今使人召祝史祠之。”

晏子俯[7]有间，对曰：“占瞢者不识也，此非泰山之神，是宋之先汤与伊尹[8]也。”公疑，以为泰山神。

晏子曰：“公疑之，则婴请言汤、伊尹之状也。汤皙[9]而长，颐以髯[10]，兑上丰下[11]，倨身而扬声[12]。”

公曰：“然，是已。”

“伊尹黑而短，蓬[13]而髯，丰上兑下，偻身而下声[14]。”

公曰：“然，是已。今若何？”

晏子曰：“夫汤、太甲、武丁、祖乙[15]，天下之盛君也，不宜无后。今惟宋耳，而公伐之，故汤、伊尹怒。请散师以平宋。”景公不用，终伐宋。

晏子曰：“伐无罪之国，以怒明神，不易行以续蓄[16]，进师以近过[17]，非婴所知也。师若果进，军必有殃。”军进再舍[18]，鼓毁将殪[19]。公乃辞[20]乎晏子，散师，不果[21]伐宋。

注　释

①瞢：通“梦”。

②辟：开。占瞢：占卜梦的吉凶。

③今夕：昨夜。夕：通“昔”。

④识（zhì）：记住。

⑤用事：指祭祀。

⑥趣：通“促”，赶紧。

⑦俯：低头，指思考。

⑧汤与伊尹：指商代的开国君主汤和他的辅臣伊尹。周灭商后，封汤的后裔于宋，所以说汤和伊尹是宋国的先祖。

⑨皙：指皮肤白。

⑩颐：脸颊。髯：胡须。

⑪兑上丰下：面部上瘦削而下宽广。兑：通“锐”，尖。丰：丰满。

⑫倨：直而折曲。扬声：指声音高扬洪亮。

⑬蓬：头发散乱。

⑭偻：脊背弯曲。下声：指声音低沉。

⑮太甲、武丁、祖乙：均为商朝国君。

⑯蓄：通“畜”，好。

⑰过：山东银雀山汉墓竹简本作“祸”。

⑱舍：一舍为三十里。再舍：即为六十里。

⑲殪（yì）：死。

⑳辞：谢罪，认错。

㉑不果：最终没有成功。果：实现。

译文

齐景公将要发兵攻打宋国，军队经过泰山时，景公梦到两个男子生气地站在他面前，非常愤怒。景公很害怕，就醒了，开门召见占梦师。占梦师到后，景公说：“昨晚我梦到两个男子生气地站着，不知道他们说了什么，非常愤怒，我还记得他们的样子和声音。”占梦师说：“军队经过泰山而没有祭祀，所以泰山的山神生气了。请您赶紧召见祝史在泰山祭祀就可以了。”景公说：“好。”

第二天，晏子上朝觐见，景公告诉他占梦师的话。景公说：“占梦师说：‘军队经过泰山而没有祭祀，所以泰山的山神生气了。’我现在派人召见祝史去祭祀泰山。”

晏子低头想了一会儿，回答说：“占梦师不明智啊，这不是泰山的山神，而是宋国的先祖商汤和伊尹。”景公不相信，认为是泰山山神。

晏子说：“大王您不相信，那就让我说说商汤和伊尹的相貌吧。商汤皮肤白皙，身材修长，脸上长有胡须，面部上瘦削而下宽广，身体微曲而声音洪亮。”

景公说：“对，是这样。”

“伊尹皮肤黝黑，身材短小，头发蓬乱，长有胡须，面部上宽广而下瘦削，弯腰驼背而声音低沉。”

景公说：“对，是这样。那现在怎么办？”

晏子说：“商汤、太甲、武丁、祖乙，都是天下声名显赫的君主，不应该没有后人。现在只剩下宋国了，但您却要去攻打它，所以商汤、伊尹就发怒了。请您撤回军队，和宋国和平相处。”景公没有采用晏子的主张，最终还是去攻打宋国了。

晏子说：“攻打无罪的国家，从而使神明发怒，不改变行为来继续两国的友好关系，让军队前进而接近灾祸，这不是我能理解的了。齐师如果真的进攻宋国，军队一定会有灾祸。”军队前进了六十里，战鼓毁坏，将领死亡。景公于是向晏子认错道歉，撤回军队，最终没有攻打宋国。

景公从畋[1]十八日不返国晏子谏第二十三

原 文

景公畋于署梁[2]，十有八日而不返。晏子自国往见公。比[3]至，衣冠不正，不革[4]衣冠，望游[5]而驰。

公望见晏子，下车逆劳[6]曰：“夫子何为遽[7]？国家得无有故乎[8]？”

晏子对曰：“不亦急也。虽然，婴愿有复也。国人皆以君为安于野而不安于国，好兽而恶民，毋乃[9]不可乎？”

公曰：“何哉？吾为夫妇狱讼之不正乎？则泰士[10]子牛存矣；为社稷宗庙之不享[11]乎？则泰祝[12]子游存矣；为诸侯宾客莫之应[13]乎？则行人[14]子羽存矣；为田野之不辟、仓库之不实？则申田[15]存焉；为国家之有余不足聘[16]乎？则吾子[17]存矣。寡人之有五子，犹心之有四支[18]。心有四支，故心得佚[19]焉。今寡人有五子，故寡人得佚焉，岂不可哉？”

晏子对曰：“婴闻之与君言异。若乃心之有四支而心得佚焉，则可；令四支无心十有八日，不亦久乎？”

公于是罢畋而归。

注 释

①畋（tián）：打猎。

②署梁：地名。

③比：等到。

④革：改变。这里指重新穿戴。

⑤游（liú）：旗子边缘的流苏或锯齿状饰品。现写作“旒”。

⑥逆劳：即迎劳，迎接慰劳。

⑦遽（jù）：急速，仓促。

⑧得无：莫不是，该不会。故：变故，意外的事情。

⑨毋乃：莫非，岂非。

⑩泰士：即太士，掌官司诉讼之事。

⑪享：祭献，上供。

⑫泰祝：即太祝。主管祭祀之官。

⑬莫之应：指没有人招呼。

⑭行人：官名，掌管接待宾客之礼仪。

⑮申田：官名，掌管农事的官吏。

⑯聘：义不可通，疑为衍文。

⑰吾子：当指晏子。

⑱支：通“肢”。

⑲佚：通“逸”，安逸。

译 文

齐景公在署梁打猎，过了十八天还没有回宫。晏子从都城出发去拜见景公。等到了署梁，衣服和帽子都不整齐了，晏子没有重新穿戴衣帽，只是望着旌旗飘动的地方奔驰而去。

景公远远看见晏子，就下车急忙问道：“夫子您怎么跑得这么急？该不会国家有什么意外的事情发生了吧？”

晏子回答说：“不是很急。虽然如此，但我还是希望能禀告您。国人都认为大王您安心在郊野打猎而不愿意回到都城，喜好野兽而厌恶百姓，这难道不是很不合适吗？”

景公说：“为什么呢？难道是因为我替夫妻判案不公正吗？那有主管诉讼的子牛在啊；是因为社稷宗庙里没有供奉祭品吗？那有主管祭祀的子游在啊；是因为没有好好招呼诸侯宾客吗？那有主管宾客礼仪的子羽在啊；是因为没有开垦田野、仓库空虚吗？那有主管农事的官员在啊；是因为国家的收入有余或者不足吗？那有您在啊。我有这五个人，就像心脏有四肢。心脏有了四肢，所以心脏能够安逸。现在我有你们五个人，所以我就可以安逸了，这难道不合适吗？”

晏子回答说：“我听到的和您说的不一样。如果说心脏有了四肢就能够安逸了，那是可以的；如果让四肢连续十八天都没有心脏可依靠，这不是也太久了吗？”

于是景公就停止打猎，回到了都城。

景公欲诛骇鸟野人晏子谏第二十四①

原　文

景公射鸟，野人骇之。公怒，令吏诛之。晏子曰：“野人不知也。臣闻赏无功谓之乱，罪不知谓之虐。两者，先王之禁也。以飞鸟犯②先王之禁，不可。今君不明先王之制，而无仁义之心，是以从欲而轻诛③。夫鸟兽，固人之养也，野人骇之，不亦宜乎？”

公曰：“善！自今已来，弛④鸟兽之禁，无以苛民也。”

注　释

①骇：惊吓。野人：泛指村野之人，农夫。

②犯：抵触，违反。

③从：通“纵”，放纵。轻：随便，轻易。

④弛：解除，放宽。

译　文

齐景公在射鸟，一个农夫把鸟吓走了。景公很生气，下令让官员杀了他。晏子说：“这个农夫不知道您在射鸟。我听说赏赐没有功劳的人叫作昏乱，惩罚不知情的人叫作暴虐。这两条，是先王的禁令。因为飞鸟而违反先王的禁令，这是不可以的。如今您不知道先王的法制，没有仁义的内心，因此放纵欲望，轻易杀人。鸟兽本来就不是人饲养的，这个农夫吓跑它，不也是应该的吗？”

景公说：“您说得对！从今以后，放宽捕猎鸟兽时的禁令，不要用来苛责百姓。”

景公所爱马死欲诛圉人[1]晏子谏第二十五

原　文

景公使圉人养所爱马，暴病[2]死。公怒，令人操刀解[3]养马者。是时晏子侍前，左右执刀而进，晏子止之，而问于公曰："古时尧、舜支解人，从何躯[4]始？"

公惧然[5]曰："从寡人始。"遂不支解。

公曰："以属[6]狱。"

晏子曰："此不知其罪而死，臣请为君数[7]之，使自知其罪，然后属之狱。"

公曰："可。"

晏子数之曰："尔罪有三：公使汝养马而杀之，当死罪一也；又杀公之所最善马，当死罪二也；使公以一马之故而杀人，百姓闻之必怨吾君，诸侯闻之必轻[8]吾国，汝一杀公马，使公怨积于百姓，兵弱于邻国，当死罪三也。今以属狱。"

公喟然叹曰："夫子释之！夫子释之！勿伤吾仁也。"

注　释

①圉（yǔ）人：掌管养马放牧等事，泛称养马的人。

②暴病：突然发病。

③解：指肢解。

④何躯：哪个人。

⑤惧然：惊恐的样子。

⑥属：通"嘱"，托付。这里指交付。

⑦数：列举。

⑧轻：轻视。

译　文

齐景公让马夫饲养自己的爱马，马突然发病死了。景公很生气，就让人用刀把养马的人肢解。这时晏子正好在跟前侍奉，左右近臣拿着刀上前，晏子拦住他们，向景公问道："古时候尧、舜肢解人，是从哪个人开始的？"

景公惊恐地说："从我开始。"于是就不肢解马夫了。

景公说："把他关进监狱吧。"

晏子说："这人不知道自己犯了什么罪而死，我请求替您列举他的罪过，然后再把他送进监狱。"

景公说："可以。"

晏子列举道："你的罪过有三条：大王让你养马而你却杀了马，这是你该死的第一条罪状；你杀死的又是大王最喜欢的一匹马，这是你该死的第二条罪状；你让大王因为一匹马而杀人，百姓听到这件事一定会怨恨我们的君主，诸侯听到这件事一定会轻视我们的国家，你杀了大王的一匹马，却让大王在百姓中积聚了怨恨，使我国的兵力比邻国薄弱，这是你该死的第三条罪状。现在就把你押解到监狱去。"

景公叹了口气说："夫子放了他！夫子放了他！不要损害我的仁德之名。"

第二卷　内篇谏下第二

景公藉[1]重而狱多欲托晏子晏子谏第一

原　文

景公藉重而狱多，拘者满圄[2]，怨者满朝。晏子谏，公不听。

公谓晏子曰："夫狱，国之重官也，愿托之夫子。"

晏子对曰："君将使婴敕其功[3]乎？则婴有一妾[4]能书，足以治之矣。君将使婴敕其意乎？夫民无欲残其家室之生，以奉暴上之辟者，则君使吏比[5]而焚之而已矣。"

景公不说，曰："敕其功则使一妾，敕其意则比而焚，如是，夫子无所谓能治国乎？"

晏子曰："婴闻与君异。今夫胡貉戎狄之蓄狗也[6]，多者十有余，寡者五六，然不相害伤。今束鸡豚妄投之[7]，其折骨决[8]皮，可立见也。且夫上正其治，下审其论[9]，则贵贱不相逾越。今君举千钟爵禄，而妄投之于左右，左右争之，甚于胡狗，而公不知也。寸之管无当[10]，天下不能足之以粟。今齐国丈夫耕、女子织，夜以接日，不足以奉上，而君侧皆雕文刻镂之观，此无当之管也，而君终不知。五尺童子，操寸之熛[11]，天下不能足以薪。今君之左右，皆操熛之徒，而君终不知。钟鼓成肆[12]，干戚[13]成舞，虽禹不能禁民之观。且夫饰民之欲，而严其听，禁其心，圣人所难也，而况夺其财而饥之，劳其力而疲之，常致其苦而严听[14]其狱，痛[15]诛其罪，非婴所知也。"

注　释

①藉：通"籍"，赋税。

②圄（yǔ）：监狱。

③敕其功：指整治拘者满圄的情况。下文"敕其意"指整治怨者满朝的情

况。敕：通“饬”，整治，整饬。

④妾：女奴。

⑤比：并列，并排。这里指挨个，挨家挨户。

⑥今：假使，如果。胡貉戎狄：泛指我国古代北方的少数民族。貉：通“貊(mò)”，指北方少数民族。

⑦束：捆绑。豚：小猪。妄：胡乱。

⑧决：开。这里指撕裂。

⑨论：通“伦”，伦理。

⑩当：抵挡。这里指底。

⑪熛（biāo）：迸飞的火星。

⑫肆：摆设，陈列。

⑬干戚：盾牌和大斧。均为古代跳舞用具。

⑭听：治理，判断。

⑮痛：极，甚。

译 文

齐景公时赋税繁重、官司众多，拘捕的犯人装满了监狱，朝野内外都是抱怨的人。晏子进谏，景公不听从。

景公对晏子说：“处理官司之官是国家重要的官职，我希望能托付给您。”

晏子回答说：“大王您是想让我整治这些官司吗？那我只要有一个能写字的女奴就能够处理好了。您是想让我平息民愤吗？那些百姓没有谁愿意残害家室生计来满足暴君的邪僻贪欲的，那您只要派官吏一家家去烧死他们就可以了。”

景公很不高兴，说：“整治官司就用一个女奴，平息民愤就一个个烧死，像这样，夫子您还能称得上是善于治理国家吗？”

晏子说：“我听说的和您不一样。比如现在北方的少数民族养狗，多的有十多条，少的有五六条，但是它们不会互相伤害。如果把鸡和猪绑在一起随便地扔进狗窝，那么这些狗互相争抢、撕皮断骨的情形马上就可以看到了。如果在上的君主修正治国的政策，在下的臣子明察伦理规矩，那么尊贵卑贱就不会互相超越界限。如果您拿着千钟的爵位俸禄，随便地赐给左右近臣，左右这些臣子就会互相争抢，情况比北方民族养的狗还要厉害，大王您却不曾察觉。一寸长的竹管没有底，全天下的粮食也不能够装满它。现在齐国的男子耕种、女子织布，夜以继日，也不够用来奉养君主，而您周围都是雕花镂刻的景观，这就是没有底的竹管啊，但您却始终不知道。五尺高的孩子，手里有一点火星，天下的柴草也不够他燃烧。现在您的左右近臣都是拿着火星的人，但您却始终不知道。钟鼓成排演奏，挥动盾斧成为舞蹈，即使是禹也不能禁止百姓观赏。况且整饬百姓的欲望，严厉控制他们的耳目，禁锢他们的思想，圣人也难以办到，更何况侵夺他们的财物而使他们挨饿，役使他们而使他们疲惫，长期让他们受苦还从严判决案件，残酷地惩罚他们的罪过，这不是我所能理解的。”

景公欲杀犯[1]所爱之槐者晏子谏第二

原　文

景公有所爱槐，令吏谨守之，植木县之[2]，下令曰：“犯槐者刑，伤槐者死。”有不闻令，醉而犯之者，公闻之曰：“是先犯我令。”使吏拘之，且加罪焉。

其子往晏子之家说曰：“负廓[3]之民贱妾，请有道于相国，不胜[4]其欲，愿得充数乎下陈[5]。”晏子闻之，笑曰：“婴其淫于色乎？何为老而见奔[6]？虽然，是必有故。”令内[7]之。

女子入门，晏子望见之，曰：“怪哉！有深忧。”进而问焉，曰：“所忧何也？”

对曰：“君树槐县令，犯之者刑，伤之者死。妾父不仁，不闻令，醉而犯之，吏将加罪焉。妾闻之，明君莅[8]国立政，不损禄[9]，不益刑，又不以私恚[10]害公法，不为禽兽伤人民，不为草木伤禽兽，不为野草伤禾苗。吾君欲以树木之故杀妾父，孤妾身，此令行于民而法于国矣。虽然，妾闻之，勇士不以众强凌孤独，明惠之君不拂是以行其所欲[11]。此譬之犹自治鱼鳖者也，去其腥臊者而已[12]；昧墨而与人比居，庾肆而教人危坐[13]。今君出令于民，苟可法于国，而善益于后世，则父死亦当矣，妾为之收[14]亦宜矣。甚乎！今之令不然，以树木之故，罪法妾父，妾恐其伤察吏之法，而害明君之义也。邻国闻之，皆谓吾君爱树而贱人，其可乎？愿相国察妾言以裁犯禁者。”

晏子曰：“甚矣！吾将为子言之于君。”使人送之归。

明日，早朝而复于公曰：“婴闻之，穷民财力以供嗜欲谓之暴，崇玩好、威严拟⑮乎君谓之逆，刑杀不称谓之贼⑯。此三者，守国之大殃也。今君穷民财力，以美饮食之具，繁钟鼓之乐，极宫室之观，行暴之大者；崇玩好，县爱槐之令，载过者驰，步过者趋，威严拟乎君，逆民之明者；犯槐者刑，伤槐者死，刑杀不称，贼民之深者。君享国，德行未见于众，而三辟著⑰于国，婴恐其不可以莅国子民也。”

公曰：“微⑱大夫教寡人，几⑲有大罪以累社稷，今子大夫教之，社稷之福，寡人受命矣。”

晏子出，公令吏罢守槐之役，拔置县之木，废伤槐之法，出犯槐之囚。

注　释

①犯：侵犯。这里指触碰。

②植：树立。县：通“悬”，悬挂法令。

③负廓：靠近城郭，即城郊。负：背倚，背靠。廓：通“郭”。古代城墙有内外两层，内为城，外为郭。

④胜：克制。

⑤下陈：指姬妾婢女居住的后院。

⑥见奔：私奔于我。

⑦内：通“纳”，进入。

⑧莅（lì）：治理，统治。

⑨禄：俸禄。这里指百姓的利益。

⑩恚（huì）：怨恨，愤怒。

⑪拂：违背。是：正确合理。

⑫“此譬”二句：大意为这就好比自己烹饪鱼鳖的人，只是去掉它的腥臊气味就好了。指君主制定法令，只惩罚那些有害的人，而不会杀害无辜的人。

⑬“昧墨”二句：大意为在黑暗里还要让人并排站立，在露天的店铺里还要让人恭敬地坐着，这就太苛刻了。昧墨：黑暗。比居：并排站着。庚肆：露天的店铺。危坐：恭敬地坐着。

⑭收：指收尸。

⑮拟：比拟，相似。

⑯称：适合，相当。贼：残暴。

⑰著：显著。

⑱微：如果没有。

⑲几：将近，差一点。

译　文

齐景公有棵非常喜爱的槐树，他下令让小吏谨慎地看守着，还立了一根木桩，上面悬挂着禁令，禁令上说：“触碰槐树的人要受罚，伤害槐树的人要处死。”有个没有听到禁令的人，喝醉后触碰了槐树，景公听到后说：“这是第一个触犯我禁令的人。”就派小吏拘捕他，并准备降罪于他。

这个人的女儿跑到晏子家门口说：“我是住在城郊的卑贱女子，请求和相国说几句话，我不能克制住自己的欲望，希望能充当相国的后院姬妾。”晏子听到后，笑着说：“难道我是个沉迷女色的人吗？为什么年纪这么大了还有人私奔过来？即使这样，其中一定是有缘故的。”就让人放她进来。

这个女子进门后，晏子远远看见她，说：“奇怪啊，她有深重的忧虑！”就上前问道：“你忧虑的是什么事情？”

女子回答说：“大王种了一棵槐树，并悬挂禁令说触碰它的人要受罚，伤害它的人要处死。我的父亲太愚笨，没有听说这个禁令，喝醉之后触碰了槐树，官吏就要降罪于他。我听说，圣明的君主统治国家，确立政令，不损害百姓利益，不加重刑罚，又不会因为私愤而损害国法，不会因为禽兽而伤害百姓，不会因为草木伤害禽兽，不会因为野草伤害禾苗。我们的君主要是因为树木而杀害我的父亲，使我一个人孤苦无依，这是禁令在百姓身上施行而成为国家的法令了。即使这样，我听说勇士不凭借人多势众去欺凌孤单弱小的人，圣明仁德的君主不违背正确的原则去做自己想做的事情。这就好比自己烹饪鱼鳖的人，只是去掉它的腥臊气味就好了。如果在黑暗里还要让人并排站立，在露天的店铺里还要让人恭敬地坐着，这就太苛刻了。现在大王对百姓发出的禁令，如果能成为国法，而且能对后世有益，那我父亲被处死也是应该的，我给他收尸也是合适的。但是太过分了！现在大王发出的禁令不是这样，因为树木就要降罪惩罚我的父亲，我担心这样会毁坏明察官吏的法令，损害圣明君主的道义。邻国听到这件事，都会说我们的君主喜爱树木而轻贱人命，这样合适吗？希望相国能够明察我说的话来裁决触犯禁令的人。”

晏子说：“太过分了！我将替你对大王说说这些话。”然后就派人送这个女子回家。

第二天早朝时，晏子向景公禀告说：“我听说竭尽百姓的财力来满足自己的嗜好贪欲叫作暴虐，推崇玩物、让它们的威严和君主一样叫作违逆，惩罚诛杀罪名不符的人叫作残酷。这三条是保守国家的大祸患。如今您竭尽百姓的财力来使您的饮食器具更加精美，使钟鼓乐曲更加繁杂，使宫殿内室更加壮观，这是施行最大的暴虐；推崇玩物，悬挂吝惜槐树的禁令，规定坐车经过的要奔驰而过，走路经过的要快跑，让槐树的威严和君主一样，这是明显的违逆百姓；触碰槐树的人要受罚，伤害槐树的人要处死，刑罚诛杀和犯的罪不相符合，这是残害百姓最严重的行为。您享有国家，德行没有显示给众人，这三种邪僻的行为却在国内十分显著，我担心您不能再统治国家和百姓了。”

景公说：“如果没有大夫您教诲我，我几乎就要犯下大罪而连累国家了。现在您教诲了我，这是国家的福气，我接受您的指教。”

晏子出来后，景公就下令让小吏停止看守槐树，拔掉悬挂禁令的木桩，废除伤害槐树就要治罪的法令，释放了触碰槐树的囚犯。

景公逐得斩竹者囚之晏子谏第三

原　文

景公树[①]竹，令吏谨守之。公出，过之，有斩竹者焉。公以车逐，得而拘之，将加罪焉。

晏子入见，曰：“君亦闻吾先君丁公乎？”

公曰：“何如？”

晏子曰：“丁公伐曲城，胜之，止[②]其财，出其民[③]。公日自莅[④]之，有舆[⑤]死人以出者，公怪之，令吏视之，则其中金与玉焉。吏请杀其人，收其金玉。公曰：‘以兵降城，以众图财，不仁。且吾闻之，人君者，宽惠慈众，不身传诛。’令舍之。”

公曰："善！"晏子退，公令出斩竹之囚。

注释

①树：种植。

②止：指扣留。

③出其民：指允许百姓进出。

④莅：到，往。

⑤舆：运载。

译文

齐景公种了一些竹子，命令小吏谨慎看守。景公出行时，路过那里，看到有个人在砍竹子。景公乘着车追赶，追到之后拘捕了他，将要治罪。

晏子进宫拜见景公，说："大王您也听说过我们先王丁公的事迹吧？"

景公问："什么事迹？"

晏子说："丁公去攻打曲城，得胜之后，扣留了那里的钱财，迁出了城里的居民。丁公每天亲自去那里巡视，看到有人运着死人出城，丁公觉得很奇怪，就派人去查看，结果发现那里面都是金玉钱财。小吏请求杀了那个人，没收这些金玉。丁公说：'凭借军队降服城池，凭借人多图谋他们的财物，这是不仁义的。况且我听说，做君主的人要宽厚仁慈地对待百姓，不亲自传令杀人。'于是下令释放了那个人。"

景公说："您说得很好！"晏子退下之后，景公就下令释放了砍伐竹子的囚犯。

景公以抟治[1]之兵未成功将杀之晏子谏第四

原文

景公令兵抟治，当腊冰月[2]之间而寒，民多冻馁，而功不成。公怒曰："为我杀兵二人。"

晏子曰："诺。"

少间，晏子曰："昔者先君庄公之伐于晋也，其役杀兵四人。今令而杀兵二人，是杀师之半也。"

公曰："诺！是寡人之过也。"令止之。

注　释

①抟（tuán）治：制作土砖。王念孙《读书杂志》："案'治'者，砖也，'抟治'，谓抟土为砖。"抟：把东西捏聚成团。

②腊冰月：腊月和冰月，指农历十二月和十一月。

译　文

齐景公下令让士兵制作土砖，当时正值十一、十二月之间，天气非常寒冷，众人大多挨饿受冻，因而没有完成这件事。景公生气地说："替我杀掉两个士兵。"

晏子说："遵命。"

过了一会儿，晏子说："从前先王庄公去攻打晋国，在这场战役中死了四个士兵。现在您下令杀死两个士兵，这是杀了一半的军队啊。"

景公说："对！这是我的过错。"于是下令停止杀掉士兵。

景公冬起大台之役[1]晏子谏第五

原　文

晏子使于鲁，比[2]其返也，景公使国人起大台之役，岁寒不已。冻馁之者乡有焉，国人望[3]晏子。

晏子至，已复事，公延[4]坐，饮酒乐。晏子曰："君若赐[5]臣，臣请歌之。"歌曰庶民之言曰："冻水洗我，若之何！太上靡散[6]我，若之何！"歌终，喟然叹而流涕。

公就[7]止之曰："夫子曷为至此？殆[8]为大台之役夫！寡人将速罢之。"

晏子再拜，出而不言。遂如[9]大台，执朴鞭其不务者[10]，曰："吾细人[11]也，皆有盖庐[12]以避燥湿，今君为一台而不速成，何以为役？"国人皆曰："晏子助天为虐。"

晏子归，未至，而君出令趣罢役，车驰而人趋。

仲尼闻之，喟然叹曰：“古之善为人臣者，声名归之君，祸灾归之身；入则切磋[13]其君之不善，出则高誉其君之德义。是以虽事惰君[14]，能使垂衣裳[15]、朝诸侯，不敢伐[16]其功。当此道者，其晏子是耶！”

注释

①役：劳役。

②比：等到。

③望：盼望。

④延：邀请，请。

⑤赐：赐予。这里指恩准。

⑥靡散：犹靡敝。摧残，凋敝。

⑦就：靠近。

⑧殆：表推测，相当于“大概”“几乎”。

⑨如：到，往。

⑩朴：未加工的木材。这里指木棍。务：致力，努力。

⑪细人：地位低下的人。

⑫盖庐：当为“盍庐”之误。盍：通“阖”。阖庐：即房屋。

⑬切磋：比喻道德学问方面相互研讨勉励。

⑭惰君：指懈怠无能的君主。

⑮垂衣裳：称颂帝王轻松无为地治理好天下。垂：垂示。语出《周易》卷八《系辞下》：“以衣在上者象天，以裳在下者象地，故衣裳制作取象乾坤。”后遂以“垂衣裳”谓定衣服之制，示天下以礼。

⑯伐：自夸。

译文

晏子出使鲁国，等到他回来，发现景公役使国人建造高台，天气变冷了还没有完成。因此挨饿受冻的人每个乡都有，国人都盼望晏子回来。

晏子到了朝上，禀告完出使的事情，景公请他坐下饮酒取乐。晏子说：“国君您如果允许的话，我请求为您唱首歌。”他唱着百姓的话说：“冰冷的水浸洗着我，怎么办啊！君主要置我于死地，怎么办啊！”唱完之后，叹息着流下了眼泪。

景公走到晏子身边，劝止他说："夫子您为什么这么悲伤？大概是为了我修建高台的事吧！我会马上停止它。"

晏子拜了两拜，没说话就出去了。于是晏子来到高台，拿着木棍抽打不卖力干活的人，说："我们都是卑贱的人，尚且会建造房屋来避免燥热和潮湿的天气，现在大王要修建一座高台却不能快速建成，你们是怎么干活的？"国人都说："晏子是在帮助上天施行暴虐。"

晏子回来，还没到家，景公就下令赶紧停止劳役，传令的车马奔驰，人们也跟着奔跑。

孔子听到这件事后，叹息说："古时善于做臣子的人，都会把声名归于君主，灾祸归于自身；进入朝廷就帮助君主改正不好的地方，走出朝廷就高度赞誉君主的道德仁义。因此即使是侍奉懈怠无能的君主，也能让他垂示衣裳，轻松治理好国家，使诸侯都来朝拜，却不夸耀自己的功绩。符合这种道义的人，大概就是晏子了吧！"

景公为长庲欲美之晏子谏第六①

原　文

景公为长庲，将欲美之。有风雨作，公与晏子入坐饮酒，致②堂上之乐。酒酣③，晏子作歌曰："穗兮乎不得获，秋风至兮殚④零落。风雨之拂杀⑤也，太上之靡弊⑥也。"歌终，顾而流涕，张躬而舞⑦。

公就晏子而止之曰："今日夫子为赐而诫于寡人，是寡人之罪。"遂废酒，罢役，不果成长庲。

注　释

①长庲（lái）：台榭名。美：使……变美。

②致：招引，招致。

③酒酣：喝酒喝得正尽兴。

④殚：竭尽。

⑤拂杀：指扼杀，摧残。

⑥靡弊：摧残，凋敝。

⑦张躬而舞：指舒展身体舞蹈。此句当为错简，疑在上文“作歌”之前。

译 文

齐景公修建长庲台，想进一步装饰得华丽壮美。有一天风雨大作，景公和晏子入内坐着饮酒，召来乐人在堂上奏乐取乐。酒喝得正尽兴时，晏子舒展身体起舞，作歌吟唱道：“稻穗啊不能收获，秋风吹来啊都掉落。风雨来摧折啊，君主来残害啊！”唱完之后，转过头流下了眼泪。

景公走到晏子身边，劝止他说：“今天夫子您作歌告诫我，这是我的罪过。”于是就废除宴饮，停止了劳役，最终没有装饰长庲台。

景公为邹[①]之长涂晏子谏第七

原 文

景公筑路寝[②]之台，三年未息；又为长庲之役，二年未息；又为邹之长涂。

晏子谏曰：“百姓之力勤矣！公不息乎？”

公曰：“涂将成矣，请成而息之。”

对曰：“君屈民财者，不得其利；穷民力者，不得其乐。昔者楚灵王作顷宫[③]，三年未息也；又为章华[④]之台，五年又不息也；乾溪[⑤]之役，八年，百姓之力不足而息也。灵王死于乾溪，而民不与[⑥]归。今君不遵明君之义，而循灵王之迹，婴惧君有暴民之行，而不睹长庲之乐也。不若息之。”

公曰：“善！非夫子，寡人不知得罪于百姓深也。”于是令勿委坏[⑦]，余财勿收，斩板[⑧]而去之。

注　释

①邹：国名。在今山东邹县一带。

②路寝：古代天子、诸侯处理政事的宫室。

③楚灵王：楚共王次子，杀了侄儿楚郏敖自立为王，是春秋时代有名的穷奢极欲、昏暴之君。顷宫：指高大巍峨的宫殿。顷：通“倾”，倾倒。

④章华：台名。楚灵王离宫。

⑤乾溪：地名。春秋时属楚国。在今安徽省亳州东南。

⑥与：允许。

⑦委坏：堆土。委：积聚。坏的繁体为“壊”，疑为“壤”之误。

⑧斩板：斩断约束筑土板的绳索。

译　文

齐景公修筑路寝台，历时三年也没有停止；后来又修建长庲台，历时两年也没有停止；再后来又要修建通往邹国的长途通道。

晏子劝谏说：“百姓的劳役太辛苦了！您还不停止吗？”

景公说：“大路就要造好了，请等到造好之后再停止吧。”

晏子回答说：“君主如果竭尽百姓的钱财，自己也得不到利益；若穷尽百姓的气力，自己也得不到快乐。从前楚灵王修建巍峨的宫殿，历时三年也没有停止；后来又建造章华台，历时五年又没有停止；再后来又在乾溪大兴劳役，历时八年，因为百姓的财力不够才停止。楚灵王死在乾溪，百姓却不允许他回国。如今您不遵从圣明君主的道义，却跟随着楚灵王的足迹，我担心您会遭遇暴民的反抗，看不到长庲台建成之后的欢乐场面。不如停止吧。”

景公说：“您说得对！如果不是夫子您，我真不知道已经得罪百姓这么深了。”于是下令不要再继续堆土修筑，不要再收缴还没征收的钱财，斩断约束筑土板的绳索，撤去了板材。

景公春夏游猎兴役晏子谏第八

原　文

景公春夏游猎，又起大台之役。

晏子谏曰："春夏起役，且游猎，夺[①]民农时，国家空虚，不可。"

景公曰："吾闻相贤者国治，臣忠者主逸。吾年无几[②]矣，欲遂[③]吾所乐，卒吾所好，子其息矣。"

晏子曰："昔文王不敢盘游于田[④]，故国昌而民安；楚灵王不废乾溪之役，起章华之台，而民叛之。今君不革，将危社稷，而为诸侯笑。臣闻忠臣不避死，谏不违[⑤]罪。君不听臣，臣将逝[⑥]矣。"

景公曰："唯唯[⑦]，将弛[⑧]罢之。"未几，朝韦冏解役而归[⑨]。

注释

①夺：侵占。

②无几：时间不多。

③遂：满足。下文的"卒"意与此同。

④盘游：游乐。田：通"畋"，打猎。

⑤违：避开。

⑥逝：死亡。

⑦唯唯：恭敬的应答声。

⑧弛：解除。

⑨朝：召见。韦冏（jiǒng）：人名。景公臣。

译文

齐景公在春夏农忙时出游打猎，又兴起修建高台的劳役。

晏子劝谏说："春夏时兴起劳役，而且还出游打猎，会侵占百姓的农耕时节，导致国库空虚，这样不行。"

景公说："我听说相国贤德，国家就能治理好；臣子忠心，君主就能安逸。我剩下的时间没有多久了，想要尽享自己喜欢爱好的事情，您还是不要再说了。"晏子说："从前周文王不敢纵情打猎游乐，所以国家昌盛，百姓安定；楚灵王没有废止乾溪的劳役，又兴起章华台的工程，因此百姓都背弃了他。如今大王您不改变自己的行为，就要危害国家而被诸侯嘲笑了。我听说忠臣不躲避死亡，劝谏时不逃避罪责。您不听从我的建议，那我就只能离开您了。"

景公说："好吧好吧，我将停止这些劳役。"没过多久，景公召见韦冏，让他解除劳役，自己也回到了都城。

景公猎休坐地晏子席而谏第九

原　文

景公猎休，坐地而食，晏子后至，灭葭[①]而席。

公不说，曰："寡人不席而坐地，二三子[②]莫席，而子独搴[③]草而坐之，何也？"

晏子对曰："臣闻介胄坐陈不席[④]，狱讼不席，尸坐堂上[⑤]不席，三者皆忧也。故不敢以忧侍坐。"

公曰："善。"令人下席曰："大夫皆席，寡人亦席矣。"

注　释

①灭葭（jiā）：拔下芦苇。葭：初生的芦苇。

②二三子：指随行的其他臣子。

③搴（qiān）：拔取。

④介胄：铠甲和头盔。泛指穿着铠甲的士兵。坐陈：临阵。陈：通"阵"。

⑤尸坐堂上：指停尸在堂上。"坐"疑涉上下文而衍。

译　文

齐景公打猎休息时，直接坐在地上吃东西，晏子随后到来，拔了些芦苇当席子坐。

景公很不高兴，说："我不用席子直接坐在地上，其他大夫也都没有用席子，只有您一个人拔草当席子坐，这是为什么？"

晏子回答说："我听说全副武装的士兵临阵时不坐席子，打官司的人不坐席子，停尸在堂上时不坐席子，这三种人都是有忧虑的。所以我不敢用心怀忧虑的礼节来侍奉您。"

景公说："您说得对。"派人铺下席子说："大夫们都坐席子，我也坐席子。"

景公猎逢蛇虎以为不祥晏子谏第十

原文

景公出猎，上山见虎，下泽[1]见蛇。归，召晏子而问之曰：“今日寡人出猎，上山则见虎，下泽则见蛇，殆所谓不祥也？”

晏子对曰：“国有三不祥，是不与焉[2]。夫有贤而不知，一不祥；知而不用，二不祥；用而不任[3]，三不祥也。所谓不祥，乃若此者。今上山见虎，虎之室也；下泽见蛇，蛇之穴也。如虎之室，如蛇之穴，而见之，曷为不祥也？”

注释

①泽：水深的湖泽或水草丛杂的湖泽。

②是不与焉：上山见虎、下泽见蛇这些不在其中。是：这些，代指前面提到的上山见虎、下泽见蛇的情况。与：参与，在其中。

③任：信任。

译文

齐景公出去打猎，上山见到虎，下湖见到蛇。回来后，召见晏子，问他说：“今天我出去打猎，上山就见到了老虎，下湖就看到了蛇，这恐怕是不吉利的预兆吧？”

晏子回答说：“国家有三种不吉利的事情，您所说的情况不在其中。国内有贤人君主却不知道，这是第一个不吉祥；知道了而不任用他，这是第二个不吉祥；任用了却不相信他，这是第三个不吉祥。人们所说的不吉祥，就是这三种情况。如今您上山看到老虎，山是虎的居所；下湖见到蛇，湖泽是蛇的洞穴。您去到虎的居所和蛇的洞穴，看到了它们，怎么会是不吉利呢？”

景公为台成又欲为钟晏子谏第十一

原　文

景公为台，台成，又欲为钟。晏子谏曰："君国者不乐民之哀[1]。君不胜欲，既筑台矣，今复为钟，是重敛于民，民必哀矣。夫敛民之哀而以为乐，不祥，非所以君国者。"公乃止。

注　释

①君国者：统治国家的人。乐民之哀：把百姓的哀痛当作快乐。

译　文

齐景公筑造高台，建成之后，又想铸造大钟。晏子劝谏说："统治国家的人不会把百姓的哀痛当作快乐。您控制不住自己的欲望，已经修筑了高台，现在又要铸造大钟，这是要加重百姓的赋税，百姓一定会感到哀痛。加重赋税使百姓哀痛，以此换来自己的欢乐，这是不吉利的，不是统治国家的人应该做的事。"景公于是放弃了铸造大钟的想法。

景公为泰吕成将以燕飨晏子谏第十二[1]

原　文

景公为泰吕成，谓晏子曰："吾欲与夫子燕。"

对曰："未祀先君而以燕，非礼也。"

公曰："何以礼为？"

对曰："夫礼者，民之纪，纪乱则民失，乱纪失民，危道也。"

公曰："善。"乃以祀焉。

注　释

①泰吕：即大吕。春秋时齐钟名。燕飨：宴饮。燕：通“宴”。

译　文

齐景公铸成了大吕钟之后，对晏子说：“我想和夫子您宴饮。”

晏子回答说：“还没有祭祀先祖就宴饮，这是不合礼制的。”

景公问：“要礼制做什么？”

晏子回答说：“礼制是百姓的纲纪，纲纪乱了就失去了百姓，纲纪混乱、失去百姓，这将危及王道。”

景公说：“您说得对。”于是就举行了祭祀。

景公为履[1]而饰以金玉晏子谏第十三

原　文

景公为履，黄金之綦[2]，饰以银，连以珠，良玉之絇[3]，其长尺，冰月服之以听朝。

晏子朝，公迎之，履重，仅能举足。问曰：“天寒乎？”

晏子曰：“君奚问天之寒也？古圣人制衣服也，冬轻而暖，夏轻而清[4]。今金玉之履，冰月服之，是重[5]寒也；履重不节[6]，是过任[7]也，失生之情[8]矣。故鲁工[9]不知寒温之节、轻重之量，以害正生，其罪一也；作服不常[10]，以笑诸侯，其罪二也；用财无功，以怨百姓，其罪三也。请拘而使吏度[11]之。”

公曰：“鲁工苦，请释之。”

晏子曰：“不可。婴闻之，苦身为善者，其赏厚；苦身为非者，其罪重。”公不对。

晏子出，令吏拘鲁工，令人送之境，使不得入。公撤履，不复服也。

注 释

①履：鞋。

②綦（qí）：鞋带。

③绚（qú）：鞋头上的装饰。

④清（qìng）：清凉。

⑤重（chóng）：加倍。

⑥节：尺度，分寸。

⑦过任：过度的负担。

⑧情：本性。

⑨鲁工：指替景公制鞋的鲁国工匠。

⑩常：常规，常理。

⑪度：衡量。此指量刑定罪。

译 文

齐景公做了双鞋子，用黄金做鞋带，用银子做装饰，用珍珠连缀，用美玉装饰鞋头，鞋长一尺，冬季十一月穿着去上朝。

晏子来朝见，景公走上前迎接他，鞋子太重，只能把脚抬起来走。他问晏子说："天气很冷吗？"

晏子说："您为什么要问天气冷不冷呢？古代圣人制作衣服，冬天的是轻而暖和，夏天是轻而凉快。现在您这双金玉做成的鞋子，在十一月份穿，这是加倍的寒冷；鞋子的重量超过了法度，这就使脚有了过度的负担，这些都违背了生命的本性。所以鲁工不知道冷暖的节度、轻重的分量，用这样的鞋子来损害您的生命，这是他的第一条罪状；制作服饰不按照常理，使得您被诸侯嘲笑，这是他的第二条罪状；耗费了财物却没有功效，使得您被百姓怨恨，这是他的第三条罪状。我请求拘捕他，让官吏衡量情况来定罪。"

景公说："鲁工很辛苦，请放了他。"

晏子说："不可以。我听说辛苦自身而做了好事，给他的赏赐要加厚；辛苦自身而做了坏事，他的罪名就要加重。"景公没有话来回答。

晏子出去之后，让官吏拘捕鲁工，派人送他到边境，再不许他进入齐国。景公脱掉那双鞋子，再也不穿了。

景公欲以圣王之居服而致诸侯晏子谏第十四

原 文

景公问晏子曰："吾欲服圣王之服，居圣王之室，如此，则诸侯其至乎？"

晏子对曰："法[①]其节俭则可，法其服室，无益也。三王不同服而王，非以服致诸侯也。诚[②]于爱民，果于行善，天下怀其德而归[③]其义，若其衣服节俭而众说也。夫冠足以修敬[④]，不务其饰；衣足以掩形，不务其美。衣不务于隅差之削[⑤]，冠无觚羸之理[⑥]，身服不杂彩，首服不镂刻。且古者尝有紩衣挛领[⑦]而王天下者，其政好生而恶杀，节上而羡[⑧]下，天下不朝其服，而共归其义。古者尝有处橧巢[⑨]窟穴而王天下者，其政而不恶[⑩]，予而不取，天下不朝其室，而共归其仁。及三代作服，为益敬也。首服足以修敬，而不重也；身服足以行洁[⑪]，而不害于动作。服之轻重便于身，用财之费顺于民。其不为橧巢者，以避风也；其不为窟穴者，以避湿也。是故明堂之制，下之润湿不能及也，上之寒暑不能入也，土事不文[⑫]，木事不镂，示民知节也。及其衰也，衣服之侈过足以敬，宫室之美过避润湿，用力甚多，用财甚费，与民为仇。今君欲法圣王之服室，不法其制，法其节俭也，则虽未成治，庶其[⑬]有益也。今君穷台榭之高、极汚池[⑭]之深而不止，务于刻镂之巧、文章之观而不厌[⑮]，则亦与民为仇矣。若臣之虑，恐国之危而公不平[⑯]也。公乃[⑰]愿致诸侯，不亦难乎？公之言过矣。"

注　释

①法：效法。

②诚：果真，确实。与下文的“果”意思相同。

③归：归依，向往。

④修敬：表示恭敬。

⑤隅差（chà）之削：裁剪衣服的斜角。隅：边角。差：邪。削：用刀切去或割去。

⑥觚蠃（gū luó）之理：方形和圆形的各种纹理。觚：棱角，指方形的花纹。蠃：螺旋形的花纹。理：纹理。

⑦紩（zhì）衣挛领：缝补过的衣服。紩：缝，用针线连缀。挛：维系，牵系。

⑧羡：富余。

⑨橧（zēng）巢：古人用柴薪搭建似巢的住处。橧：指柴薪。

⑩其政而不恶：文字有脱漏，《路史·因提纪》注引作“其仁爱而不恶”，故从之。

⑪行洁：德行高洁。

⑫土事：指用土筑造。下文“木事”指用木材建造。文：刻画花纹。

⑬庶其：或许，大概。

⑭洿（wū）池：水池。

⑮文章：错杂的色彩、花纹。厌：满足。

⑯平：指平安。

⑰乃：竟，竟然。

译　文

齐景公问晏子说：“我想穿圣贤君王的服饰，住圣贤君王的宫室，这样，诸侯们就会来归附吗？”

晏子回答道：“效仿他们的节俭就可以了，效仿他们的服饰和宫室是没有用的。夏禹、商汤、周文王这三位君王的服饰不同，但都能称王，他们不是凭借服饰让诸侯归附的。他们真诚地爱护百姓，确实地施行善事，天下人感怀他们的仁德，向往他们的道义。像圣王那样即便是衣服节俭，人们也会觉得高兴。帽子足够用来表示恭敬就可以了，不用追求各种修饰；衣服足够用来遮蔽形体就可以了，不用追求美好华丽。衣服不用努力去裁剪斜角，帽子不用努力去刻画纹理，身上不穿各种颜色的衣服，头上不戴镂刻各种花纹的帽子。况且古代曾经还有穿着打补丁的衣服而称王于天下的君主，他们的政令是爱护生灵而厌恶杀戮，节制身在上位的君臣而让身在下位的百姓富足，天下人不是朝拜他们的服饰，而是一起归附于他们的道义。”古代曾经有住在木棚洞穴却能称王于天下的人，他们的政令是仁爱而不厌恶，施与而不索取，天下人不是朝拜他们的房屋，而是共同归附于他们的仁爱。等到夏、商、周三代制作服饰，是为了加强庄重恭敬的礼制。帽子只是足够用来表示恭敬就好了，而不会过于沉重；衣服只是足够用来显示德行高洁就好了，而不会妨碍身体动作。服饰的轻重在于方便身体的行动，花费多少财物在于顺应民心。他们不住在木棚，是为了躲避风雨；不住在洞穴，是为了避开潮湿。因此明堂的建筑形制，使地下的湿润潮气不会渗透上来，上面的冷热空气不会进入屋内，用土建造不描绘花纹，用木建造不雕刻纹理，这是向百姓显示要懂得节俭。等到三代衰败时，衣服奢侈超过了表示恭敬的原则，宫室华美超过了避开潮气需要的程度，经常役使民力，使用财物非常浪费，和百姓成为了仇敌。现在您想效法圣明君主的服饰宫室，如果不效仿他们的制度，而效仿他们的节俭，那么即使不能达到国家安定的境界，或许也是有些好处的。可如今您极力地增高台榭、挖深水池还不够，又不断地追求巧妙的刻镂、繁复的花纹，这也就是和百姓作对啊。如果像我忧虑的那样，恐怕齐国就要危险了，而您也不会平安了。您竟然希望诸侯来归附，这不是太难了吗？您的话错了。”

景公自矜冠裳游处之贵晏子谏第十五

原　文

景公为西曲潢[①]，其深灭轨[②]。高三仞[③]，横木龙蛇，立木鸟兽。公衣黼黻[④]之衣、素绣[⑤]之裳，一衣而五采具焉；带球玉而冠且[⑥]，被发乱首[⑦]，南面而立，傲然。

晏子见，公曰：“昔仲父[⑧]之霸何如？”晏子抑首[⑨]而不对。

公又曰：“昔仲父之霸何如？”

晏子对曰：“臣闻之，维翟人与龙蛇比[⑩]。今君横木龙蛇，立木鸟兽，亦室一就矣[⑪]，何暇在霸哉？且公伐[⑫]宫室之美，矜衣服之丽，一衣而五采具焉，带球玉而冠且，被发乱首，亦室一容[13]矣。万乘之君，而一心于邪，君之魂魄亡矣，以谁与图霸哉？”

公下堂就晏子曰：“梁丘据、裔款以室之成告寡人，是以窃袭此服[14]，与据、款为笑，又使夫子及[15]。寡人请改室易服而敬听命，其可乎？”

晏子曰：“夫二子营[16]君以邪，公安得知道哉？且伐木不自其根，则蘖[17]又生也。公何不去二子者，毋使耳目淫焉？”

注释

①西曲潢：水池名。潢：积水池。

②灭轨：淹没一辆车子。灭：淹没。轨：指车。

③高三仞：此句义不明，疑有脱漏。于鬯认为当为“筑室于曲潢之上高三仞耳”。姑从之。

④黼黻（fǔ fú）：泛指礼服上所绣的华美花纹。黑白相间的叫“黼”，青黑相间的叫“黻”。

⑤素绣：白底绣花。

⑥球玉：指美玉。且：俞樾认为“且”当作“组”。组：具有文彩的宽丝带。

⑦被（pī）发乱首：头发散乱不束扎。

⑧仲父：即管仲。仲父是齐桓公对管仲的尊称。

⑨抑首：低着头。

⑩维：通“唯”，只有。比：并列。

⑪亦室一就矣：疑为“一室亦就矣”。意为在一个宫室里就可以接近它们了。

⑫伐：夸耀。与下文的“矜”同义。

⑬容：盛大。这里是自大的意思。

⑭窃：私下。袭：衣上加衣。

⑮及：赶上，遇上。

⑯营：迷惑。

⑰蘖（niè）：被砍去或倒下的树木再生的枝芽。

译文

齐景公修建了西曲池，它的深度可以淹没一辆车子。池边筑造的宫室高达三仞，屋内的横木上雕刻着龙蛇，立柱上雕刻着鸟兽。景公穿着花纹华丽的上衣、白底绣花的下裳，一套服饰五彩具备；衣带上装饰着美玉，帽子上装饰着丝绳，头发散乱着不束扎，面向南边站立，神色高傲。

晏子来拜见，景公问："从前管仲的霸业是怎样的？"晏子低着头没有回答。

景公又问："从前管仲的霸业是怎样的？"

晏子回答说："我听说，只有狄人和龙蛇为伍。如今您屋内的横木上雕刻着龙蛇，立柱上雕刻着鸟兽，在一个宫室里就可以接近它们了，哪里有闲暇关心霸业呢？而且您夸耀宫室的华美、衣服的艳丽，一套服饰五彩具备，衣带上装饰美玉，帽子上装饰丝绳，头发散乱不束扎，在一个宫室里就可以自大了。作为一个拥有万辆兵车的大国君主，却一味地把心思放在邪僻的事情上，您的魂魄已经丢失了，还能和谁图谋霸业啊？"

景公下堂走近晏子，说："梁丘据、裔款把宫室建成的消息告诉了我，因此我就偷偷穿上了这套衣服，和梁丘据、裔款玩乐取笑，又让您碰上了。我请求改修宫室和衣服，恭敬地听从您的教诲，可以吗？"

晏子说："那两个人用邪僻的事物来惑乱您，您怎么能懂得治国的道理呢？况且砍伐树木不从它的根部开始，那么枝叶又会再生。您为什么不除掉这两个人，让自己的耳目不再被惑乱呢？"

景公为巨冠[①]长衣以听朝晏子谏第十六

原 文

景公为巨冠长衣以听朝，疾视[②]矜立，日晏[③]不罢。

晏子进曰："圣人之服中，侻而不驵[④]，可以导众；其动作，侻[⑤]顺而不逆，可以奉生。是以下皆法其服，而民争学其容。今君之服，驵华不可以导众；疾视矜立，不可以奉生。日晏矣，君不若脱服就燕[⑥]。"

公曰："寡人受命。"退朝，遂去衣冠，不复服。

注 释

①巨冠：又高又大的帽子。

②疾视：怒目而视。

③晏：迟，晚。

④侻（tuō）：简易。

⑤驵（zǎng）：原指马粗壮。这里指衣服宽大。

⑥侻：张纯一认为“侻”疑涉上文而误，本字当为克。“克顺”正与“中侻”对。克：能。

⑦燕：通“晏”，休息。

译文

齐景公戴着又高又大的帽子，穿着长长的衣服来上朝，怒目而视，神色骄傲地站立着，天色晚了也不退朝。

晏子进言说：“圣人的服饰应当适中，简易而不宽大，可以引导众人；他们的动作，能够和顺而不违逆百姓，可以奉养自身。因此臣子都效仿他们的服饰，百姓都争着学习他们的仪态。现在大王您的服饰，宽大华丽不能够引导众人；怒目而视，神色骄傲地站立，不能够奉养自身。天色已经晚了，您不如脱下衣服去休息吧。”

景公说：“我听从您的教诲。”于是就退朝，脱掉这身衣服和帽子，不再穿了。

景公朝居严[1]下不言晏子谏第十七

原文

晏子朝，复于景公曰：“朝居严乎？”

公曰：“朝居严，则曷害于治国家哉？”

晏子对曰：“朝居严则下无言，下无言则上无闻矣。下无言则吾谓之喑[2]，上无闻则吾谓之聋。聋喑，非害治国家如何也？且合升鼓[3]之微以满仓廪，合疏缕之纬[4]以成帏幕。太山[5]之高，非一石也，累卑然后高。夫治天下者，非用一士之言也，固[6]有受而不用，恶[7]有拒而不受者哉？”

注 释

①朝居严：指上朝时神色威严。

②喑（yīn）：哑。

③鼓：古代量器名。四钧为一石，四石为一鼓。

④疏缕之纬：指稀疏的线。

⑤太山：即泰山。

⑥固：固然，诚然。

⑦恶（wū）：哪里，怎么。

译 文

晏子上朝时，向齐景公禀告说："您上朝态度太威严了吧？"

景公问："上朝态度威严对治理国家有什么危害吗？"

晏子回答说："上朝态度威严，臣下就不敢进言了；臣下不敢进言，那君主就听不到实话。臣下不说话，我把它叫作哑；君主听不到实话，我把它叫作聋。又聋又哑，不是有害于治国又是什么呢？况且积累一升一鼓那样少的粮食就可以装满粮仓，聚合稀疏的丝线就可以织成帷幕。泰山那么高，并不是一块石头能形成的，是从低处慢慢积累才变得高大。治理天下，并不是只采用一个人的言论就可以了，固然有接受了而不使用的，但是怎么会有拒绝而不接受的呢？"

景公登路寝台不终不说晏子谏第十八

原 文

景公登路寝之台，不能终，而息乎陛[①]，忿然而作色，不说，曰："孰为高台？病[②]人之甚也！"

晏子曰："君欲节于身而勿高，使人高之而勿罪也。今高，从[③]之以罪，卑亦从之以罪，敢问使人如此可乎？古者之为宫室也，足以便乎生，不以为奢侈也，故节于身，谓[④]于民。及夏之衰也，其王桀背弃德行，作为璇室[⑤]玉门；殷之衰也，其王纣作为倾宫[⑥]灵台，卑狭者有罪，高大者有赏，是以身及[7]焉。今君高亦有罪，卑亦有罪，甚于夏、殷之王。民力殚乏矣，而不免于罪，婴恐国之流失[8]，而公不得享也！”

公曰：“善！寡人自知诚[9]费财劳民，以为无功，又从而怨之，是寡人之罪也。非夫子之教，岂得守社稷哉！”遂下，再拜，不果登台。

注 释

①陛：宫殿的台阶。

②病：损害，祸害。

③从：跟随。这里指招来，招致。

④谓：山东银雀山汉墓竹简本作“调”。调：和。

⑤璇室：玉饰的宫室。

⑥倾宫：巍峨的宫室。

⑦及：指及于难。即遭遇了灾祸。

⑧流失：丢失。

⑨诚：确实。

译 文

齐景公攀登路寝台，登不到顶，在台阶上休息，气愤得变了脸色，很不高兴，说：“谁建的这么高的台子？害人不浅啊！”

晏子说：“国君您想要自己省力就不要建造高台，让人建了这么高的台子就不要怪罪别人。现在建得高了就招来罪责，建得低了也招来罪责，我斗胆问问您这样役使人可以吗？古代的圣王建造宫室，足够用来方便生活就好了，不追求奢侈，所以自身省力，百姓和顺。等到夏朝衰败时，他们的君主桀背离德行，用美玉修建了宫室；等到殷朝衰败时，他们的君主纣建造了高大精美的宫室台榭，修得低矮狭小的就要获罪，修得巍峨的就有赏赐，因此他们自身都遭到了灾祸。现在您是修得高了也有罪，修得低了也有罪，这是比夏桀、商纣还要厉害啊。百姓的财力都用尽了，却还是不能免于责罚，我担心国家会灭亡，而您不能继续享有了！”

景公说：“对！我自己也知道确实是耗费了财物，辛劳了百姓，做了无益于国家的事，又紧跟着抱怨他们，这是我的罪过啊。不是您的教诲，我怎么能守得住国家啊！”于是就走下高台，拜了两拜，不再登台了。

景公登路寝台望国而叹晏子谏第十九

原 文

景公与晏子登路寝之台而望国，公愀然[1]而叹曰："使后嗣世世有此，岂不可哉？"

晏子曰："臣闻明君必务正其治，以事利民，然后子孙享之。《诗》云：'武王岂不事，贻厥孙谋，以燕翼子[2]。'今君处佚怠，逆政害民有日矣，而犹出若言，不亦甚乎？"

公曰："然则后世孰将把齐国？"

对曰："服牛死，夫妇哭，非骨肉之亲也，为其利之大也。欲知把齐国者，则其利之者邪？"

公曰："然，何以易之？"

对曰："移之以善政。今公之牛马老于阑牢[3]，不胜[4]服也；车蠹[5]于巨户，不胜乘也；衣裘襦袴[6]，朽弊于藏，不胜衣也；醯醢[7]腐，不胜沽[8]也；酒醴酸酢[9]，不胜饮也；菽粟郁积，不胜食也。又厚藉敛于百姓，而不以分馁民。夫藏财而不用，凶也。财苟失[10]守，下，其报环至[11]；其次，昧[12]财之失守，委[13]而不以分人者，百姓必进自分也。故君人者，与其请于人，不如请于己也。"

注 释

①愀然：忧愁伤感的样子。

②"武王"三句：见于《诗经·大雅·文王有声》。事：作为，功绩。贻：遗留。厥：其，他的。燕：通"宴"，安。翼：帮助，辅佐。

③阑牢：养牲畜的栏圈。阑：通"栏"。

④胜：胜任，禁得起。

⑤蠹：蛀蚀。

⑥襦袴（kù）：短衣与套裤。

⑦醯醢（xī hǎi）：调味用的醋和酱。醯：醋。醢：用鱼、肉做成的酱。

⑧沽：通“酤（gū）”，卖，出售。

⑨醴：甜酒。酢（cù）：“醋”的本字。变酸，腐败。

⑩失：张纯一认为当为“矢”之误。矢：通“誓”，发誓。

⑪环至：一个接一个地到来。

⑫昧：隐藏。

⑬委：堆积，存放。

译　文

齐景公和晏子登上路寝台望着都城，景公忧愁地叹息道：“让我的子孙世世代代享有齐国，难道不可以吗？”

晏子说：“我听说贤明的君主一定会努力端正治国的方法，用实事来使百姓受益，然后子孙才能享有国家。《诗经》中说：‘武王难道没有功业吗？他把谋略遗留给子孙，让他们永享太平。’如今您行事安逸怠惰，乱政害民已经很久了，却还说出这样的话，不是太过分了吗？”

景公问：“既然这样，那么后世谁将占有齐国呢？”

晏子回答说：“驾车耕田的牛死了，它的主人夫妇就会哭泣，不是因为牛和人之间有骨肉亲情，而是因为彼此间有很大的利益关系。想要知道谁会占有齐国，那大概就是能让齐国得利的人吧？”

景公问：“这样的话，怎么才能改变现在的情况呢？”

晏子回答说：“用仁政来改变它。如今您的牛马多得都老死在圈舍里，不能再役使了；车子多得都被虫子蛀坏在了大门口，不能再乘坐了；衣裳皮裘裤子多得都朽在了衣柜里，不能再穿了；酱料多得都腐烂了，不能再卖；美酒多得都变酸了，不能再喝；豆子小米多得都堆积起来发霉了，不能再吃。可是你又向百姓加重赋税，却不把这些分给饥饿的百姓。储藏财物而不使用，这是很凶险的。如果一心保守财物，结果就是报应不断地到来；更坏的情况是誓死保守隐藏的财物，堆积着不分给众人，那百姓一定会自己闯入宫来分走它们。所以做君主的人，与其请求别人，不如求于自身。”

景公路寝台成逢于何愿合葬晏子谏而许第二十①

原 文

景公成路寝之台。逢于何遭丧，遇晏子于途，再拜乎马前。晏子下车挹②之，曰："子何以命婴也？" 对曰："于何之母死，兆在路寝之台墉下③，愿请合骨。" 晏子曰："嘻！难哉！虽然，婴将为子复之。适④为不得，子将若何？" 对曰："夫君子则有以⑤，如我者侪⑥小人，吾将左手拥格⑦，右手梱⑧心，立饿枯槁⑨而死，以告四方之士曰：'于何不能葬其母者也。'"

晏子曰："诺。" 遂入见公，曰："有逢于何者，母死，兆在路寝当墉下，愿请合骨。"

公作色不说，曰："自古及今，子亦尝闻请合葬人主之宫者乎？"

晏子对曰："古之人君，其宫室节，不侵生人之居；其台榭俭，不残⑩死人之墓。故未尝闻诸请葬人主之宫者也。今君侈为宫室，夺人之居；广为台榭，残人之墓。是生者愁忧，不得安处；死者离易，不得合骨。丰乐侈游，兼傲生死，非仁君之行也；遂欲满求，不顾细民，非存之道也。且婴闻之，生者不得安，命之曰蓄忧；死者不得葬，命之曰蓄哀。蓄忧者怨，蓄哀者危，君不如许之。"

公曰："诺。"

晏子出，梁丘据曰："自古及今，未尝闻求葬公宫者也，若何许之？"

公曰："削人之居，残人之墓，凌⑪人之丧，而禁其葬，是于生者无施，于死者无礼也。《诗》云：'穀则异室，死则同穴⑫。'

吾敢不许乎？”

逢于何遂葬其母于路寝之墉下，解衰去绖[13]，布衣縢履[14]，玄冠茈武[15]，踊[16]而不哭，躃[17]而不拜，已乃涕洟[18]而去。

注释

①逢于何：人名。愿：希望。

②挹：通“揖”，作揖。

③兆：墓地。墉（yōng）：高墙。

④适：如果，假如。

⑤有以：指有办法。

⑥侪（chái）：辈，类。

⑦格：通“辂（lù）”，古代车辕上用来挽车的横木。这里指灵车。

⑧梱：通“捆”，编织时敲打使牢固。这里指敲击。

⑨枯槁：憔悴。

⑩残：毁坏，破坏。

⑪凌：侵犯。

⑫“穀则异室”二句：见于《诗经·王风·大车》。穀：生存，生长。

⑬解衰（cuī）去绖（dié）：脱掉丧服。衰：古代用粗麻布制成的毛边丧服。绖：古代用麻做的丧带，在头上为首绖，在腰为腰绖。

⑭縢（téng）履：用绳索编织的鞋子。

⑮玄冠茈（zǐ）武：黑色的帽子，紫色的帽带。玄：黑色。茈：通“紫”，紫色。武：古时的帽带。

⑯踊：跳跃。

⑰躃：通“擗（pǐ）”，连续拍打胸部。

⑱洟（tì）：鼻涕。

译文

齐景公建成了路寝台。逢于何家里遭遇丧事，在路上遇到晏子，就在晏子马车前拜了两拜。晏子下车向他作揖，问：“你有什么事情吩咐我？”逢于何回答说：“我的母亲死了，我家的墓地在路寝台的围墙下，我希望您能请求大王允许我的母亲与父亲合葬。”晏子说：“哎！这很难啊！即使这样，我还是会替你向大王禀告的。如果不能得到允许，你将怎么办呢？”逢于何回答说：“要是君子当然是有办法的，但是像我这样的小人，就会左手护着灵车，右手敲打着胸口，站着饿死，来告诉所有人：‘我不能安葬自己的母亲。’”

晏子说：“好。”于是就进宫拜见景公，说：“有个叫逢于何的人，他的母亲死了，墓穴在路寝台的围墙下，他希望能请求您让他的母亲和父亲合葬。”

景公沉下脸露出不高兴的神色，说：“从古至今，您听说过曾经有人请求合葬在君主的宫室里的吗？”

晏子回答说：“古代的君主，他们建造宫室有节度，不侵占生者的居所；他们建造台榭很俭朴，不毁坏死者的墓地。所以我从未听说过有人请求葬在君主的宫室里。如今您大肆建造宫室，侵夺了别人的居所；广建台榭，毁坏了别人的墓地。这是让生者忧愁，不能安心地生活；是让死者尸骨分离，不能得到合葬。肆意地放纵游乐，对死者和生者都一概轻慢，这不是仁德之君的行为；满足自己的欲望，不顾小民的生死，这不是保存国家的方法。况且我听说，生者不能安心，叫作积聚忧愁；死者不能安葬，叫作积聚哀伤。积聚忧愁的人会怨恨，积聚哀伤的人会带来危险，您不如就答应了他。”

景公说：“好吧。”

晏子出去之后，梁丘据问：“从古至今，从未听说过请求安葬在君主宫室里的，您为什么答应了呢？”

景公说：“剥削别人的居所，毁坏别人的墓地，侵犯别人的丧事，还禁止他安葬，这样对生者没有施恩，对死者又是无礼。《诗经》中说：‘活着时不同屋，死后就要同穴。’我怎么敢不同意呢？”

逢于何于是把他母亲葬在了路寝台的围墙下，脱掉丧服，穿着布衣绳鞋，戴着黑帽，打着紫结，跳跃着没有哭泣，捶打着胸口却没有下拜，结束了之后才流着眼泪鼻涕离开了。

景公嬖妾死守之三日不敛晏子谏第二十一

原　文

景公之嬖妾婴子死，公守之，三日不食，肤着于席[①]而不去。左右以复，而君无听焉。

晏子入，复曰：“有术客与医俱言曰：‘闻婴子病死，愿请治之。’”

公喜，遽起，曰："病犹可为乎？"

晏子曰："客之道也，以为良医也，请尝试之。君请屏[2]，洁沐浴饮食，间[3]病者之宫，彼亦将有鬼神之事焉。"

公曰："诺。"屏而沐浴。

晏子令棺人[4]入敛，已敛，而复曰："医不能治病，已敛矣，不敢不以闻。"

公作色不说，曰："夫子以医命寡人，而不使视；将敛，而不以闻。吾之为君，名而已矣。"

晏子曰："君独不知死者之不可以生邪？婴闻之，君正臣从谓之顺，君僻臣从谓之逆。今君不道顺而行僻，从邪者迩[5]，导害[6]者远，谗谀萌通[7]，而贤良废灭。是以谄谀繁于间，邪行交[8]于国也。昔吾先君桓公，用管仲而霸，嬖乎竖刀而灭；今君薄于贤人之礼，而厚嬖妾之哀。且古圣王，畜私不伤行，敛死不失[9]爱，送死不失哀。行伤则溺[10]己，爱失则伤生，哀失则害性，是故圣王节之也。死即毕敛，不以留生事[11]；棺椁衣衾[12]，不以害生养；哭泣处哀，不以害生道。今朽尸以留生，广爱以伤行，循哀[13]以害性，君之失矣。故诸侯之宾客惭入吾国，本朝之臣惭守其职。崇君之行，不可以导民；从[14]君之欲，不可以持国。且婴闻之，朽而不敛，谓之僇尸[15]；臭而不收，谓之陈胔[16]。反明王之性，行百姓之诽，而内嬖妾于僇胔，此之为不可。"

公曰："寡人不识，请因夫子而为之。"

晏子复曰："国之士大夫、诸侯四邻宾客皆在外，君其哭而节之。"

仲尼闻之曰："星之昭昭，不若月之曀曀[17]；小事之成，不若大事之废；君子之非，贤于小人之是也。其晏子之谓欤！"

注 释

①肤着于席：一说景公身体靠着床不肯离去，致使他的皮肤粘着于席，这

是夸张的说法。一说婴子的尸体没有入殓，致使腐烂而皮肤粘着于席。

②屏：屏退，退避。

③间：隔开。

④棺人：当指负责入殓的人。

⑤迩：近。

⑥导害：当为“导善”之误。

⑦萌通：发生和流行。

⑧交：交织，遍布。

⑨失：过于，过度。

⑩溺：沉迷，沉沦。

⑪生事：古代始丧之礼。指人死后葬前以生人之礼供奉之。

⑫衾：尸体入殓时盖尸的东西。

⑬循哀：即遂哀，哀伤不止。

⑭从：通“纵”，放纵。

⑮僇尸：陈尸示众。僇：通“戮”。

⑯陈胔（zì）：暴尸，陈列腐肉。

⑰噎（yì）噎：阴沉昏暗的样子。

译 文

齐景公的宠妾婴子死了，景公守着她，三天都没有吃饭，身体靠着床，不愿离开。左右近臣劝说景公休息，但是景公听不进去。

晏子入宫，禀告说：“有个会法术的人还有医师都说：‘听说婴子病死了，希望能医治她。’”

景公很高兴，急忙起身，问：“这病还可以治好吗？”

晏子说：“从这个来客的法术看，我认为是个良医，请尝试一下吧。大王您请退下沐浴，吃点东西，隔离病人的宫室，他们将有一些祭祀鬼神的事情要做。”

景公说：“好。”于是退出房间沐浴去了。

晏子命令负责丧葬事务的人给婴子收殓，收殓好了之后才向景公禀告说：“医师不能治好婴子的病，已经入殓了，我不敢不把这件事告诉您。”

景公变了脸色，很不高兴，说：“夫子您用治病的借口让我离开，不让我看；将要入殓，也没有告诉我。我这个君主，只是个名号罢了。”

晏子说：“大王您难道不知道死去的人不能再活过来吗？我听说君主正直

而臣子顺从叫作顺，君主邪僻而臣子顺从叫作逆。现在您不走正路而走邪道，跟着您走邪道的您就亲近，劝导您走正路的您就疏远，谄媚阿谀的行为滋生流行，贤德良善的行为却废弃消失。因此谄媚阿谀的人在宫内盛行，邪僻的行为遍布国内。从前我们的先王桓公，任用管仲而称霸，宠幸竖刀而灭亡；如今大王您对贤人的礼数浅陋，对宠妾的哀痛却这么深厚。而且古代的圣王私养宠妾不损伤德行，收殓死者不过分怜惜，送走死者不过分哀痛。德行受到损伤就会让自己沉沦，过分怜惜就会伤害自身，过度哀痛就会伤害天性。因此圣王对这些有节制。人死了就马上收殓完毕，不留着用生人之礼侍奉他；准备棺木衣被，不因此妨害生人的供养；可以哭泣哀伤，不因此损害养生之道。现在您留着腐尸而用生人之礼侍奉，过度怜惜伤害了德行，不停地哀伤妨害了本性，您做错了啊。所以其他诸侯国的宾客因为进入我国而感到羞愧，本国的臣子因为担任职责而感到羞愧。崇尚您的行为，不能引导百姓；放纵您的欲望，不能持有国家。况且我听说，尸体腐败了却不收殓，叫作陈尸示众；尸体发臭了还不收殓，叫作展示腐肉。违反圣明君主的本性，做令百姓非议的事情，把宠妾置于陈尸示众的境地，这样做是不可以的。"

景公说："我太不明智了，请遵循您的主张去做吧。"

晏子回禀说："国内的士大夫、四邻诸侯国的宾客都在外面，您哭泣时要有节制。"

孔子听到这件事后说："星辰的明亮，不如月亮的阴暗；小事的成功，不如大事的失败；君子的过错，比小人的正确要好。这大概说的就是晏子吧。"

景公欲厚葬梁丘据晏子谏第二十二

原　文

梁丘据死，景公召晏子而告之，曰："据忠且爱我，我欲丰厚其葬，高大其垄[①]。"

晏子曰："敢问据之忠与爱于君者，可得闻乎？"

公曰："吾有喜于玩好，有司未能我共[②]也，则据以其所有共我，是以知其忠也；每有风雨，暮夜求之必存，吾是以知其爱也。"

晏子曰："婴对，则为罪，不对，则无以事君，敢不对乎？婴闻之，臣专③其君，谓之不忠；子专其父，谓之不孝；妻专其夫，谓之嫉妒。事君之道，导君以亲于父兄，有礼于群臣，有惠于百姓，有信于诸侯，谓之忠；为子之道，导父以钟爱其兄弟，施行于诸父④，慈惠于众子，诚信于朋友，谓之孝；为妻之道，使其众妾皆得欢忻⑤于其夫，谓之不嫉。今四封⑥之民，皆君之臣也，而维据尽力以爱君，何爱者之少邪？四封之货，皆君之有也，而维据也以其私财忠于君，何忠者之寡邪？据之防塞群臣，壅蔽⑦君，无乃甚乎？"

公曰："善哉！微子，寡人不知据之至于是也。"遂罢为垄之役，废厚葬之令，令有司据法而责，群臣陈过而谏。故官无废法，臣无隐忠，而百姓大说。

注　释

①垄：坟冢。

②共：通"供"，供奉，供给。

③专：独占，独用。

④诸父：指父亲的兄弟，即叔父、伯父等。

⑤忻：通"欣"，欣喜，高兴。

⑥封：疆界。

⑦壅蔽：隔绝，蒙蔽。

译　文

梁丘据死了，齐景公召见晏子告诉他说："梁丘据忠心而且爱护我，我想要给他举行盛大豪华的葬礼，修建高大的坟墓。"

晏子说："我斗胆问一问，梁丘据对您的忠心和爱护，可以说给我听听吗？"

景公说："我喜爱的玩好之物，主管官吏不能供应给我，梁丘据就把他自己所有的东西供应给我，因此我知道他忠心；每次刮风下雨时，夜里找他他一定在，因此我知道他爱护我。"

晏子说："我要是回答您就会获罪，不回答就没什么可侍奉您了，敢不回答吗？我听说，臣子独占君主的宠爱叫作不忠，孩子独占父亲的宠爱叫作不孝，妻子独占丈夫的宠爱叫作嫉妒。侍奉君主的原则是，引导君主去亲近父兄，对群臣有礼，对百姓有恩惠，对诸侯有诚信，这叫作忠心；作为孩子的原则是，引导父亲钟爱自己的兄弟，并把爱心传布给叔伯，慈爱所有孩子，对朋友诚信，这叫作孝顺；做妻子的原则是，使各位姬妾都能得到丈夫的宠爱，这叫作不嫉妒。如今四境之内的百姓都是您的臣民，却只有梁丘据尽力爱护您，为什么爱护您的人这么少呢？四境之内的财物都是您所有的，却只有梁丘据能凭借私藏的财物忠于您，为什么忠于您的人这么少呢？梁丘据阻塞群臣、蒙蔽君主的行为，不是太严重了吗？"

景公说："您说得对啊！如果没有您，我不知道梁丘据竟过分到这个地步了。"于是停止了建造陵墓的劳役，废除了厚葬的命令，下令让主管官吏根据法律责罚梁丘据，群臣进谏陈述过错。因此官府中没有废弃不用的法令，臣子没有隐藏不表的忠心，百姓非常高兴。

景公欲以人礼葬走狗①晏子谏第二十三

原　文

景公走狗死，公令外共之棺，内给之祭。

晏子闻之，谏。公曰："亦②细物也，特③以与左右为笑耳。"

晏子曰："君过矣！夫厚藉敛不以反民，弃④货财而笑左右。傲⑤细民之忧，而崇⑥左右之笑，则国亦无望已。且夫孤老冻馁，而死狗有祭；鳏寡⑦不恤，而死狗有棺。行辟若此，百姓闻之，必怨吾君；诸侯闻之，必轻吾国。怨聚于百姓，而权轻于诸侯，而乃以为细物，君其图之。"

公曰："善。"趣庖治狗，以会朝属。

注　释

①走狗：猎犬。

②亦：不过，只是。

③特：只，仅，不过。

④弃：耗费。

⑤傲：傲视，轻视。

⑥崇：推崇，重视。

⑦鳏寡：泛指不具有劳动力且又没有亲属供养的人。

译　文

齐景公的猎狗死了，景公命令宫外提供棺材，宫内提供祭品。

晏子听到这件事，就劝谏景公。景公说："这只不过是件小事，我只是和左右近臣开玩笑取乐罢了。"

晏子说："大王您错了！征收那么重的赋税却不把它用回到百姓身上，浪费财物来和左右近臣取乐。轻视小民的忧虑，重视左右近臣的玩乐，那么国家也没有希望了。况且孤寡老人忍饥挨饿，死狗却有祭品；不抚恤鳏夫寡妇，死狗却有棺材。行为邪僻到如此地步，百姓听到了，一定会怨恨您；诸侯听到了，一定会轻视我国。怨恨在百姓中积聚，而诸侯开始轻视您的权势，您竟然还以为这是小事，您还是好好想想吧。"

景公说："对。"于是催促厨师烹饪了这条狗，用它来宴会群臣。

景公养勇士三人无君臣之义晏子谏第二十四

原　文

公孙接、田开疆、古冶子事景公，以勇力搏虎闻。晏子过而趋[①]，三子者不起[②]。

晏子入见公曰："臣闻明君之蓄[③]勇力之士也，上有君臣之义，下有长率[④]之伦，内可以禁暴，外可以威敌，上利其功，下服其勇，故尊其位，重其禄。今君之蓄勇力之士也，上无君臣之义，下无长率之伦，内不可以禁暴，外不可以威敌，此危国之器[⑤]也，不若去之。"

公曰："三子者，搏之恐不得，刺之恐不中也。"

晏子曰："此皆力攻勍[6]敌之人也，无长幼之礼。"因请公使人少馈[7]之二桃，曰："三子何不计功而食桃？"

公孙接仰天而叹曰："晏子，智人也！夫使公之计吾功者，不受桃，是无勇也。士众而桃寡，何不计功而食桃矣？接一搏特豜[8]，再搏乳虎[9]，若接之功，可以食桃而无与人同[10]矣。"援桃而起。

田开疆曰："吾仗兵而却三军者再[11]，若开疆之功，亦可以食桃而无与人同矣。"援桃而起。

古冶子曰："吾尝从君济于河，鼋衔左骖以入砥柱之中流[12]。当是时也，冶少不能游，潜行，逆流百步，顺流九里，得鼋而杀之；左操骖尾，右挈[13]鼋头，鹤跃[14]而出。津人[15]皆曰：'河伯也！'视之，则大鼋之首也。若冶之功，亦可以食桃而无与人同矣。二子何不反桃！"抽剑而起。

公孙接、田开疆曰："吾勇不子若，功不子逮[16]，取桃不让，是贪也；然而不死，无勇也。"皆反其桃，挈领[17]而死。

古冶子曰："二子死之，冶独生之，不仁；耻人以言，而夸其声，不义；恨[18]乎所行，不死，无勇。虽然，二子同桃而节[19]，冶专桃而宜。"亦反其桃，挈领而死。

使者复曰："已死矣。"公殓之以服，葬之以士礼焉。

注　释

①趋：古代的一种礼节，小步快走，表示恭敬。

②起：指起身回礼。

③蓄：蓄养。

④长率：长官与下属。

⑤器：人才。

⑥勍（qíng）：强。

⑦馈：赠送。

⑧特豜（jiān）：成年的公猪。特：雄性的牛马。豜：三岁的猪，也泛指大猪。

⑨乳虎：育子的母虎。

⑩无与人同：不用和人同享一个桃。

⑪仗：执，拿着。却：退。

⑫鼋（yuán）：大鳖。左骖（cān）：古代驾车四马中左边的马。砥柱：山名，位于河南三门峡以东黄河急流中，形状像柱。

⑬挈（qiè）：用手提着。

⑭鹤跃：像鹤一样跃起。

⑮津人：指渡船的船夫。

⑯逮：赶上，及，到。

⑰挈领：犹言断颈。挈：通“契”。

⑱恨：遗憾，后悔。

⑲节：节度。这里指有节度，合适。

译 文

公孙接、田开疆、古冶子侍奉齐景公，三人凭借勇力搏杀猛虎而闻名。晏子在经过他们面前时小步快走以示敬意，这三个人却没有起身回礼。

晏子入宫拜见景公说：“我听说圣明的君主蓄养勇猛的武士，对上要有君臣的道义，对下要有长幼的伦理，对内可以禁止暴乱，对外可以威慑敌人，君主从他们的功绩中得利，臣下都佩服他们的勇猛，所以君主使他们的地位尊贵，提高他们的俸禄。如今您蓄养勇猛的武士，对上没有君臣的道义，对下没有长幼的伦理，对内不能禁止暴乱，对外不能威慑敌人，这些是危害国家的人，不如除掉他们。”

景公说：“这三个人，搏杀他们恐怕不能成功，刺杀他们恐怕不能刺中。”

晏子说：“这些都是靠勇力可以攻打强敌的人，不讲长幼之间的礼让。”于是请景公派人只送给他们两个桃子，说：“你们三个人为什么不按功绩的大小来吃桃子呢？”

公孙接仰天长叹道：“晏子真是个聪明人啊！他让大王计算我们的功劳来分桃，没得到桃子，就是没有勇力。人多而桃少，为什么不按照功劳的大小来吃桃呢？我第一次搏杀了一只成年公猪，第二次搏杀了一只处于哺乳期的老虎，像我这样的功绩，可以吃桃而不用和别人同享了。”就拿过桃子站了起来。

田开疆说：“我手持兵器两次打退了敌军，像我这样的功劳，也可以吃桃而不用和别人同享了。”也拿过桃子站了起来。

古冶子说：“我曾经跟着大王渡过黄河，有一只大鳖叼走了车子左边的马，进入了砥柱山的激流中。那时我年纪轻还不会游泳，就潜入水中行走，逆流走了百步，顺流走了九里，找到了大鳖并杀了它，左手抓着马尾，右手拿着鳖头，像仙鹤一样飞出水面。渡口的人们都说：‘这是河伯啊！’后来仔细一看，才发现是大鳖的头。像我这样的功绩，也可以吃桃而不用和别人同享了。你们两个为什么不把桃子还回来！”于是拔出剑站了起来。

公孙接和田开疆说：“我们勇力不如您，功劳也赶不上您，拿了桃子而不礼让，这是贪婪；像这样做了而不死去，这是没有勇气。”二人都还回了桃子，割断脖子死了。

古冶子说：“这两个人都死了，而我独活着，这是不仁；用言语羞辱别人，夸耀自己的名声，这是不义；后悔自己的行为，却不赴死，这是不勇敢。即使这样，他们两个同吃一个桃子是合适的，我独自吃一个桃子是合宜的。”也还回了桃子，割断脖子死了。

派去的人禀告景公说：“都已经死了。”景公用相称的服饰收殓他们，用士人的礼制安葬了他们。

景公登射[1]思得勇力士与之图国晏子谏第二十五

原　文

景公登射，晏子修礼而侍。公曰：“选射之礼，寡人厌之矣。吾欲得天下勇士，与之图国。”

晏子对曰：“君子无礼，是庶人[2]也；庶人无礼，是禽兽也。夫臣勇多则弑[3]其君，子力多则杀其长，然而不敢者，维礼之谓也。礼者所以御民也，辔[4]者所以御马也。无礼而能治国家者，晏未之闻也。”

景公曰：“善。”乃饬射更席，以为上客，终日问礼。

注　释

①登射：即下文的“选射”，古代天子、诸侯通过射箭选拔人才的大射礼。登：齐語，发语词。

②庶人：平民百姓。

③弑：封建时代称臣杀君、子杀父母。

④辔：驾驭牲口用的缰绳。

译　文

齐景公举行大射礼，晏子准备好射礼需要用的事物侍奉着。景公说：“大射选拔人才的礼制，我已经厌烦了。我想要得到天下的勇士，和他们一起谋划国事。”

晏子回答说：“君子没有礼仪，那就是一般人；一般人没有礼仪，那就是禽兽。臣子勇力过人就会弑杀他的君主，孩子勇力过人就会杀害他的尊长，可是他们之所以不敢这么做，就是因为有礼制的约束啊。礼制是用来驾驭百姓的，就像缰绳是用来驾驭骏马的一样。没有礼制却能治理好国家的，我还没有听说过。”

景公说：“对。”于是就端正射礼的态度，更换坐席，把晏子当作上等宾客，整天向他请教礼制问题。

第三卷　内篇问上第三

庄公问威当世服天下时耶晏子对以行也第一①

原 文

庄公问晏子曰："威当世而服天下，时耶？"

晏子对曰："行也。"

公曰："何行？"

对曰："能爱邦内之民者，能服境外之不善；重士民之死力②者，能禁暴③国之邪逆；中听④任贤者，能威诸侯；安仁义而乐利世者，能服天下。不能爱邦内之民者，不能服境外之不善；轻士民之死力者，不能禁暴国之邪逆；愎⑤谏傲贤者，不能威诸侯；倍⑥仁义而贪名实者，不能服天下。威当世而服天下者，此其道也已。"而公不用，晏子退而穷处⑦。

公任勇力之士，而轻臣仆之死，用兵无休，国罢民害。期年，百姓大乱，而身及崔氏祸⑧。

君子曰："尽忠不豫⑨交，不用不怀⑩禄，晏子可谓廉矣！"

注 释

①时：指时运，时机。行：指德行。

②死力：竭尽全力。

③暴：欺凌，残害。

④中听：听取中正之言。

⑤愎：固执任性。

⑥倍：通"背"，背弃。

⑦退而穷处：指退出朝廷隐居。

⑧崔氏祸：指齐国大夫崔杼谋反弑杀庄公。

⑨豫：通"预"，预先，事先。

⑩怀：怀念。这里指贪恋。

译文

齐庄公问晏子说："威震当世而让天下人顺服，靠的是时机吧？"

晏子回答说："靠的是德行。"

庄公问："什么德行？"

晏子回答说："能爱护国内的百姓，能让国境外不友好的人顺服；能重视那些为国家拼尽全力的士人百姓，就能禁除残害国家的邪恶叛逆行为；听取中正的言论，任用贤人，就能够威慑诸侯；安于仁义而乐于为世人谋取利益的，就能够使天下人顺服。不能爱护国内的子民，不能让国境外不友好的人顺服；轻视那些为国家拼尽全力的士人百姓，就不能禁除残害国家的邪恶叛逆行为；不听取别人的劝谏、傲视贤人的君主，不能够威慑诸侯；背弃仁义而贪图虚名利益的君主，不能够使天下人顺服。要想威震当世而让天下人顺服，这是实现它的基本方法。"但是庄公没有采用，晏子就辞官退回到穷困边远的地区隐居。

庄公任用有勇力的士人，不顾臣仆的死活，不断地发兵，致使国家疲弱百姓受害。一年后，百姓作乱，庄公自己也被崔杼所诛杀。

君子说："竭尽忠心而不预先结交君主，不被任用也不贪图俸禄，晏子可以称得上是廉洁了！"

庄公问伐晋晏子对以不可若不济[1]国之福第二

原文

庄公将伐晋，问于晏子，晏子对曰："不可。君得合[2]而欲多，养欲[3]而意骄。得合而欲多者危，养欲而意骄者困[4]。今君任勇力之士，以伐明主。若不济，国之福也；不德而有功，忧必及君。"公作色不说。晏子辞不为臣，退而穷处，堂下生蓼藋[5]，门外生荆棘。

庄公终任勇力之士，西伐晋，取朝歌，及太行、孟门，兹于兑[6]。期而民散，身灭于崔氏。

崔氏之乱，逐群公子。及庆氏亡[7]……

注　释

①济：成功。

②合：通"给"，足够。

③养欲：即纵欲，指听任欲望滋长而不加节制。

④困：困厄，处境困苦危险。

⑤蓼藿：泛指野草。

⑥兹于兑：王念孙认为："兑，读为隧，'兹于兑'者，且于之隧也。此言庄公还自伐晋，遂袭莒，入且于之隧也。"译文从此说。

⑦及庆氏亡：庆氏，指齐国大夫庆封。此句句意不全，疑下有脱文。

译　文

齐庄公将要讨伐晋国，向晏子询问，晏子回答说："不可以。君主得到满足之后欲望就会变多，欲望膨胀之后意气就会骄横。要求得到满足而欲望变多就会危险，欲望膨胀而意气骄横就会困厄。现在大王您任用勇力之士去讨伐贤明的君主。如果不成功，那是国家的福气；没有德行却有功绩，忧患一定会来到您的身上。"庄公变了脸色，很不高兴。晏子辞官，退出朝廷去穷困边远的地区隐居，堂前杂草丛生，门外荆棘遍地。

庄公最终还是任用勇力之士，向西去讨伐晋国，夺取了朝歌城，一直行进到太行山、孟门山，返回时袭击莒国，进入且于隧道。过了一年，百姓离散，庄公自己也被崔杼杀害。

崔杼作乱，驱逐各位王子。等到庆封逃亡时……

景公问伐鲁晏子对以不若修政待其乱第三

原　文

景公举兵欲伐鲁，以问晏子，晏子对曰："不可。鲁公好义而民戴之，好义者安，见[①]戴者和，伯禽[②]之治存焉，故不可攻。攻义者不祥，危安者必困。且婴闻之，伐人者，德足以安其国，政足以和其民，国安民和，然后可以举兵而征暴。今君好酒而辟，德无以安国；厚藉敛而急使令，政无以和民。德无以安之则危，政无以和之则乱。未免乎危乱之理③，而欲伐安和之国，不可，不若修政而待其君之乱也。民离其君，上怨其下，然后伐之，则义厚而利多。义厚则敌寡，利多则民欢。”

公曰：“善。”遂不果伐鲁。

注　释

①见：表示被动，相当于“被”。

②伯禽：姓姬，名禽，伯是其排行，尊称禽父，周公旦长子，周朝诸侯国鲁国第一任国君。伯禽在位时期，平定徐戎叛乱，坚持以周礼治国，使鲁国政治成为周人的典范。

③理：理由，缘由。

译　文

齐景公想发兵攻打鲁国，询问晏子，晏子回答说：“不可以。鲁国国君爱好仁义而百姓爱戴他，爱好仁义的国家安定，国君受百姓爱戴的国家和睦，鲁国先祖伯禽的政治还留存着，所以不能攻打。攻打仁义的国家不吉利，危害安定的国家一定会受困。况且我听说，讨伐别国的人，德行要足以用来安定自己的国家，政令要足以用来使自己的子民和睦，国家安定，百姓和睦，然后才可以发兵征伐暴乱的国家。如今大王您爱好饮酒且行为邪僻，德行无法安定国家；赋税繁重且号令急切，政令无法使百姓和睦。德行无法安定国家就会危险，政令无法使百姓和睦就会混乱。不能避免危险混乱的缘由，却想去讨伐安定和睦的国家，这样是不行的，不如修治政事，等待他们的君主自己混乱。百姓背离他们的君主，在上的君主埋怨在下的臣子，然后您再去讨伐它，那么仁义就深厚、利益就众多。仁义深厚，敌人就少；利益众多，百姓就高兴。”

景公说：“好。”于是没有实行讨伐鲁国的计划。

景公伐鳌[1]胜之问所当赏晏子对以谋胜禄臣第四

原文

景公伐鳌，胜之，问晏子曰："吾欲赏于鳌[2]，何如？"

对曰："臣闻之，以臣谋胜国者，益臣之禄；以民力胜国者，益民之利。故上有羡[3]获，下有加利，君上享其名，臣下利其实。故用智者不偷[4]业，用力者不伤苦[5]，此古之善伐者也。"

公曰："善。"于是破鳌之臣、东邑之卒[6]，皆有加利。是上独擅[7]名，利下流[8]也。

注释

①鳌：通"莱"，古国名，在当时齐国的东部。在今山东龙口东南。

②赏于鳌：指赏赐攻打莱国时的功臣。

③羡：有余，盈余。

④偷：马虎，随便。

⑤伤苦：怕苦。

⑥东邑之卒：因莱国在齐国东部，故所用士兵为齐国东部城邑的士卒。

⑦擅：占有。

⑧利下流：指君主把利益往下恩赐。

译文

齐景公讨伐莱国，获胜了，问晏子说："我想要赏赐攻打莱国的功臣，怎么样？"

晏子回答说："我听说，凭借臣子的谋划战胜别国的君主，要增加谋臣的俸禄；凭借百姓的力量战胜别国的君主，要增加百姓的利益。因此在上的君主有多余的收获，在下的臣民就有增加的利益，君主在上享有名声，臣民在下得到实利。所以运用智谋的臣子不会马虎从事，运用力量的百姓不会害怕辛苦，这是古代善于攻伐者的做法。"

景公说："很好。"于是景公对谋划攻破莱国的臣子、出力攻打莱国的东部城邑士卒，都增加了赏赐。这就是在上的君主独享美名，而把利益恩赐给在下的臣民。

景公问圣王其行若何晏子对以衰世而讽[1]第五

原　文

景公外傲诸侯，内轻百姓，好勇力，崇乐以从嗜欲，诸侯不说，百姓不亲。

公患之，问于晏子曰："古之圣王，其行若何？"

晏子对曰："其行公正而无邪，故谗人不得入；不阿党，不私色，故群徒之卒[2]不得容；薄身厚民，故聚敛之人[3]不得行；不侵大国之地，不秏[4]小国之民，故诸侯皆欲其尊；不劫人以兵甲，不威人以众强，故天下皆欲其强；德行教训加于诸侯，慈爱利泽加于百姓，故海内归之若流水。今衰世君人者，辟邪阿党，故谗谄群徒之卒繁；厚身养，薄视民，故聚敛之人行；侵大国之地，秏小国之民，故诸侯不欲其尊；劫人以兵甲，威人以众强，故天下不欲其强；灾害加于诸侯，劳苦施于百姓，故仇敌进伐，天下不救，贵戚离散，百姓不与[5]。"

公曰："然则何若？"

对曰："请卑辞重币[6]，以说于诸侯；轻罪省功[7]，以谢[8]于百姓。其可乎？"

公曰："诺。"于是卑辞重币，而诸侯附；轻罪省功，而百姓亲。故小国入朝，燕、鲁共贡。

墨子闻之曰："晏子知道[9]，道在为人，而失在为己。为人者重，自为者轻。景公自为，而百姓不与；为人，而诸侯为役。则道在为人，而行在反己[10]矣。故晏子知道矣。"

注释

①讽：用委婉的话来劝谏。

②群徒之卒：指喜爱拉帮结伙的人。

③聚敛之人：指喜爱敛财的人。

④秏：通“耗”，消耗。这里指减损。

⑤与：亲附。

⑥重币：重金，厚礼。

⑦省功：指减少劳役。

⑧谢：谢罪。

⑨道：指治国之道。

⑩反己：回过头来要求自己，即反躬自省。

译文

齐景公在外傲视诸侯，在内轻视百姓，爱好勇力，崇尚玩乐而放纵自己的欲望，诸侯们不高兴，百姓们不亲附。

景公为此很忧虑，就问晏子道：“古代的圣王，他们的行为是怎样的？”

晏子回答说：“他们的行为公正而不邪曲，所以善进谗言的小人不能靠近；不偏私结党，不偏爱美色，所以拉帮结伙的人不能容身；自身费用微薄而对百姓施惠丰厚，所以搜刮财物的人不能通行；不侵占大国的土地，不减损小国的人口，所以诸侯们都希望他们地位尊贵；不用军队去劫掠别人，不凭借人多势强去威胁别人，所以天下人都希望他们强大；对诸侯们施与仁德教诲，对百姓施与恩泽利益，所以海内的人归附他们就像流水流向大海一样。现在衰败之世统治百姓的人，行为邪僻，偏私结党，所以谄媚阿谀、拉帮结伙的人众多；保养自身的费用丰厚，对百姓的奉养微薄，所以搜刮财物的人盛行；侵占大国的土地，减损小国的百姓，所以诸侯都不希望他们地位尊贵；用军队去劫掠别人，凭借人多势强去威胁别人，所以天下人都不希望他们强大；对诸侯们施加灾难，对百姓施加劳苦，所以仇敌来进攻讨伐，天下人都不来相救，王族亲属都叛离逃散，百姓也不亲附。”

景公说：“那该怎么办呢？”

晏子回答说：“请您用谦卑的言辞和丰厚的礼物去游说诸侯；同时减轻刑罚、减少劳役来向百姓请罪。这可以办到吗？”

景公说：“好。”景公于是用谦卑的言辞和丰厚的礼物去游说诸侯，诸侯们便来亲附；同时他下令减轻刑罚、减少劳役，于是百姓都来亲近。因此小国进入齐国来朝见，燕国和鲁国一起来进贡。

墨子听到后说："晏子懂得治国的道理，治国的道理在于为别人谋利，失道在于为自己谋利。为别人谋利益的君主会被人尊重，为自己谋利益的君主会被人轻视。齐景公为自己，因而百姓不亲附；为别人，因而诸侯也能为他所以役使。可见治国之道在于为别人谋福利，而行为上在于反躬自省。所以说晏子懂得治国的道理。"

景公问欲善齐国之政以干霸王晏子对以官未具第六[1]

原　文

景公问晏子曰："吾欲善治齐国之政，以干霸王之诸侯。"

晏子对曰："官未具也。臣数以闻[2]，而君不肯听也。臣闻仲尼居处惰倦，廉隅[3]不正，则季次、原宪[4]侍；气郁而疾，志意不通，则仲由、卜商[5]侍；德不盛，行不厚，则颜回、骞、雍[6]侍。今君之朝臣万人，兵车千乘，不善政之所失于下、霣坠[7]于民者众矣，未有能士敢以闻者。臣故曰：'官未具也。'"

公曰："寡人今欲从夫子而善齐国之政，可乎？"

对曰："婴闻国有具官，然后其政可善。"

公作色不说，曰："齐国虽小，则何谓官不具？"

对曰："此非臣之所复也。昔吾先君桓公身体惰懈，辞令不给[8]，则隰朋昵侍[9]；左右多过，狱谳[10]不中，则弦宁[11]昵侍；田野不修，民氓不安，则宁戚[12]昵侍；军吏怠，戎士偷[13]，则王子成甫[14]昵侍；居处佚怠，左右慑畏，繁乎乐，省乎治，则东郭牙[15]昵侍；德义不中，信行衰微，则管子昵侍。先君能以人之长续其短，以人之厚补其薄，是以辞令穷远而不逆，兵加于有罪而不顿[16]，是故诸侯朝其德，而天子致其胙[17]。今君之过失多矣，未有一士以闻者也。故曰官不具。”

公曰：“善。”

注释

①干：求，求取。具：具备。

②以闻：使听到。

③廉隅：棱角。比喻端方正直的品行。

④季次、原宪：孔子弟子。季次：姓公皙，名哀，字季次。原宪：字子思。

⑤仲由、卜商：孔子弟子。仲由：字子路，又字季路。卜商：字子夏，尊称“卜子”或“卜子夏”。

⑥颜回、骞、雍：孔子弟子。颜回：字子渊。骞：姓闵，名损，字子骞。雍：姓冉，名雍，字仲弓。

⑦賈坠：坠落。比喻丧失。賈：通“陨”。

⑧给（jǐ）：敏捷。

⑨隰（xí）朋：姜姓，齐庄公曾孙。齐桓公时任齐国大夫。昵：亲近。

⑩谳（yàn）：审判定罪。

⑪弦宁：齐桓公时掌刑狱的官员。

⑫宁戚：姬姓。齐桓公时拜为大夫，后长期任齐国大司田。

⑬偷：苟且，散漫。

⑭王子成甫：又称姬成父，周桓王第二子，原为东周都城洛邑王城的城父（古文通假称为成父），故尊称为“王子成父”。管仲推荐成父为齐国大夫，后迁大司马。

⑮东郭牙：齐国著名的谏臣，由管仲推举。

⑯顿：困顿，受挫。

⑰胙：祭祀用的肉。古代天子在祭祀宗庙、社稷后，把祭肉分给群臣，以示尊重。

译文

齐景公问晏子说：“我想要好好治理齐国的政事，以求称霸诸侯。”

晏子回答说：“官吏还不齐备。我几次跟您说，您都不肯听。我听说仲尼平日里倦怠、品行不正时，就有季次、原宪在边上帮助他；他心气郁结而生病、精神不通达时，就有仲由、卜商在边上帮助他；他德行不够完美，品行不够淳厚时，就有颜回、闵子骞、冉雍在边上帮助他。如今大王您的臣子有上万人，兵车有上千辆，但是因为不好的政令而强加给百姓、使百姓受到的损失已经很多了，却没有贤能的士人敢跟您禀告。所以我说：‘官吏还不齐备。’”

景公问：“我现在希望能听从夫子您，好好治理齐国的政事，可以吗？”

晏子回答说：“我听说国家配备了各种官员，然后政治才会好起来。”

景公沉下脸，很不高兴，说：“齐国虽然小，但怎么能说官员不齐备呢？”

晏子回答说：“这不是我所说的。从前我们的先王桓公身体懒散懈怠、言辞匮乏时，就有隰朋在身边帮助他；左右近臣多有过错、决断官司不公正时，就有弦宁在身边帮助他；土地整治不好、百姓不安定时，就有宁戚在身边帮助他；军官怠惰、士兵偷懒时，就有王子成甫在身边帮助他；平日里安逸懈怠，左右近臣害怕畏惧，频繁享乐而荒废国事，就有东郭牙在身边帮助他；品德道义不正直、诚信德行衰微时，就有管子在身边帮助他。先王能用别人的长处来弥补自己的短处，用别人的优点来弥补自己的缺点，因此他的号令传达到偏僻的远方也没有人违逆，出兵攻打有罪的国家而不会受到挫折，所以诸侯们向往他的仁德，天子赐予他胙肉。如今您的过失太多了，却没有一个士人来禀告规劝您。所以我说官员不齐备。”

景公说：“您说得对。”

景公问欲如桓公用管仲以成霸业晏子对以不能第七

原　文

景公问晏子曰：“昔吾先君桓公，有管仲夷吾保乂齐国[①]，能遂武功而立文德[②]，纠合兄弟[③]，抚存冀州[④]，吴、越受令，荆楚惛[⑤]忧，莫不宾服，勤[⑥]于周室，天子加德。先君昭功，管子之力也。今寡人亦欲存齐国之政于夫子，夫子以佐佑寡人，彰先君之功烈，而继管子之业。”

晏子对曰：“昔吾先君桓公，能任用贤，国有什伍[⑦]，治遍细民；贵不凌贱，富不傲贫，功不遗[⑧]罢，佞不吐愚[⑨]，举事不私，听[⑩]狱不阿；内妾无羡食，外臣无羡禄，鳏寡无饥色；不以饮食之辟[⑪]害民之财，不以宫室之侈劳人之力；节取于民，而普施之；府无藏，仓无粟；上无骄行，下无谄德。是以管子能以齐国免于难，而以吾先君参乎天子[12]。今君欲彰先君之功烈，而继管子之业，则无以多辟伤百姓，无以嗜欲怨诸侯，孰敢不承善尽力，以顺君意？今君疏远贤人，而任谗谀；使民若不胜[13]，藉敛若不得；厚取于民而薄其施，多求于诸侯而轻其礼；府藏朽蠹而礼悖[14]于诸侯，菽粟藏深而怨积于百姓；君臣交恶，而政刑无常。臣恐国之危失，而公不得享也，又恶能彰先君之功烈而继管子之业乎？”

注释

①管仲夷吾：姬姓，管氏，名夷吾，字仲，谥敬。乂（yì）：治理。

②武功：指军事方面的功绩。文德：指用礼义教化取得的成就。

③兄弟：指同盟国。

④冀州：古代指中原各国。

⑤惛：通“闷”，郁闷。

⑥勤：劳苦，尽力。

⑦什伍：古代户籍编制，五家为伍，十户为什，相联相保。

⑧遗：当为“遣”之误。遣：通“谴”，谴责。

⑨佞：有才智。吐：唾弃。

⑩听：治理，判断。

⑪辟：通“癖”，癖好。

⑫参乎天子：指齐桓公被尊为霸主，与天子地位相当。

⑬胜：尽。

⑭悖：违背。

译文

齐景公询问晏子说：“从前我们的先王桓公，有管仲扶持治理齐国，能成就军事功绩，又能建立礼义教化，联合同盟国，安抚保存了中原各国，使吴国、越国都听从号令，令楚国感到忧愁畏惧，没有谁不臣服的，尽力为周王室效力，周天子褒奖他的仁德。先王能有这样显赫的功名，靠的是管仲的力量。现在我也想把齐国的政事托付给夫子您，您辅佐我，彰显先王的功绩，继承管仲的霸业。”

晏子回答说：“从前我们的先王桓公，知人善任重用贤能，国家有完备的户籍编制，能管理所有的百姓；尊贵的人不欺压卑贱的人，富有的人不轻视贫穷的人，有功劳的人不谴责无能的人，有才智的人不唾弃愚笨的人，办事不自私，断案不偏袒；宫内的姬妾没有过多的饮食，宫外的臣子没有过多的俸禄，年老孤独的人不挨饿；不因为饮食的嗜好而损害百姓的财物，不因为宫室的奢华而劳役众人；有节制地向百姓收取赋税，却普遍地施与；府库没有私藏的钱财，粮仓没有积聚的粮食；君主没有骄傲的行为，臣子没有谄媚的品行。因此管仲能让齐国避免遭受灾祸，而让我们先王桓公的地位能等同于天子。如今您想彰显先王的功绩，继承管仲的霸业，那就不要因为繁多的癖好而伤害百姓，不要因为嗜好欲望和诸侯结怨，这样的话，还有谁敢不接受您的善政，尽心尽力来实现您的愿望呢？现在您疏远贤人，任用谄媚阿谀的小人；役使百姓没完似的，征收赋税就像从没得到；向百姓收取赋税很沉重，施与他们的却很微薄；向诸侯索要东西很多，对他们却轻视无礼；府库里的财物朽烂长虫，接待诸侯却违背了礼制，粮食储藏严实，却在百姓中积聚了怨恨；君臣关系恶劣，政令刑法经常改变。我担心国家倾危灭亡，而您不能享有了，又怎么能彰显先王的功绩，继承管仲的霸业呢？”

景公问莒[1]鲁孰先亡晏子对以鲁后莒先第八

原　文

景公问晏子：“莒与鲁孰先亡？”

对曰：“以臣观之也，莒之细人[2]，变而不化[3]，贪而好假，高勇而贱仁；士武以疾忿[4]，急以速竭。是以上不能养其下，下不能事其上，上下不能相收[5]，则政之大体失矣。故以臣观之也，莒其先亡。”

公曰：“鲁何如？”

对曰：“鲁之君臣，犹好为义，下之妥妥[6]也，奄然寡闻[7]。是以上能养其下，下能事其上，上下相收，政之大体存矣。故鲁犹可长守，然其亦有一焉。彼邹、滕[⑧]，雉奔而出其地，犹称公侯。小之事大、弱之事强久矣。彼晋者，周之树国也，鲁近齐而亲晋，以变[⑨]小国，而不服于邻[⑩]，以远望晋，灭国之道也。齐其有鲁与莒乎。”

公曰：“鲁与莒之事，寡人既得闻之矣。寡人之德亦薄，然后世孰践[⑪]有齐国者？”

对曰：“田无宇之后为几[⑫]。”

公曰：“何故也？”

对曰：“公量小，私量大[⑬]，以施于民；其与士交也，用财无筐箧[⑭]之藏。国人负携其子而归之，若水之流下也。夫先与人利，而后辞其难[⑮]，不亦寡乎？若苟勿辞也，从而抚之，不亦几乎？”

注　释

①莒（jǔ）：周代诸侯国名，在今山东省莒县一带。

②细人：地位低下的人，小民。

③变而不化：指多变而不受教化。

④疾忿：生气发怒。

⑤收：容。

⑥妥妥：安定的样子。

⑦奄然寡闻：少有听闻，意谓安分守己，不管闲事。奄：通“暗”，不明。

⑧邹、滕：两个小国名。邹在今山东邹城（原邹县）东南。滕在今山东滕州市城区西南姜屯镇境内。

⑨变：通“褊”，狭小。

⑩邻：邻国，指齐国。

⑪践：即位为君。

⑫田无宇：妫姓，田氏，名无宇，谥号桓，称田桓子。历仕齐灵公、齐庄公、齐景公三代。几：接近，差不多。

⑬公量小，私量大：指田桓子为了收买人心，用小斗收进租税，用大斗放出粮食。

⑭箧：箱子一类的东西。

⑮难：这里指为君难。

译　文

齐景公问晏子："莒国和鲁国，哪个先灭亡？"

晏子回答说："依我看来，莒国的小民，多变而不受教化，贪心而喜好虚假，崇尚勇力而轻贱仁义；士人勇猛而易怒，性格急躁而容易衰竭。因此君主不能供养臣子，臣子不能侍奉君主，上下不能相容，那么国家大体就丧失了。所以依我看来，莒国大概先灭亡吧。"

景公问："鲁国怎么样？"

晏子回答说："鲁国的君臣，还比较爱好推行仁义，下面的百姓安定平和，安分守己。因此君主能够供养臣子，臣子能够侍奉君主，上下相容，国家大体保存了。所以鲁国还可以长期保有，但是它有一个弱点。那邹地、滕地，小得连野鸡奔跑都能跑出边境，却还能称公侯。小国侍奉大国，弱国侍奉强国，这种情况由来已久了。那晋国，是周朝分封建立的国家，鲁国临近齐国却亲近晋国，凭借鲁国那么狭小的国家，不服从于齐国，却寄希望于遥远的晋国，这是灭国的做法。齐国大概可以占有鲁国和莒国吧。"

景公说："鲁国和莒国的事情，我已经听到了。我的德行也很微薄，那么后代谁会登上齐国的王位呢？"

晏子回答说："田无宇的后人差不多可以。"

景公问："为什么？"

晏子回答说："公家的量器大，他家的量器小，他用大量器贷出粮食，用小量器收回租税，施与百姓恩惠；他和士人交往，使用财物没有一筐一箧的私藏。国内的百姓带着孩子去归附他，就像水向下流动一样。先给百姓利益，之后推辞不做他们的君主的人不是很少吗？如果没有辞让，接着又安抚百姓，这样不也差不多占有齐国了吗？"

景公问治国何患晏子对以社鼠[1]猛狗第九

原　文

景公问于晏子曰："治国何患？"

晏子对曰："患夫社鼠。"

公曰："何谓也？"

对曰："夫社，束木而涂之，鼠因往托[2]焉，熏之则恐烧其木，灌之则恐败其涂，此鼠所以不可得杀者，以社故也。夫国亦有社鼠，人主左右是也。内则蔽善恶于君上，外则卖权重[3]于百姓。不诛之则为乱，诛之则为人主所案据[4]，腹而有之[5]，此亦国之社鼠也。宋人有酤[6]酒者，为器甚洁清，置表[7]甚长，而酒酸不售。问之里人其故，里人曰：'公之狗猛，人挈器而入，且酤公酒，狗迎而噬之，此酒所以酸而不售也。'夫国亦有猛狗，用事者[8]是也。有道术之士[9]，欲干[10]万乘之主，而用事者迎而龁[11]之，此亦国之猛狗也。左右为社鼠，用事者为猛狗，主安得无壅，国安得无患乎？"

注释

①社鼠：寄居在社庙中的老鼠。社：指社庙，供奉土地神的庙宇。

②托：寄托，指老鼠寄身在社庙中。

③卖权重：炫耀权力。卖：炫耀。

④案据：安定，平息。这里指庇护。

⑤腹而有之：王念孙认为是"恩厚而亲有之"的意思。

⑥酤：卖酒或买酒。

⑦置表：设置的招牌。

⑧用事者：指主管内宫事务的人。

⑨有道术之士：指有治国方法的人。

⑩干：求见。

⑪龁（hé）：咬。这里指辱骂、回绝等。

译文

齐景公向晏子问道："治理国家最怕什么？"

晏子回答说："就怕社庙中的老鼠。"

景公问："什么意思？"

晏子回答说："社庙，是捆扎木头再涂上泥巴做成的，老鼠因此就寄身在里面，用烟火熏它就怕烧了木头，用水灌它就怕毁坏了泥土，这些老鼠之所以不能够抓到杀了，是因为社庙。国家也有社鼠，君主的左右近臣就是。他们在朝廷内对君主隐瞒善恶，在朝廷外对百姓炫耀权力。不诛杀他们就会使国家混乱，要诛杀他们君主就会庇护着，厚待亲近他们，这也就是国家的社鼠啊。宋国有个卖酒的人，装酒的器具非常干净，悬挂的招牌非常长，但是酒酸了也卖不出去。他问邻里其中的原因，邻人说：'您的狗太凶猛了，别人拿着酒器进来，想要买您的酒，狗迎面扑上来咬他，这就是酒之所以变酸也卖不出去的原因。'国家也有猛狗，主管内宫事务的人就是。有治国方法的人，想求见大国的君主献计献策，那些主管内宫事务的人迎面就回绝他，这也就是国家的猛狗啊。左右近臣是社鼠，主管内宫事务的人是猛狗，君主怎么能不被蒙蔽，国家怎么能没有忧患呢？"

景公问欲令祝史求福晏子对以当辞罪[1]而无求第十

原　文

景公问晏子曰："寡人意气衰，身病甚。今吾欲具圭璧牺牲[2]，令祝宗荐之乎上帝宗庙[3]，意者[4]祀可以干福乎？"

晏子对曰："婴闻之，古者先君之干福也，政必合乎民，行必顺乎神；节宫室，不敢大斩伐，以无逼[5]山林；节饮食，无多畋渔，以无逼川泽；祝宗用事[6]，辞罪而不敢有所求也。是以神民俱顺，而山川纳禄[7]。今君政反乎民，而行悖乎神；大宫室，多斩伐，以逼山林；羡饮食，多畋渔，以逼川泽。是以民神俱怨，而山川收禄。司过荐罪[8]，而祝宗祈福，意者逆乎！"

公曰："寡人非夫子无所闻此，请革心易行。"于是废公阜之游，止海食之献；斩伐者以时，畋渔者有数；居处饮食，节之勿羡；祝宗用事，辞罪而不敢有所求也。故邻国忌[9]之，百姓亲之，晏子没而后衰。

注　释

①辞罪：请罪，道歉。

②圭璧牺牲：美玉和牛羊等祭品。

③祝宗：古代主持祭祀祈祷者。荐：进献，祭献。

④意者：大概，或许。

⑤逼：威胁，侵犯。

⑥用事：办理事务。这里指进行祭祀活动。

⑦纳禄：指致福。

⑧司过：古代官名，主管纠正过失。荐：举，列举。

⑨忌：害怕，顾虑。

译　文

齐景公问晏子说："我精神气血很衰弱，身体病得很厉害。现在我想准备美玉和牛羊等祭品，命令掌管祭祀的祝官宗官向天帝祖先祭祀祈祷，或许通过祭祀可以求得福气吧？"

晏子回答说："我听说，古代先王要求福，政令一定符合百姓的心意，行为一定顺应神灵的要求；建造宫室有节制，不敢肆意砍伐，从而不侵害山林；饮食有节制，不会过度打猎捕鱼，从而不侵害河流湖泽；祝官宗官祭祀时，只是请罪而不敢有所要求。因此神灵和百姓都和顺，山川都送来福泽。如今您的政令违反百姓的意愿，行为违逆神灵的要求；扩大宫室，大肆砍伐，从而侵害了山林；饮食过度，大肆打猎和捕鱼，从而侵害了河流湖泽。因此百姓和神灵都怨恨，山川也收回了福泽。司过官向上天列举罪过，而祝官宗官却在祈福，这大概是互相违背的吧！"

景公说："我如果没有夫子您就听不到这些话了，我愿意改变自己的意愿和行为。"于是废除前去公阜的游玩计划，禁止臣子进献海鲜；按照时令砍伐树木，规定打猎捕鱼的次数；住房饮食，节俭不过度；祝官宗官祭祀时，只是请罪而不敢有所要求。所以邻国忌惮齐国，百姓亲附景公，直到晏子死后齐国才衰弱了下去。

景公问古之盛君其行如何晏子对以问道者更正[1]第十一

原　文

景公问晏子曰："古之盛君，其行如何？"

晏子对曰："薄于身而厚于民，约于身而广[2]于世。其处上也，足以明政行教，不以威天下；其取财也，权[3]有无，均贫富，不以养嗜欲；诛不避贵，赏不遗贱；不淫于乐，不遁[4]于哀；尽智导民而不伐[5]焉，劳力事民而不责[6]焉。政尚相利，故下不以相害为行；教尚相爱，故民不以相恶为名；刑罚中于法，废置[7]顺于民。是以贤者处上而不华[8]，不肖者处下而不怨；四海之内，社稷之中，粒食[9]之民，一意同欲，若夫私家之政[10]；生有厚利，死有遗教。此盛君之行也。臣闻问道者更正，闻道者更容[11]。今君税敛重，故民心离；市买悖[12]，故商旅绝；玩好充，故家货殚。积邪在于上，蓄怨藏于民；嗜欲备于侧，毁非满于国，而公不图。"

公曰："善。"于是令玩好不御[13]，公市不豫[14]，宫室不饰，业土[15]不成，止役轻税。上下行之，而百姓相亲。

注　释

①正：通"政"，政治，政事。

②广：宽，指心胸宽广。

③权：权衡，平衡。

④遁：放纵，肆意。

⑤伐：夸耀。

⑥责：求。

⑦废置：指官吏的任免。

⑧华：通“哗”，喧哗。这里指大肆炫耀。

⑨粒食：以谷物为食。

⑩私家之政：指一家的事务。

⑪容：礼仪。

⑫市买：交易，市场。悖：乱。

⑬御：使用，应用。

⑭豫：欺诈。

⑮业土：已经开始建造的工程。业：已经。

译文

齐景公问晏子说：“古代功业盛大的君主，他们的德行是怎样的？”

晏子回答说：“自身节俭而厚待百姓，约束自身而宽容世人。他们处于君主的地位，能够清明政治并推行教化，而不用威势胁迫天下；他们征收财物，用来权衡有无，均等贫富，而不用来滋养自己的嗜好欲望；刑罚不避开尊贵的人，赏赐不遗漏卑贱的人；不放纵享乐，不肆意哀伤；竭尽才智引导百姓而不自夸，辛苦劳累为百姓办事而不求回报。政治方面崇尚互相得利，所以百姓不做互相损害的事；教化方面崇尚互相爱护，所以百姓不把互相怨恨当作荣耀；刑罚符合法度，官吏的任免顺应民意。因此贤德的人处在上位不会炫耀，不肖的人处在下位不会怨恨；四海之内，国家之中，凡是吃谷物的百姓想法一样、思想相同，就像是一家人的事务一样；他们活着对百姓有丰厚的利益，死后有遗留下来的教化。这是功业盛大的君主的德行。我听说询问治国之道的人改正政令，听闻治国之道的人改正礼仪。如今您征收赋税繁重，所以民心背离您；市场混乱，所以商人绝迹；您的玩物充足，所以百姓家的财物用尽。在上的君主充斥着邪僻的行为，在下的百姓就会深藏着积聚的怨恨；爱好的东西都配备在边上，诋毁非议就会充满全国，可是您都不考虑。”

景公说：“好。”于是下令不再使用玩物，市场交易不许欺诈，宫室不再装饰，已经开工的工程不再继续修建，停止劳役，减轻赋税。上下都照此实行，百姓于是亲附景公。

景公问谋必得事必成何术晏子对以度义因民第十二①

原　文

景公问晏子曰："谋必得，事必成，有术乎？"

晏子对曰："有。"

公曰："其术如何？"

晏子曰："谋度于义者必得，事因于民者必成。"

公曰："奚谓也？"

对曰："其谋也，左右无所系，上下无所縻②；其声不悖，其实不逆；谋于上不违天，谋于下不违民。以此谋者必得矣。事大则利厚，事小则利薄，称事之大小，权利之轻重，国有义劳，民有加利③。以此举事者必成矣。夫逃④义而谋，虽成不安；傲民举事，虽成不荣。故臣闻：义，谋之法也；民，事之本也。故反义而谋，倍民而动，未闻存者也。昔三代之兴也，谋必度于义，事必因于民；及其衰也，建谋反义，兴事伤民。故度义因民，谋事之术也。"

公曰："寡人不敏⑤，闻善不行，其危如何？"

对曰："上君全善，其次出入⑥焉，其次结邪⑦而羞问。全善之君，能制出入之君；时问之君，虽日危，尚可以没身⑧；羞问之君，不能保其身。今君虽危，尚可没其身也。"

注　释

①度：衡量。这里指符合。因：顺应。

②縻（mí）：束缚，拘束。

③加利：余利。

④逃：违背。

⑤敏：聪敏。

⑥出入：指在“善”中出入，即时有差错。

⑦结邪：习惯邪僻。

⑧没（mò）身：即终身。

译文

齐景公问晏子说：“谋划一定能实现，做事一定能成功，有这样的方法吗？”

晏子回答说：“有。”

景公问：“这个方法是怎样的？”

晏子说：“谋划符合道义就一定能实现，做事顺应民心就一定能成功。”

景公问：“这说的是什么意思呢？”

晏子回答说：“这种谋划，没有左右的牵累，没有上下的束缚；名声和实际不违背，实际和名声也不违逆；谋划对上不违逆天意，对下不违背民心。按照这样来谋划一定会实现。要做的事情大，利益就丰厚；事情小，利益就微薄；称量事情的大小，权衡利益的轻重；国家有符合道义的劳作，百姓就有余利。按照这样来做事一定会成功。背离道义去谋划，即使成功也不会安定；轻视百姓的意愿去做事，即使成功也不会荣耀。因此我听说：道义是谋划的法则，百姓是做事的根本。所以违反道义去谋划，背离百姓去行动，没听说这样的国家还有存在的。从前夏、商、周三代兴盛时，谋划必定符合道义，做事必定顺应民心；等到他们衰败时，计谋违反道义，兴办事情伤害百姓。所以符合道义、顺应民心，这是谋划做事的方法。”

景公说：“我太不明智，听到好的政治却不实行，这样有什么危险？”

晏子回答说：“最好的君主是尽善尽美的，其次是有时会有些差错，最差的是习惯邪僻而羞于请教。尽善尽美的君主能制服时有差错的君主；时常请教的君主，虽然一天天危险，但尚且可以保全一生；羞于请教的君主，却不能保全自身。如今您虽然危险，但尚且可以保全一生。”

景公问善为国家者何如晏子对以举贤官能①第十三

原文

景公问晏子曰：“莅国②治民，善为国家者，何如？”

晏子对曰："举贤以临国，官能以敕[3]民，则其道也。举贤官能，则民与君矣。"

公曰："虽有贤能，吾庸[4]知乎？"

晏子对曰："贤而隐，庸为贤乎？吾君亦不务乎是，故不知也。"

公曰："请问求贤。"

对曰："观之以其游，说[5]之以其行。无以靡曼[6]辩辞定其行，无以毁誉非议定其身。如此，则不为行以扬声[7]，不掩欲以荣[8]君。故通则视其所举，穷则视其所不为，富则视其所分，贫则视其所不取。夫上士，难进而易退也[9]；其次，易进而易退也；其下，易进而难退也。以此数物者取人，其可乎。"

注释

①官能：指让有才能的人做官，即任用能人。

②莅国：当国，治国。

③敕：整治。

④庸：怎么。

⑤说：指评论。

⑥靡曼：华美，华丽。

⑦为：通"伪"，虚伪。扬声：传播名声。

⑧荣：王引之认为"荣"读为"营"。营：迷惑。

⑨进：指进身做官。退：指引退辞官。

译文

齐景公问晏子说："当国君治理百姓，善于治国的人是怎样的？"

晏子回答说："推举贤人来治理国家，任用能人来治理百姓，这就是他们的方法。推举贤人，任用能人，那么百姓就会亲附君主了。"

景公问："即使有贤能的人，我怎么能知道呢？"

晏子回答说："贤德却不被发现，怎么能说是贤人呢？您也不致力于这些，所以不知道。"

景公说："我请教您求得贤能的方法。"

晏子回答说："观察和他交游的人，根据他的行为来评价。不要凭借他华丽善辩的言辞去断定他的品行，也不要凭借别人的诋毁赞誉去判定他的好坏。像这样，他就不会以故意的行为来炫耀名声，不会掩饰欲望来迷惑君主。所以当他通达得意时就观察他做什么事，当他困窘失意时就观察他不做什么事，当他富贵时就观察他怎么分配财物，当他贫穷时就观察他不求取什么。最上等的士人不肯轻易进身为官而容易引退辞官，其次的士人容易进身为官也容易引退辞官，最下等的士人容易进身为官却不肯轻易引退辞官。凭这几个方法去选取士人，大概可以了吧。"

景公问君臣身尊而荣难乎晏子对以易第十四

原　文

景公问晏子曰："为君身尊民安，为臣事治身荣，难乎？易乎？"

晏子对曰："易。"

公曰："何若？"

对曰："为君，节养[①]其余以顾民，则身尊而民安；为臣，忠信而无逾职业[②]，则事治而身荣。"

公又问："为君何行则危？为臣何行则废[③]？"

晏子对曰："为君，厚藉敛而托之为民，进谗谀而托之用贤，远公正而托之不顺。君行此三者则危。为臣，比周[④]以求进；逾职业，防下隐利而求多；从君，不陈过而求亲。人臣行此三者则废。故明君不以邪观[⑤]民，守则而不亏[⑥]，立法仪而不犯，苟有所求于民，不以身害之。是故刑政安于下，民心固于上。故察士不比周而进，不为苟[⑦]而求，言无阴阳[⑧]，行无内外，顺则进，否则退，不与上行邪。是以进不失廉，退不失行也。"

注　释

①节养：节俭自身的奉养。

②逾职业：越过职权。

③废：废黜，罢官。

④比周：结党营私。

⑤观：使人观，即显示。

⑥亏：损耗，损害。

⑦苟：苟且。

⑧阴阳：指阳奉阴违。

译　文

齐景公问晏子说："做君主的，自身尊贵而百姓安定；做臣子的，事务办好而自身荣耀，这样困难呢，还是容易？"

晏子回答说："容易。"

景公问："应该怎样做呢？"

晏子回答说："做君主的，节制自己的俸养，多余的用来照料百姓，那么君主就能尊贵而百姓就能安定了；做臣子的，忠心诚信而不超过职权，那么事务就能办好而自身就能荣耀了。"

景公又问："做君主的有什么行为就会危险？做臣子的有什么行为就会被罢免？"

晏子回答说："做君主的，赋税沉重却假托是为了百姓，亲近谄媚阿谀的小人却假托是任用贤人，远离公正的人却假托他们不顺从。君主实行这三条就会危险。做臣子的，结党来求取上进；越过职权，防备下属，隐瞒私利而贪求多得；顺从君主，不指出过错而求得亲近。臣子实行这三条就会被罢免。所以贤明的君主不把邪僻的行为显示给百姓，遵守法则而不损害，建立法度礼制而不冒犯。如果对百姓有所求，也不因为自身的需要而伤害他们。因此刑法政治在下安定实施，民心对上就会稳固。所以明察事理的士人不结党来上进，不为不正当的利益去索求，言论没有阴阳两面，行为没有表里的差别，顺心就进身为官，不顺心就引退辞官，不和君主做邪僻的事情。因此进身为官而不失去廉洁，引退辞官而不失去德行。"

景公问天下之所以存亡晏子对以六说第十五

原　文

景公问晏子曰："寡人持不仁，其无义[①]耳也。不然，北面与夫子而义[②]。"

晏子对曰："婴，人臣也，公曷为出若言？"

公曰："请终问天下之所以存亡。"

晏子曰："缦密[③]不能，蔍苴不学者诎[④]。身无以用人，而又不为人用者卑。善人不能戚[⑤]，恶人不能疏者危。交游朋友，无以说于人，又不能说人者穷。事君要[⑥]利，大者不得，小者不为者馁[⑦]。修道立义，大不能专，小不能附[⑧]者灭。此足以观存亡矣。"

注　释

①义：疑通"议"。这里指议政、治国。

②北面与夫子而义：指我面向北称臣，把王位让给夫子您。北面：古代君主面朝南坐，臣子朝见君主则面朝北，所以对人称臣为北面。

③缦（màn）密：绵密。这里指精微的事情。

④蔍苴（cū jū）：卢文弨认为"蔍苴"，当与"麤粗"同。麤（cū）粗：粗略，粗糙。诎：屈服，折服。

⑤戚：亲近。

⑥要：通"徼（jiǎo）"，探求，求取。

⑦馁：通"馁"，饥饿。

⑧附：靠近。这里指实施。

译　文

齐景公问晏子说："我执政没有仁德，大概不适合议政了。不如我面向北称臣，把王位让给夫子您吧。"

晏子回答说："我只是个臣子，您为什么要说这样的话？"

景公说："我想请教您天下存亡的原因。"

晏子说："精细的事情不能做，粗陋的事又不去学的人只能屈服于别人。自身无法役使别人，而又不能被人役使的人就卑微。善良的人不能去亲近，邪恶的人不能疏远的人就会危险。和朋友交游，无法被人欣赏，又不能欣赏别人的人就会困窘。侍奉君主谋取利益，高位得不到，低位不屑做的人就会挨饿。修养德行，树立道义，大的仁义不能专心去做，小的仁义又不愿意去做的人就会灭亡。这些就足够用来显示国家存亡的原因了。"

景公问君子常行[1]曷若晏子对以三者第十六

原　文

景公问晏子曰："君子常行曷若？"

晏子对曰："衣冠不中[2]，不敢以入朝；所言不义，不敢以要君；身行不顺[3]，治事不公，不敢以莅众[4]。衣冠无不中，故朝无奇僻之服；所言无不义，故下无伪上之报；身行顺，治事公，故国无阿党之义。三者，君子之常行也。"

注　释

①常行：平日里的行为。

②中：合适，适当。

③顺：理，合理。

④莅众：统治众人。

译　文

齐景公问晏子说："君子平时的行为是怎样的？"

晏子回答说："衣帽不适当，就不敢穿戴着上朝；所说的不符合道义，就不敢用来要求君主；自身的行为不合理，办理事务不公正，就不敢统治众人。衣帽没有不合适的，所以朝中就没有奇装异服；所说的没有不符合道义的，所以臣子不会有欺瞒君主的禀报；自身的行为合理，办理事务公正，所以国家就没有结党营私的行为。这三条，就是君子的日常行为。"

景公问贤君治国若何晏子对以任贤爱民第十七

原 文

景公问晏子曰："贤君之治国若何？"

晏子对曰："其政任贤，其行爱民；其取下节，其自养俭；在上不犯下，在治不傲穷；从邪害民者有罪，进善举过者有赏。其政，刻上而饶下①，赦②过而救穷；不因喜以加赏，不因怒以加罚；不从欲以劳民，不修怒③而危国；上无骄行，下无谄德；上无私义，下无窃权④；上无朽蠹之藏，下无冻馁之民；不事骄行而尚同⑤，其民安乐而尚亲。贤君之治国若此。"

注 释

①刻：严格要求。饶：宽恕，免除处罚。

②赦：免除或减轻刑罚。

③修怒：疑当作"修怨"，指结怨。

④窃权：不正当的权力。

⑤同：指上下同心。

译 文

齐景公问晏子说："贤明的君主是怎么治理国家的？"

晏子回答说："他在政治上任用贤人，在行为上爱护百姓；他向百姓索取时有节制，奉养自身时很节俭；处于上位者不侵犯在下的臣民，为官治民者不轻视贫穷的人；放纵邪念伤害百姓的人有罪，进献善言列举过错的人有赏。他的政治，对上严厉而对下宽容，赦免过错而救助贫穷；不因为个人的喜爱而施与赏赐，不因为个人的愤怒而施与惩罚；不放纵欲望去劳役百姓，不和别国结怨使国家危险；君主没有骄纵的行为，臣子没有谄媚的德行；君主没有自私的情义，臣子没有不正当的权力；在上没有藏着腐烂虫蛀的物品，在下没有忍饥挨饿的百姓；不从事骄纵的行为而崇尚上下同心，他的百姓安定和乐而崇尚相亲相爱。贤明的君主治理国家就像这样。"

景公问明王之教民何若晏子对以先行义第十八

原文

景公问晏子曰："明王之教民何若？"

晏子对曰："明其教令，而先之以行义；养民不苛，而防之以刑辟[①]。所求于下者，必务于上；所禁于民者，不行于身。守于民财，无亏之以利[②]，立于仪法，不犯之以邪，苟所求于民，不以身害之，故下从其教也；称[③]事以任民，中听以禁邪，不穷之以劳，不害之以罚，苟所禁于民，不以事逆之，故下不敢犯其上也。古者百里而异习，千里而殊俗，故明王修道，一民同俗，上以爱民为法，下以相亲为义，是以天下不相违。此明王之教民也。"

注释

①刑辟：刑法，刑律。

②利：指私利。

③称：称量，衡量。

译文

齐景公问晏子说："贤明的君主是怎样教化百姓的？"

晏子回答说："宣明他的教令，自己首先实行道义；教育百姓不严苛，用刑法防止他们犯罪。对在下的人有所要求的，在上的人一定要先做到；对百姓有所禁止的，自身也不能实行。守护百姓的财物，不要为了私利去损害它，建立礼制法度，不要用邪僻的行为去侵犯它，如果对百姓有索取，也不因为自身需要而损害他们，所以在下的人都听从他的教化；衡量事情的大小来役使百姓，听取中正的言论来禁止邪僻，不用劳役使百姓困窘，不用刑罚伤害他们，如果对百姓有禁令，自己不因为别的事来违反它，在下的人便不敢冒犯在上的人。古时候，相距百里而习惯不同，相距千里而风俗不同，所以贤明的君主修整治国之道，统一百姓的风俗习惯，君主把爱护百姓当作法则，百姓把互相亲爱作为道义，因此天下人都不会互相违逆。这就是贤明的君主教化百姓的方法。”

景公问忠臣之事君何若晏子对以不与君陷于难第十九

原　文

景公问于晏子曰：“忠臣之事君何若？”

晏子对曰：“有难不死①，出亡不送②。”

公不说，曰：“君裂地而封之，疏③爵而贵之，君有难不死，出亡不送，其说何也？”

对曰：“言而见④用，终身无难，臣奚死焉？谋而见从，终身不亡，臣奚送焉？若言不见用，有难而死之，是妄⑤死也；谋而不见从，出亡而送之，是诈伪也。故忠臣也者，能纳⑥善于君，不能与君陷于难。”

注　释

①有难不死：指君主有难，忠臣不为君主而死。

②出亡不送：指君主逃亡，忠臣不跟随。送：这里指跟随。

③疏：分赐，分给。

④见：表示被动，相当于“被”。

⑤妄：胡乱。

⑥纳：进献。

译　文

齐景公问晏子道：“忠臣是怎样侍奉君主的？”

晏子回答说：“君主有难，忠臣不为君主而死；君主逃亡，忠臣不跟随。”

景公很不高兴，说：“君主割裂土地分封他，封赏爵位使他尊贵，君主有难却不为君主而死，君主逃亡却不跟随，为什么这样说呢？”

晏子回答说：“忠臣的主张如果被君主采用了，那么君主终身都不会有灾难，忠臣又为什么要死呢？忠臣的谋划如果被君主听从，那么君主终身都不会逃亡，忠臣为什么要跟随呢？如果忠臣的主张不被采用，君主有难，忠臣为了君主而死，这是毫无价值的死；忠臣的计谋如果不被听从，君主逃亡而忠臣跟随，这是虚伪狡诈。所以忠臣能够向君主进献善言，不能和君主一起陷入危难。”

景公问忠臣之行何如晏子对以不与君行邪第二十

原文

景公问晏子曰：“忠臣之行何如？”

对曰：“不掩君过，谏乎前，不华[①]乎外；选贤进能，不私乎内[②]；称[③]身就位，计能定禄；睹贤不居其上，受禄不过其量；不权居[④]以为行，不称位以为忠；不掩贤以隐长，不刻[⑤]下以谀上；君在不事太子，国危不交诸侯；顺则进，否则退，不与君行邪也。”

注释

①华：通“哗”，喧哗。这里指宣扬。

②不私乎内：指不偏袒自己的亲人、朋友。

③称：称量，衡量。

④权居：指权衡官职的大小。

⑤刻：刻薄。

译文

齐景公问晏子说：“忠臣的行为是怎样的？”

晏子回答说：“他们不掩饰君主的过错，当面进谏，而不会在外宣扬；选用贤能的人，不偏袒自己人；衡量自身的德行担任合适的职位，计算自身的能力接受相应的俸禄；看到贤人就不敢位居其上，接受俸禄不敢超过自己应得的数量；不根据官位的大小来决定自己的行为，不衡量地位的高低来决定自己的忠诚；不压制贤人隐蔽他们的长处，不刻薄下属阿谀君主；君主在时不会侍奉太子，国家危险时不会结交诸侯；做事顺心就进身为官，不顺心就引退辞官，不和君主一起做邪僻的事情。”

景公问佞人之事君何如晏子对以愚君所信也第二十一

原文

景公问："佞人之事君如何？"

晏子对曰："意难，难不至也[1]。明言行之以饰身，伪言无欲以说人，严[2]其交以见其爱。观上之所欲，而微为之偶[3]；求君逼迩[4]，而阴为之与[5]。内重爵禄，而外轻之以诬[6]行；下事左右，而面示公正以伪廉。求上采听，而幸[7]以求进。傲禄以求多，辞任以求重。工乎取，鄙[8]乎予；欢乎新，慢乎故；吝乎财，薄乎施。睹贫穷若不识，趋利若不及。外交以自扬，背亲以自厚。积丰羡之养，而声矜[9]恤之义。非誉乎情[10]，而言不行身；涉时所议，而好论贤不肖。有之己，不难[11]非之人；无之己，不难求之人。其言强梁[12]而信，其进敏逊而顺。此佞人之行也，明君之所诛，愚君之所信也。"

注释

①意难，难不至也：汉墓竹简作"意难之不至也"，此句中后一"难"字疑涉上文而衍。意难之不至也，意为知道有危难就不来了。

②严：严厉，严格。这里指谨慎小心。

③微：秘密，暗中。与下文的"阴"同义。偶：迎合，投合。

④逼迩：指近臣。

⑤与：交往，交好。

⑥诬：欺骗。

⑦幸：希望。

⑧鄙：轻视。

⑨矜：怜悯，怜惜。

⑩情：指私情，个人的喜好。

⑪不难：轻易。

⑫强梁：强横凶暴。

译　文

齐景公问晏子说："奸佞的人是怎样侍奉君主的？"

晏子回答说："他们知道有危难就不会到来了。做出言行光明正大的样子来修饰自身，谎称自己没有私欲来取悦别人，谨慎地和别人交往来显示对君主的爱戴。观察君主的欲望，私下里去迎合他；访求君主亲近的人，暗地里和他们结为同党。内心重视爵位俸禄，在外却用虚假的行为来表示自己轻视它；低三下四地侍奉在君主左右，却用虚伪的廉洁来显示自己的公正。求得君主采用听取他们的主张，希望因此而加官进爵。用轻视爵禄来索求更多的俸禄，用假意辞官来求得更大的官职。擅长索取，轻视施与；喜欢新人，怠慢旧人；吝啬财物，施与微薄。看到贫穷的人就像不认识一样，追求利益就像来不及一样。和其他诸侯交往来使自己显扬，背离亲人来加重自己的权势。积聚丰厚富足的供养之物，却扬言自己有着体恤怜悯百姓的道义。非议或赞誉别人都出于私情，说出的言论自身却不去实行。涉及时事的议论，他们喜好评论哪个贤能哪个不贤能。自己拥有的，就轻易非难没有的人；自己没有的，就轻易去要求别人。他们平时说话蛮横专制，向君主进言时却恭敬谦逊。这就是奸佞小人的行为，是贤明君主所要责罚的，却是愚昧君主所信任的。"

景公问圣人之不得意何如晏子对以不与世陷乎邪第二十二

原　文

景公问晏子曰："圣人之不得意何如？"

晏子对曰："上作事反天时，从政逆鬼神，藉敛殚百姓；四时易序[①]，神祇[②]并怨；道忠者不听，荐善者不行；谀过者有赉[③]，救失者有罪。故圣人伏匿隐处，不干长上[④]，洁身守道，不与世陷乎邪。是以卑而不失义，瘁[⑤]而不失廉。此圣人之不得意也。"

公曰："圣人之得意何如？"

对曰："世治政平。举事调乎天，藉敛和乎民；百姓乐其政，远者怀其德；四时不失序，风雨不降虐；天明象而致赞[⑥]，地长育而具物；神降福而不靡[⑦]，民服教而不伪；治无怨业，居无废民[⑧]。此圣人之得意也。"

注释

①易序：改变顺序。

②神祇（qí）：泛指神灵。神指天神，祇指地神。

③赉（lài）：赏赐。

④干：干谒。长上：指君主。

⑤瘁：困病。

⑥明象：指显示吉祥的天象。赞：帮助。

⑦靡：尽。

⑧废民：无业之民。

译文

齐景公问晏子说："圣人不得意时是怎样的？"

晏子回答说："君主行事违反天时，从政违逆鬼神，征收赋税使百姓财力竭尽；四季的顺序发生改变，天地神灵共同怨恨；陈述的忠言不被听从，进献的善言不被实行；奉承过错的人有赏赐，挽救过失的人受惩罚。所以圣人隐居藏伏，不去干谒君主，保持自身纯洁，守护道义，不和世人一起陷入邪僻。因此他们地位低下却不失道义，生活困苦也不失廉洁。这就是圣人不得意时的情况。"

景公问："圣人得意时是怎样的？"

晏子回答说："世道安定，政治清平。君主办事与上天调和，征收赋税适合百姓的承受能力；百姓喜欢他的政治，远方的人感怀他的仁德；四季不会失去顺序，风雨不会肆虐降落；上天显现福瑞来帮助君主，大地生养化育使万物齐备；神灵不断地降下福泽，百姓服从教化而不欺诈；治理国家没有遭百姓怨恨的事情，百姓安居没有游手好闲的人。这就是圣人得意时的情况。"

景公问古者君民用[①]国不危弱晏子对以文王第二十三

原文

景公问晏子曰："古者君民而不危，用国而不弱，恶乎失之[②]？"

晏子对曰："婴闻之，以邪莅国、以暴和[③]民者危；修道以要利、得求而返邪者弱。古者文王，修德不以要利，灭暴不以顺纣，干崇侯[④]之暴，而礼梅伯之醢[⑤]。是以诸侯明乎其行，百姓通乎其德。故君民而不危，用国而不弱也。"

注释

①用：治理，管理。

②恶乎失之：陶鸿庆认为"失"为"先"之误。恶乎先之：指君民不危，用国不弱，当以何者为先。

③和：调和。

④崇侯：有崇氏国君，侯爵，名虎。受商封为侯，是纣王的重要羽翼。为人阴险暴虐。

⑤梅伯之醢（hǎi）：殷商时，君王太丁封其弟于梅（今安徽亳州东南），为伯爵，世称梅伯。至商纣时，梅国国君梅伯为纣王所杀害，被剁成肉酱并分送给各地诸侯。醢：肉酱。

译文

齐景公问晏子说："古代治理百姓而没有危险，治理国家而不会衰弱，首先应该做什么呢？"

晏子回答说："我听说，用邪僻来统治国家，用暴虐来调和百姓的人就会危险；修习道法来获取利益，得到所求又返回邪僻的人就会衰弱。古代的周文王，修养德行不用来获取利益，诛灭暴乱并未让他们顺从商纣，干预崇侯的暴虐行为，而礼待被剁成肉酱的梅伯。因此诸侯们都明白他的品行，百姓都通晓他的美德。所以他治理百姓而没有危险，治理国家而不会使之衰弱。"

景公问古之莅国者任人如何晏子对以人不同能第二十四

原文

景公问晏子曰："古之莅国治民者，其任人何如？"

晏子对曰："地不同生[①]，而任之以一种，责其俱生不可得；人不同能，而任之以一事，不可责遍成。责焉无已[②]，智者有不能给[③]；求焉无餍[④]，天地有不能赡[⑤]也。故明王之任人，谄谀不迩[⑥]乎左右，阿党[⑦]不治乎本朝；任人之长，不强其短；任人之工，不强其拙。此任人之大略[⑧]也。"

注释

①生：通"性"，性质，性能。

②已：止。

③给：充足的供给。

④餍（yàn）：满足。

⑤赡：充足。

⑥迩：近。

⑦阿党：指结党营私的人。

⑧大略：大概，大要。

译文

齐景公问晏子说："古代统治国家、治理百姓的人，他们是怎样任用人才的？"

晏子回答说："每块土地的性质不同，只能用它来种植一种谷物，要求它生长所有的谷物是不可能的；每个人的能力不同，只能任用他做一件事，而不能要求他所有的事情都要胜任。要求他们无止境，即使是明智的人也不能达到；要求他们不满足，天地也有不能供应的时候。所以明智的君主任用人才，谄媚阿谀的人不能靠近他的左右，结党营私的人不能在朝中任职；任用人的长处，不勉强他的短处；任用人擅长的方面，不勉强他不擅长的方面。这就是任用人才的大概要求。”

景公问古者离散其民如何晏子对以今闻公令如寇仇第二十五

原　文

景公问晏子曰：“古者离散其民而陨失其国者，其常行何如？”

晏子对曰：“国贫而好大①，智薄而好专②；贵贱无亲焉，大臣无礼焉；尚谗谀而贱贤人，乐简慢而玩百姓；国无常法，民无经纪③；好辩以为智，刻民以为忠；流湎④而忘国，好兵而忘民；肃⑤于罪诛，而慢于庆赏；乐人之哀，刑人之难；德不足以怀人，政不足以惠民；赏不足以劝善，刑不足以防非。此亡国之行也。今民闻公令如寇仇，此古之离散其民、陨失其国者之常行也。”

注　释

①好大：即好大喜功，喜好做大事。

②好专：喜好专断、独裁。

③经纪：法纪，秩序。

④流湎：放纵无度。

⑤肃：严峻，严格。

译　文

齐景公问晏子说：“古代使百姓离散而失去国家的君主，他们平时的行为是怎样的？”

晏子回答说：“国家贫困却好大喜功，智力浅薄却喜欢独裁；不论贵贱都不亲近，对待大臣不讲礼仪；重用谄媚阿谀的小人而轻贱贤人，乐于怠慢无礼而轻视百姓；国家没有常行不变的法度，百姓没有秩序；把擅长诡辩当作智慧，把刻薄百姓当作忠诚；放纵无度而忘记国家，喜好战争而忘却百姓；严格对待犯罪与刑罚，对待赏赐却很怠慢；把别人的悲哀当作快乐，把别人的灾难当作利益；恩德不足以让人感怀，政治不足以使百姓受到恩惠；赏赐不足以激励善行，刑罚不足以防止恶行。这是灭亡国家的行为。如今百姓听到您的号令就像遇到仇敌一样，这就是使百姓离散而失去国家的君主的日常行为。”

景公问欲和臣亲下晏子对以信顺俭节第二十六

原　文

景公问晏子曰：“吾欲和臣亲下，奈何？”

晏子对曰：“君得臣而任使之，与言信，必顺其令①，赦其过；任大臣无多责焉，使迩臣无求嬖②焉；无以嗜欲贫其家，无信谗人伤其心；家不外求③而足，事君不因人而进，则臣和矣。俭于藉敛，节于货财；作工不历时④，使民不尽力；百官节适，关市省征；山林陂泽，不专其利；领民治民，勿使烦乱；知其贫富，勿使冻馁，则民亲矣。”

公曰：“善！寡人闻命矣。”故令诸子无外亲谒⑤，辟梁丘据无使受报⑥；百官节适，关市省征，山林陂泽不禁；冤报者过⑦，留狱者请焉⑧。

注　释

①令：美好，善。

②嬖：宠爱。

③外求：指俸禄之外的索求。

④作工：指只办各种劳役工程。历：超越，超过。

⑤亲谒：亲近干谒。

⑥辟：摈除。这里指罢免。报：断狱，判决罪人。

⑦冤报：判罪不当使人蒙冤。过：怪罪，责难。

⑧留狱：稽延狱讼。请：询问。

译文

齐景公问晏子说："我想与臣子和谐，与百姓亲近，该怎么办？"

晏子回答说："君主得到臣子而任用他们，和他们说话要守信，一定要顺从他们的好的主张，赦免他们的罪过；任用大臣不要有过多的要求，役使近臣不要宠幸偏爱；不要因为自己的嗜好欲望而使他们贫困，不要听信谗言而伤害他们的忠心；他们的家用不需要在俸禄之外求得而能充足，侍奉君主不依靠别人的关系而晋升，这样您就能与臣子和谐了。减少征收的赋税，使用财物有节制；兴建工程不超过时令，役使百姓不竭尽他们的气力；百官的编制要精简而适度，减少关隘集市的税收；不独自占有山林池泽的利益；领导并治理百姓，不要让他们烦闷混乱；了解他们的贫富状况，不要让他们挨饿受冻，这样您就能与百姓亲近了。"

景公说："好！我听从您的教诲。"因此下令让儿子们不要亲近接见外臣，罢免梁丘据，不再让他判决案件；百官编制精简而适度，减少关隘集市的税收，不禁止百姓在山林湖泽打猎捕鱼；判罪不当使人蒙冤的人被治罪，一一过问拖延诉讼的人。

景公问得贤之道晏子对以举①之以语考之以事第二十七

原文

景公问晏子曰："取人得贤之道何如？"

晏子对曰："举之以语，考之以事，能谕②，则尚③而亲之，近而勿辱。以取人，则得贤之道也。是以明君居上，寡其官而多其行，拙于文④而工于事，言不中不言，行不法不为也。"

注释

①举：选拔。

②谕：通晓，明白。这里指懂得治国之道。

③尚：尊崇。

④文：文辞，言辞。

译　文

齐景公问晏子说："求取人才获得贤人的方法是什么？"

晏子回答说："通过言谈选拔，通过实事考察，能通晓治国之道，那就推崇并亲近他，亲近他而不要无礼侮辱他。用这几条来求取人才，就是得到贤人的方法了。因此贤明的君主处在上位，官员减少但所办的事情增多，不擅长言辞但擅长办实事，说的话不合礼法就不说，行为不符合法度就不去做。"

景公问臣之报君何以①晏子对以报以德第二十八

原　文

景公问晏子曰："臣之报君何以？"

晏子对曰："臣虽不知，必务报君以德。士逢有道之君，则顺其令；逢无道之君，则争②其不义。故君者择臣而使之，臣虽贱，亦得择君而事之。"

注　释

①何以：即以何。

②争：通"诤"，诤谏。

译　文

齐景公问晏子说："臣子用什么来报答君主？"

晏子回答说："我虽然不明智，但是一定会努力用德来报答君主。士人遇见有道之君，就会顺从他的命令；遇见无道之君，就会对他不仁义的行为进行劝谏。所以君主选择臣子来任用，臣子虽然卑贱，也可以选择君主去侍奉。"

景公问临国莅民所患何也晏子对以患者三第二十九

原 文

景公问晏子曰："临国莅民，所患何也？"

晏子对曰："所患者三：忠臣不信，一患也；信臣不忠，二患也；君臣异心，三患也。是以明君居上，无忠而不信，无信而不忠者。是故君臣同欲①，而百姓无怨也。"

注 释

①欲：想法。

译 文

齐景公问晏子说："统治国家，治理百姓，所要担心的是什么呢？"

晏子回答说："所要担心的有三条：忠臣不被信任，这是要担心的第一条；被信任的臣子不忠心，这是要担心的第二条；君主和臣子不同心，这是要担心的第三条。因此贤明的君主处在上位，没有忠臣是不被信任的，没有被信任的臣子是不忠心的。所以，君主和臣子的想法一样，百姓心里没有怨恨。"

景公问为政何患晏子对以善恶不分第三十

原 文

景公问于晏子曰："为政何患？"

晏子对曰："患善恶之不分。"

公曰："何以察之？"

对曰："审①择左右。左右善，则百僚②各得其所宜，而善恶分。”

孔子闻之曰：“此言也信[3]矣！善进，则不善无由入矣；不善进，则善无由入矣。”

注 释

①审：慎重。

②僚：官。

③信：果真，确实。

译 文

齐景公向晏子问道：“治理国家要担心什么？”

晏子回答说：“担心善恶不分。”

景公问：“用什么方法来明察善恶？”

晏子回答说：“审慎地选择左右近臣。左右近臣善良，那么每个官员都能得到自己适宜的位置，这样善恶就分清了。”

孔子听到后说：“这话说得很对啊！善良的人到君主身边为官，那不善之人就没有方法进入了；不善之人到君主身边为官，那善良的人就没有办法进入了。”

第四卷　内篇问下第四

景公问何修则夫先王之游晏子对以省耕实第一[①]

原文

景公出游，问于晏子曰："吾欲观于转附、朝舞[②]，遵[③]海而南，至于琅邪[④]。寡人何修，则夫先王之游？"

晏子再拜曰："善哉！君之问也。婴闻之，天子之诸侯为巡狩[⑤]，诸侯之天子为述职[⑥]。故春省耕而补不足者谓之游，秋省实而助不给者谓之豫[⑦]。夏谚曰：'吾君不游，我曷以休[⑧]？吾君不豫，我曷以助？一游一豫，为诸侯度。'今君之游不然，师行而粮食[⑨]，贫苦不补，劳者不息。夫从下历时而不反谓之流[⑩]，从高[⑪]历时而不反谓之连，从兽而不归谓之荒，从乐而不归谓之亡。古者圣王无流连之游、荒亡之行。"

公曰："善。"命吏计公禀[⑫]之粟，藉[⑬]长幼贫氓之数。吏所委发廪出粟以予贫民者三千钟，公所身见癃[⑭]老者七十人，振赡[⑮]之，然后归也。

注释

①修：修治，整治。则：仿效，效法。省：视察。

②转附、朝舞：均为山名。

③遵：顺着，沿着。

④琅邪：山名，在今山东胶南南。

⑤之：往，到。巡狩：即巡守，巡行视察诸侯为天子所守的疆土。

⑥述职：指封疆的诸侯向天子汇报工作的完成情况，天子以此评定其是否称职。

⑦实：指收获，收成。豫：出游，特指皇上秋日出巡。

⑧休：停止，结束。这里指完成春耕。

⑨粮食：指吃掉粮食。食：动词，食用。

⑩从：通“纵”，放纵。下：特指湖泽。历时：经过的时间很长。

⑪高：高处，指高山。

⑫禀：通“廪”，公廪，国家粮仓。

⑬藉：通“籍”，登记。

⑭癃（lóng）：衰老病弱。

⑮振赡：救济供养。振：通“赈”。

译　文

齐景公出去游玩，向晏子问道：“我想去转附山和朝舞山游览，然后沿着海岸向南，到达琅邪山。我该修习些什么才可以效法先王的出游？”

晏子拜了两拜说：“大王您问得太好了！我听说天子到诸侯国去叫作巡狩，诸侯到天子都城去叫作述职。所以春天视察耕种情况而补助贫困不充足的人叫作游，秋天视察收获而补助不充裕的人叫作豫。夏朝的谚语说：‘我们的君主不春游，我们春耕怎完成？我们的君主不秋游，我们怎么得补助？一次春游一次秋游，成为诸侯的法度。’如今您的出游却不是这样，队伍出行吃百姓的粮食，不补助贫苦的人，不让辛劳的人休息。长时间尽情游湖而不返回叫作流，长时间尽情游山叫作连，尽情打猎而不回叫作荒，尽情欢乐而不回叫作亡。古代圣明的君主没有流连不返的出游，也没有沉迷于田猎酒色的出游。”

景公说：“好。”让官吏统计官仓的粮食，登记老少贫民的数量。官吏打开粮仓分发给贫民的粮食共有三千钟，景公亲自遇见的残疾老人有七十个，都给予他们救济，然后回到都城。

景公问桓公何以致霸晏子对以下贤[1]以身第二

原　文

景公问于晏子曰：“昔吾先君桓公，善饮酒，穷[2]乐，食味方丈[3]，好色无别[4]。辟若此，何以能率诸侯以朝天子乎？”

晏子对曰：“昔吾先君桓公，变俗以政，下贤以身。管仲，君之贼[5]也，知其能足以安国济[6]功，故迎之于鲁郊，自御，礼之于庙。异日[7]，君过于康庄[8]，闻宁戚歌，止车而听之，则贤人之风[9]也，举以为大田。先君见贤不留[10]，使能不怠，是以内政则民怀之，征伐则诸侯畏之。今君闻先君之过，而不能明其大节[11]。桓公之霸也，君奚疑焉？”

注释

①下贤：礼贤下士，指屈尊居于贤人之下。

②穷：极尽。

③方丈：指一丈之内放满了食物。极言美味之丰盛。

④好色无别：指齐桓公好色乱伦之事。无别：没有亲疏的区别。

⑤贼：指仇敌。

⑥济：成就。

⑦异日：来日，以后。

⑧康庄：四通八达的大道。

⑨风：风范，气度。

⑩留：指留在民间，被埋没。

⑪大节：品德操守的主要方面。

译文

齐景公向晏子问道：“从前我们的先王桓公，喜欢喝酒，极尽欢乐，吃遍各种精美食物，喜好美色不分亲疏。行为像这样邪僻，凭什么能够率领诸侯们朝见天子呢？”

晏子回答说：“从前我们的先王桓公，用政治改变风俗，亲自礼贤下士。管仲是桓公的仇敌，但桓公知道他的能力足够用来安定国家、成就功业，所以在鲁国郊外迎接他，亲自给他驾车，在太庙中对他以礼相待。后来有一天，桓公经过一条四通八达的大道时，听到宁戚的歌声，就停下车马倾听，歌词中透露出贤人的风范，就提拔他做了大田官。先王看到贤人不让他埋没在民间，任用人才不会怠慢，因此国内政治清明而百姓感怀他，国外征战讨伐而诸侯都畏惧他。现在您只听到先王的过错，而不能明白他品德高尚的一面。对于桓公的霸业，您怀疑什么呢？”

景公问欲逮[1]桓公之后晏子对以任非其人第三

原　文

景公问晏子曰："昔吾先君桓公，从车[2]三百乘，九合[3]诸侯，一匡[4]天下。今吾从车千乘，可以逮先君桓公之后乎？"

晏子对曰："桓公从车三百乘，九合诸侯，一匡天下者，左有鲍叔，右有仲父。今君左为倡[5]，右为优[6]，谗人在前，谀人在后，又焉可逮桓公之后者乎？"

注　释

①逮：赶上。

②从车：使车辆跟从，即率领车辆。

③九合：多次会盟。九：泛指多次。

④匡：纠正，匡正。

⑤倡：古代唱歌的艺人。

⑥优：古代表演乐舞、杂戏的艺人。

译　文

齐景公问晏子说："从前我们的先王桓公率领三百辆兵车，多次会盟诸侯，一举匡正了天下。现在我率领千辆兵车，可以赶上先王桓公，在他之后称霸诸侯吗？"

晏子回答说："桓公率领三百辆兵车，多次会盟诸侯，一举匡正天下，是因为桓公左边有鲍叔牙，右边有仲父。现在您左边是歌伎，右边是优伶，前面是善说谗言的人，后面是阿谀奉承的人，又怎么能赶上桓公，在他之后称霸诸侯呢？"

景公问廉政[1]而长久晏子对以其行水也第四

原 文

景公问晏子曰："廉政而长久，其行何也？"

晏子对曰："其行水也。美哉水乎清清！其浊无不雩途[2]，其清无不洒除[3]，是以长久也。"

公曰："廉政而速亡，其行何也？"

对曰："其行石也。坚哉石乎落落[4]！视之则坚，循[5]之则坚，内外皆坚，无以为久，是以速亡也。"

注 释

①政：通"正"，正直。

②雩（yú）途：即污涂，污染涂抹。

③洒除：清除。

④落落：形容石块坚硬互不相合的样子。

⑤循：通"揗（xún）"，抚摩。

译 文

齐景公问晏子说："廉洁正直而能长久存在的人，他们的品行是怎样的？"

晏子回答说："他们的品行像水一样。清澈见底的水太美了！它浑浊时没有什么不被污染的，它清澈时没有什么是不能被清除干净的，因此可以长久存在。"

景公问："廉洁正直却快速灭亡的人，他们的品行是怎样的？"

晏子回答说："他们的品行就像石头一样。堆积的石头真硬啊！看它时觉得坚硬，抚摸它时它也是坚硬的，内外都是坚硬的，无法长久，因此就快速灭亡了。"

景公问为臣之道晏子对以九节第五

原　文

景公问晏子曰："请问为臣之道。"

晏子对曰："见善必通[①]，不私其利；荐善而不有其名；称身居位，不为苟进；称事受禄，不为苟得；体贵侧贱[②]，不逆其伦；居贤不肖，不乱其序；肥利之地，不为私邑[③]；贤质之士，不为私臣[④]；君用其所言，民得其所利，而不伐其功。此臣之道也。"

注　释

①通：通行，通用。

②体贵侧贱：身份尊贵或卑贱。侧：通"厕"，置于，列入。

③私邑：私人的领地。

④私臣：私人的臣仆。

译　文

齐景公问晏子说："请问做臣子的原则。"

晏子回答说："看到好的事物一定会推广通行，不从中牟取私利；荐举贤良而不贪图名声；衡量自身的能力来担任官职，不苟且晋升；衡量所做的事情接受合理的俸禄，不苟且求取利益；身份地位尊贵或卑贱，不违反伦理；才能高或低，不搅乱次序；肥沃的土地，不占为私有的领地；贤德质朴的士人，不占为私人的臣仆；君主采用他的言论，百姓得到他的好处，他却不夸耀自己的功绩。这就是做臣子的原则。"

景公问贤不肖可学乎晏子对以勉强[1]为上第六

原　文

景公问晏子曰："人性有贤不肖，可学乎？"

晏子对曰："《诗》云：'高山仰之，景行行之[2]。'之者[3]其人也。故诸侯并立，善而不怠者为长；列士并学，终善者为师。"

注　释

①勉强：勉力自强。

②"高山"句：见于《诗经·小雅·车舝（xiá）》。今本《诗经》中"之"作"止"。景：大。前一个"行"读作háng，道路。后一个"行"读作xíng，行走。

③之者：指向往高山和大道的人。之：到，往。

译　文

齐景公问晏子说："人的本性有好有坏，可以学好吗？"

晏子回答说："《诗经》中说：'高山让人仰视，大道让人纵驰。'向往高山和大道就会成为那样的人。所以诸侯共同存在，德行好而不懈怠的人可以成为尊长；士人在一起学习，能把善行坚持到最后的人可以成为老师。"

景公问富民安众晏子对以节欲中听第七

原　文

景公问晏子曰："富民安众，难乎？"

晏子对曰："易。节欲则民富，中听则民安。行此两者而已矣。"

译　文

齐景公问晏子说："使百姓富裕安定，困难吗？"

晏子回答说："很容易。您节制自己的欲望，百姓就富裕了；您听取中正的言论，百姓就安定了。只要推行这两条就可以了。"

景公问国如何则谓安晏子对以内安政外归义第八

原　文

景公问晏子曰："国如何则可谓安矣？"

晏子对曰："下无讳言[①]，官无怨治[②]；通人不华[③]，穷民不怨；喜乐无羡赏，忿怒无羡刑；上有礼于士，下有恩于民；地博不兼小，兵强不劫弱；百姓内安其政，外归其义[④]。可谓安矣。"

注　释

①讳言：因有所顾忌而隐讳不说。

②怨治：治理事务使人怨恨。

③通人：指显达的人。华：奢华。

④外归其义：在外的诸侯都归服他的道义。依陶鸿庆所说"外归其义"前当有"诸侯"二字。文中多有"百姓"和"诸侯"对文者。

译　文

齐景公问晏子说："国家怎样才可以叫作安定呢？"

晏子回答说："百姓说话没有忌讳，官员处理政事不使人怨恨；显达的人不奢华，贫困的人不哀怨；君主高兴时不会过度赏赐，愤怒时不会滥施刑罚；在上能有礼地对待士人，在下能对百姓施与恩泽；土地广博不会去兼并小国，军队强大不会去劫掠弱小的国家；国内的百姓安于他的政治，国外的诸侯归服于他的道义。这样可以叫作安定了。"

景公问诸侯孰危晏子对以莒其先亡第九

原　文

景公问晏子曰："当今之时，诸侯孰危？"

晏子对曰："莒其先亡乎！"

公曰："何故？"

对曰："地侵于齐，货竭于晋，是以亡也。"

译　文

齐景公问晏子说："如今这个时代，哪个诸侯最危险？"

晏子回答说："莒国大概最先灭亡吧！"

景公问："为什么？"

晏子回答说："它的土地被齐国侵占，财物被晋国抢光，因此会最先灭亡。"

晏子使吴吴王问可处可去晏子对以视国治乱第十

原　文

晏子聘[①]于吴，吴王曰："子大夫以君命辱在敝邑之地[②]，施贶[③]寡人，寡人受贶矣，愿有私问焉。"

晏子逡遁[④]而对曰："婴，北方之贱臣也，得奉君命，以趋于末朝[⑤]，恐辞令不审，讥[⑥]于下吏，惧不知所以对者。"

吴王曰："寡人闻夫子久矣，今乃得见，愿终其问。"

晏子避席[⑦]对曰："敬受命矣。"

吴王曰："国如何则可处，如何则可去也？"

晏子对曰："婴闻之，亲疏得处其伦，大臣得尽其忠，民无怨治，国无虐刑，则可处矣。是以君子怀[8]不逆之君，居治国之位。亲疏不得居其伦，大臣不得尽其忠，民多怨治，国有虐刑，则可去矣。是以君子不怀暴君之禄，不处乱国之位。"

注 释

①聘：出使访问。

②辱：谦辞，表示承蒙，屈尊。敝邑：古代对自己的国家的谦称。

③贶（kuàng）：赏赐。

④逡（qūn）遁：指恭敬地退避。

⑤末朝：谦辞，指朝廷的末席。

⑥讥：讥讽，嘲笑。

⑦避席：古人席地而坐，离席起立，以示敬意。

⑧怀：归向，依恋。

译 文

晏子出使吴国，吴王问："大夫您奉齐王的命令屈尊来到我们这个偏僻小国，施与我恩惠，我接受恩赐了，希望能有机会私下向您请教。"

晏子恭敬地退后几步回答说："我晏婴只是北方的一个卑贱小臣，奉齐王的命令出使，只能居于贵国朝廷的末席，就怕说出来的话不够谨慎，被您的官吏们耻笑，所以恐怕不知道怎么回答您。"

吴王说："我听说夫子您的大名很久了。今天才得以见到，希望能尽兴地向您请教。"

晏子起身行礼回答道："我恭敬地接受您的命令。"

吴王问："国家怎样才值得居留，怎样才应该离去呢？"

晏子回答说："我听说与君主关系亲近或疏远的人都能够符合伦理，大臣都能竭诚尽忠，没有百姓怨恨政令，国家没有暴虐的刑罚，这样的国家就值得居留。因此君子归向不违背伦常的君主，身处在治国的官位上。与君主关系亲近或疏远的人不能符合伦理，大臣不能竭诚尽忠，百姓大多都怨恨政令，国家有暴虐的刑罚，那就可以离去了。因此君子不贪恋暴虐之君的俸禄，不会停留在混乱之国的官位上。"

吴王问保威强不失之道晏子对以先民后身第十一

原文

晏子聘于吴，吴王曰：“敢问长保威强勿失之道若何？”

晏子对曰：“先民而后身，先施而后诛[①]；强不暴弱，贵不凌贱，富不傲贫；百姓并进[②]，有司[③]不侵，民和政平；不以威强退人之君[④]，不以众强兼人之地；其用法，为时[⑤]禁暴，故世不逆其志；其用兵，为众屏[⑥]患，故民不疾[⑦]其劳。此长保威强勿失之道也。失此者危矣。”

吴王忿然作色，不说。晏子曰：“寡君之事毕矣，婴无斧锧[⑧]之罪，请辞而行。”遂不复见。

注释

①诛：刑罚。

②并进：指都能被举荐做官。

③有司：指主管某一事务的部门或官吏。

④退人之君：指逼迫别国君主退位。

⑤时：时世，社会。

⑥屏：除去。

⑦疾：痛恨。

⑧斧锧（zhì）：斧子与铁砧，古代刑具。行刑时置人于砧上，以斧砍之。

译文

晏子出使到吴国，吴王问：“我冒昧请教，有什么方法可以使国家长久保持威势强大而不失去它？”

晏子回答说：“百姓利益在先而自身在后，施惠在先而刑罚在后；强大但不残害弱小，尊贵但不欺凌卑贱，富贵但不轻视贫穷；寻常百姓都可以被举用做官，主管官吏或部门不侵犯百姓，民众和谐，政局安定；不凭借威势逼退别国的君主，不凭借人多兼并别国的土地；君主使用刑法，是为社会禁除暴虐，所以世人不违背他的意志；君主发动战争，是为民众摒除祸患，所以百姓不痛恨这样的辛劳。这就是使国家长久保持威势强大而不失去它的方法。不这样做的国家就危险了。”

吴王生气地变了脸色，显得很不高兴。晏子说：“我国国君交给我办的事已经办完了，我没有犯下杀头的罪过，请让我告辞回去吧。”于是不再和吴王相见。

晏子使鲁鲁君问何事回曲之君晏子对以庇族第十二[①]

原　文

晏子使鲁，见昭公[②]，昭公说曰：“天下以子大夫语寡人者众矣，今得见而羡乎所闻，请私而无为罪。寡人闻大国之君，盖[③]回曲之君也，曷为以子大夫之行，事回曲之君乎？”

晏子逡循对曰：“婴不肖，婴之族又不若婴，待[④]婴而祀先者五百家，故婴不敢择君。”

晏子出，昭公语人曰：“晏子，仁人也。反亡君[⑤]，安危国，而不私利焉；僇[⑥]崔杼之尸，灭贼乱之徒，不获名焉；使齐外无诸侯之忧，内无国家之患，不伐功焉；锯然[⑦]不满，退[⑧]托于族，晏子可谓仁人矣。”

注　释

①回曲：邪曲，邪僻。庇：庇护。

②昭公：姬姓，名裯，春秋时期鲁国第二十四位国君，前542年—前510年在位。

③盖：大多。

④待：依靠。

⑤反亡君：指恢复即将灭亡的齐国君主。

⑥僇（lù）：通“戮”，杀戮。“僇尸”即“戮尸”，陈尸示众，是对死者的一种惩罚。

⑦锃（chěn）然：虚心的样子。

⑧退：谦让。

译　文

晏子出使鲁国，拜见鲁昭公，昭公高兴地说：“天下在我面前谈到大夫您的人太多了，现在见到您之后，发现您的情况又超过了我所听到的，我想私下请教您，您不要怪罪。我听说大国的君主，大多是邪曲的君主，凭您的德行为什么去侍奉邪曲的君主呢？”

晏子恭敬地退后几步回答说：“我不贤德，我的族人又不如我，依靠我的俸禄来祭祀先祖的有五百家，所以我不敢挑选君主。”

晏子出去后，昭公对人说：“晏子是个仁德的人啊。他恢复即将灭亡的齐国君主的地位，安定处于危难的国家，却不获取私利；把崔杼的尸体当众展示，消灭作乱的匪徒，却不贪图名声；使齐国在外没有被诸侯侵犯的忧虑，在内没有国家动乱的祸患，却不夸耀功绩；虚心不自满，谦逊地把一切都推托到保卫家族上，晏子可以称得上是个仁德的人了。”

鲁昭公问鲁一国迷何也晏子对以化为一心第十三

原　文

晏子聘于鲁，鲁昭公问焉，曰：“吾闻之，莫三人而迷①。今吾以一国虑之，鲁不免于乱，何也？”

晏子对曰：“君之所尊举而富贵，入所以与图身，出所以与图国，及左右逼迩，皆同于君之心者也。犿②鲁国化而为一心，曾③无与二，其何暇有三？夫逼迩于君之侧者，距④本朝之势，国之所以殆也；左右谗谀，相与塞善，行之所以衰也；士者⑤持禄，游者养交⑥，身之所以危也。《诗》曰：‘芃芃棫朴，薪之槱之。济济辟王，左右趋之⑦。’此言古者圣王明君之使以善也。故外知事之情，而内得心之诚，是以不迷也。”

注　释

①莫三人而迷：指做事不与众人商量，就会迷惑。

②挢：通“矫”，举，全。

③曾：竟。

④距：通“拒”，抵抗。

⑤士者：指做官的人。

⑥游者：指不做官的人。养交：培养结交私党。

⑦“芃芃棫朴”四句：见于《诗经·大雅·棫朴》。芃（péng）芃：植物茂盛的样子。棫（yù）：白桵（ruǐ）；朴：枹（bāo）木，二者均为灌木名。槱（yǒu）：聚积木柴以备燃烧。济济：庄严恭敬的样子。辟（bì）王：君王，这里指周文王。

译　文

晏子出使到鲁国，鲁昭公问他说：“我听说，做事不和三个以上的人商量就会迷惑。现在我与一国的人商讨谋划，鲁国还是不能避免混乱，这是为什么？”

晏子回答说：“您所尊崇推举而使之富贵的人，在内迎合君意，在外奉君意而行，以致您亲近的左右臣仆都和您的心意相同，使整个鲁国上下的思想都统一，连两个人的想法都没有，哪儿会有三个人呢？在您身边的近臣，他们的势力和朝廷的势力相当，所以国家就危殆了；左右的人进谗献媚，互相勾结，阻塞贤人进献善言，所以君主的德行就衰败了；做官的只注重保持俸禄，不做官的只注重培养私党，所以君主自身就危险了。《诗经》中说：‘棫树朴树多茂盛，砍成木柴聚成堆。庄严恭敬周文王，左右贤才跟随他。’这说的是古代圣明君主能根据善行来使用人才。所以他在外能知道事情的真相，在内能获得臣子的真诚，因此不会迷惑。”

鲁昭公问安国众民晏子对以事大养小谨听节敛第十四

原　文

晏子聘于鲁，鲁昭公问曰：“子大夫俨然[①]辱临敝邑，窃甚嘉之[②]，寡人受贶，请问安国众民[③]如何？”

晏子对曰：“婴闻傲大贱小则国危，慢听[④]厚敛则民散。事大养小，安国之器[⑤]也；谨听节敛，众民之术也。”

注　释

①俨然：严肃庄重的样子。

②窃：谦辞，指自己。嘉：善，美。这里是表示荣幸的意思。

③众民：使百姓增多。

④听：治理。

⑤器：器具。这里指方法、手段。

译　文

晏子出使到鲁国，鲁昭公问他说：“大夫您庄重地屈尊来到我们这个偏僻小国，我感到非常荣幸，我接受恩赐了，请问若想使国家安定，百姓增多，该怎么做呢？”

晏子回答说：“我听说傲视大国，轻视小国，国家就会危险；治国轻慢，赋税沉重，百姓就会离散。侍奉大国，资助小国，这是安定国家的方法；治国谨慎，节制赋税，这是增加人口的手段。”

晏子使晋晋平公问先君得众若何晏子对以如美渊泽第十五①

原文

晏子使晋，晋平公飨之文室②，既静③矣，以宴。平公问焉，曰：“昔吾子先君④得众若何？”

晏子对曰：“君飨寡君，施⑤及使臣，御⑥在君侧，恐惧不知所以对。”

平公曰：“闻子大夫数矣，今乃得见，愿终闻之。”

晏子对曰：“臣闻君子如美渊泽，容之⑦；众人归之，如鱼有依，极其游泳之乐；若渊泽决竭⑧，其鱼动流。夫往者维雨乎，不可复已。”

公又问曰：“请问庄公与今君孰贤？”

晏子曰：“两君之行不同，臣不敢知⑨也。”

公曰：“王室之不正⑩也，诸侯之专制也，是以欲闻子大夫之言也。”

对曰：“先君庄公不安静处，乐节饮食，不好钟鼓，好兵作武，士与同饥渴寒暑。君之强，过人之量，有一过不能已焉⑪，是以不免于难。今君大宫室，美台榭，以辟⑫饥渴寒暑，畏祸敬鬼神。君之善，足以没身，不足以及子孙矣。”

注释

①晋平公：姬姓，名彪，晋悼公之子，春秋时期晋国国君，公元前557年—公元前532年在位。美渊泽：指美好的水泽。

②飨：飨礼，古代一种隆重的宴饮宾客之礼。文室：指精心布置的宫室。

③静：古通“竫（jìng）”，停止。

④吾子先君：吾子是对对方的尊称，吾子先君，即您的先君。

⑤施：蔓延，延续。

⑥御：陪侍。

⑦容之：张纯一认为“容”上疑脱“无不”二字。

⑧决竭：枯竭，干涸。

⑨知：知道。这里指评判。

⑩王室之不正：指周王室邪曲不正而衰败。

⑪一过：一次过错。指齐庄公和崔杼的妻子私通。已：停止。

⑫辟：通“避”，躲避。

译文

晏子出使晋国，晋平公在精心布置的宫室里用飨礼接待他，结束之后，又安排了酒宴。晋平公问晏子说：“从前夫子您的先王是怎样得到众人拥戴的？”

晏子回答说：“大王您用飨礼招待我国国君，恩泽延及使臣，我陪侍在您身边，恐怕不知道怎么回答您。”

晋平公说：“我多次听到您的大名了，现在才得以相见，希望能尽兴地向您请教。”

晏子回答说：“我听说君子如同美好的水泽，什么都能包容；众人都归附他，就像鱼儿有了依托，极尽游泳的乐趣；如果水泽干涸，这些鱼儿就会游走了。他们向往的只是有雨水的地方，不会再回来了。”

平公又问道：“请问齐庄公和现在的君主，哪个更贤明？”

晏子说：“两个君主的品行不同，我不敢评判。”

平公说：“周王室邪曲不正，诸侯国专横掌权，因此我想听听大夫您的意见。”

晏子回答说：“我们的先王庄公不安于平静处世，喜欢节制饮食，不爱好钟鼓音乐，而喜好发兵动武，能同士兵一起忍饥挨饿、共同承受寒暑气候。先王的力量强大，已经超过了一般人的程度，但是有了一个过错后就不能自制了，因此无法避免遭遇祸患。现在的君主扩大宫室，装饰台榭，用来避免饥渴和寒暑气候，害怕祸患，恭敬地侍奉鬼神。这个君主的善行，足够用来保全自己一生，却不能够恩及子孙后代。”

晋平公问齐君德行高下晏子对以小善[1]第十六

原　文

晏子使于晋，晋平公问曰："吾子之君，德行高下如何？"晏子对以"小善"。

公曰："否，吾非问小善，问子之君德行高下也。"

晏子蹴然[2]曰："诸侯之交，绍[3]而相见，辞之有所隐也。君之命质[4]，臣无所隐，婴之君无称[5]焉。"

平公蹴然而辞送，再拜而反曰："殆哉吾过！谁曰齐君不肖？直称之士，正在本朝[6]也。"

注　释

①小善：即还好。

②蹴然：局促不安的样子。

③绍：介绍，为人引见。

④质：指质朴诚挚。

⑤称：称道，赞扬。

⑥本朝：指齐君的朝廷。

译　文

晏子出使到晋国，晋平公问道："您的君主，德行是高尚还是低下？"晏子用"还好"来回答。

平公说："不，我不是问他是否还好，而是问您的君主德行是高尚还是低下。"

晏子局促不安地说："诸侯之间交往，通过介绍而相见，说的话会有所隐讳。大王您的命令诚恳质朴，我没有什么好隐瞒的，我的君主没有值得称道的德行。"

平公局促不安地送别晏子，拜了两拜之后返回，说："太危险了！我犯的错也将被人指出来。谁说齐君不贤德？敢于直言的人正在他的朝廷里啊。”

晋叔向[1]问齐国若何晏子对以齐德衰民归田氏第十七

原　文

晏子使于晋，叔向从之宴，相与语。

叔向曰：“齐其何如？”

晏子对曰：“此季世[2]也，吾弗知，齐其为田氏乎！”

叔向曰：“何谓也？”

晏子曰：“公弃其民，而归于田氏。齐旧四量：豆、区、釜、钟[3]，四升为豆，各自其四[4]，以登于釜，釜十则钟。田氏三量，皆登一焉[5]，钟乃巨矣。以家量贷，以公量收之。山木如[6]市，弗加[7]于山；鱼盐蜃蛤[8]，弗加于海。民参[9]其力，二入于公，而衣食其一；公积朽蠹，而老少冻馁；国之都市，屦贱而踊贵[10]，民人痛疾，或燠休之[11]。昔者殷人[12]诛杀不当，僇民无时；文王慈惠殷众，收恤无主，是故天下归之。民无私与[13]，维德之授。今公室骄暴，而田氏慈惠，其爱之如父母，而归之如流水。欲无获民，将焉避之？箕伯、直柄、虞遂、伯戏[14]，其相胡公太姬[15]，已在齐矣。”

叔向曰：“虽吾公室，亦季世也。戎马不驾，卿无军行[16]，公乘[17]无人，卒列无长[18]。庶民罢弊[19]，宫室滋[20]侈，道殣[21]相望，而女[22]富溢尤。民闻公命，如逃寇仇。栾、郤、胥、原、孤、续、庆、伯[23]，降在皂隶[24]。政在家门[25]，民无所依，而君日不悛[26]，以乐慆[27]忧。公室之卑，其何日之有！谗鼎[28]之铭曰：‘昧旦丕显[29]，后世犹怠。’况日不悛，其能久乎？”

晏子曰：“然则子将若何？”

叔向曰："人事毕矣，待天而已矣！晋之公族尽矣。肸闻之，公室将卑，其宗族枝叶先落，则公从之。肸之宗十一族，维羊舌氏在而已，肸又无子，公室无度，幸而得死，岂其获祀焉？"

注释

①叔向：姬姓，羊舌氏，名肸（xī），字叔向，又字叔誉。春秋后期晋国贤臣，政治家、外交家。

②季世：末代，末世。

③豆、区（ōu）、釜（fǔ）、钟：古代的四种量器。

④各自其四：指豆、区、釜三种量器都是四进位。即四豆为区，四区为釜。

⑤皆登一焉：田氏的量器比公家的量器多一个进位，即五升为一豆，五豆为一区，五区为一釜。

⑥如：到，往。

⑦加：指价格增加。

⑧蜃蛤：蛤蜊。

⑨参：通"三"。

⑩屦（jù）贱而踊（yǒng）贵：屦指鞋，踊指受过刖刑的人穿的鞋。踊比一般的鞋贵，意即受过刖刑的人很多。形容刑罚重而滥。

⑪或：有的人。这里指田氏。燠休（yù xǔ）：优恤，抚慰。

⑫殷人：指商纣王。

⑬私与：偏爱亲附。

⑭箕伯、直柄、虞遂、伯戏：相传四人都是舜的后人，陈氏的先人。

⑮相：当为"祖"之误。胡公太姬：指田氏始祖胡公和其妻太姬。

⑯卿无军行（háng）：指将领不率领军队。卿：古时高级长官或爵位的称谓，这里指军队将领。

⑰公乘：指王室的兵车。

⑱长：首领，指挥。

⑲罢弊：指疲惫不堪，困乏劳累。

⑳滋：更加。

㉑殣（jìn）：饿死的人。

㉒女：通"如"。

㉓栾、郤、胥、原、孤、续、庆、伯：晋国的八大姓，均为名门望族。

㉔皂隶：指古代的贱役。

㉕家门：古时称卿大夫的家。

㉖悛：悔改。

㉗慆（tāo）：隐藏，掩饰。

㉘谗鼎：春秋时鲁国的宝器。

㉙昧旦：天色将明未明的时候。丕显：发扬光大。丕：大。

译文

晏子出使到晋国，叔向陪他宴饮，两人互相聊着天。

叔向问："齐国怎么样？"

晏子回答说："这已经到末世了，我不知道，齐国大概会被田氏占有吧！"

叔向问："为什么这么说？"

晏子说："我们的大王放弃了他的百姓，百姓就归附了田氏。齐国公家以前有四种量器，分别是豆、区、釜、钟，四升是一豆，各自都用四倍来升级，一直到釜，十釜是一钟。田氏自家有三种量器，都比公家的量器大一倍，一钟就很多了。他们用自家的量器贷出粮食，用公家的量器回收粮食。山上的木材运到集市上，价格不比在山上贵；鱼、盐、蛤蜊，价格不比在海边贵。百姓把自身的财力分成三份，其中两份上缴给君主，一份留着用来吃饭穿衣；君主积聚的财物都朽烂生虫了，而百姓中年老和年幼的却在挨饿受冻；国都内的集市上，由于刑罚又重又多，平常人穿的鞋子便宜，受过刖刑人穿的鞋子却很昂贵，百姓痛苦嫉恨，田氏就去抚慰他们。从前商纣王刑罚不合宜，经常随意残害百姓；周文王的仁慈惠及殷国百姓，抚恤收养无家可归的人，因此天下人都归附他。百姓不会偏袒亲附谁，只把自己交给有仁德的人。如今齐国的王室骄纵暴虐，田氏却仁慈和善，百姓爱戴他就像对待父母一样，归附他就像流水一样。田氏就算不想得到民心，又能去哪里躲避呢？箕伯、直柄、虞遂、伯戏这些田氏的先人，以及陈国的始祖胡公和夫人太姬，他们的神灵都已经在齐国了。"

叔向说："即使是我国的王室，也已经到末世了。战马不驾车，将领不带兵，战车上没有士兵，列队时没有指挥。百姓疲惫困顿，宫室更加奢侈；道路上都是饿死的人，而王室却似乎更加富足。百姓听到君主的命令，就像逃避贼寇仇敌一样，栾、郤、胥、原、孤、续、庆、伯这八家贵族都沦落成了低贱的仆役。政权掌握在大夫手中，百姓没有依靠；君主却天天不知道悔改，用享乐来掩藏忧患。王室衰败而卑微，什么时候到过这种地步啊！谗鼎上的铭文说：‘拂晓就思索政事，后世仍然会懈怠。’况且每天都不知道悔改，还能长久吗？”

晏子问：“既然这样，那您将怎样呢？”

叔向说：“人为的事情已经做完了，只是等待天意罢了！晋国的王室已经到尽头了。我听说，王室将要衰败，它的宗室族人就会像枝叶一样先落下，然后君主随着凋落。我的宗族有十一个旁支，现在只有我羊舌氏还在，我又没有子孙，王室没有了法度，我能够得到善终就算是侥幸了，难道还能得到后人的祭祀吗？”

叔向问齐德衰子若何晏子对以进不失忠退不失行第十八

原 文

叔向问晏子曰：“齐国之德衰矣，今子何若？”

晏子对曰：“婴闻事明君者，竭心力以没其身，行不逮[①]则退，不以诬[②]持禄；事惰君者，优游[③]其身以没其世，力不能则去，不以谀持危。且婴闻君子之事君也，进不失忠，退不失行。不苟合[④]以隐忠，可谓不失忠；不持利以伤廉，可谓不失行。”

叔向曰：“善哉！《诗》有之曰：‘进退维谷[⑤]’，其此之谓欤！”

注 释

①逮：达到，完成。

②诬：欺骗。

③优游：悠闲自得，有独善其身之意。

④苟合：指无原则地迎合君主。

⑤进退维谷：见于《诗经·大雅·桑柔》。维：只。谷：比喻穷困之境。

译　文

叔向问晏子说："齐国的道德衰败了，现在您要怎么办？"

晏子回答说："我听说侍奉贤明之君的人，竭尽全力直到自身死去，行动没有成功就引退，不依靠欺骗获得俸禄；侍奉懈怠君主的人，悠然自得直到自身死去，不能胜任官职就离开，不依靠迎合奉承扶持危局。况且我听说君子侍奉君主，进身为官不会失去忠心，辞官引退不会失去德行。不无原则地附和君主来隐蔽自己的忠心，可以叫作不失去忠心；不因获得利益而损伤廉洁的品行，可以叫作不失去德行。"

叔向说："说得好啊！《诗经》中有句话说：'进退两难'，说的大概就是这种情况吧！"

叔向问正士邪人之行如何晏子对以使下顺逆第十九

原　文

叔向问晏子曰："正士之义、邪人之行，何如？"

晏子对曰："正士处势临众而不阿私[①]，行国足养而不忘故[②]；通则事上使恤其下，穷则教下使顺其上。其事君也，尽礼行忠，不正[③]爵禄，不用则去而不议；其交友也，论身[④]行义，不为苟戚，不同则疏而不诽[⑤]。不毁进于君[⑥]，不以刻民尊于国。故用于上则民安，行于下则君尊；故得众上不疑其身，用于君不悖于行。是以进不丧己，退不危身。此正士之行也。邪人则不然。用于上则虐民，行于下则逆上；事君苟进不道[⑦]忠，交友苟合不道行[⑧]；持谀巧以正禄，比[⑨]奸邪以厚养；矜爵禄以临人，夸体貌以华世[⑩]；不任于上则轻议，不笃[⑪]于友则好诽。故用于上则民忧，行于下则君危。是以其事君近于罪，其交友近于患，其得上辟[⑫]于辱，其为生偾于刑[⑬]。故用于上则诛，行于下则弑。是故交通[⑭]则辱，生患[⑮]则危。此邪人之行也。"

注 释

①处势：居于有权势的高位。临众：治理众人。临：治理，管理。

②行国：游历国中，指不为官时。故：指旧法，原则。

③正：王念孙认为“正”当为“匄”。匄：通“丐”，求。

④身：通“信”，诚信。

⑤诽：非议。

⑥不毁进于君：疑有脱漏，似应为“不以毁行进于君”，与下句“不以刻民尊于国”相对文。

⑦道：实行。

⑧行：当为“义”字之误。

⑨比：勾结，偏爱。

⑩体貌：指身体容貌服饰。华：炫耀。

⑪笃：深厚。

⑫辟：通“僻”，指偏爱。

⑬为生：指掌握生杀大权的刑法官员。偾（fèn）：毁坏。

⑭交通：指通达得意时。

⑮生患：指处于忧患不得意时。

译 文

叔向问晏子说：“正直之士的道义、邪僻之人的品行，是怎样的？”

晏子回答说：“正直之士处于高位治理百姓时不偏私，游历国内仅能供养自身时不忘记原则；通达时侍奉君主使他体恤百姓，困窘时教化百姓使他们顺应君主。他们侍奉君主竭尽礼仪，做事忠诚，不追求爵位俸禄，不被任用就离开朝廷而不议论是非；他们和朋友交往，坦诚仁义，不追求苟且的亲近关系，志向不同就自行疏远而不非议。不凭借诋毁他人在君主面前求得晋升，不依靠苛刻对待百姓来使自身在国内尊贵。所以他们被君主任用时能安定百姓，在民间游历时能使君主尊贵；所以他们得到民心时，君主也不怀疑他们，被君主任用时也不违背自身的德行。因此进身为官也不丧失自己，辞官引退也不危害自身。这是正直之士的行为。邪僻之人就不是这样。他们被君主任用时就残害百姓，在民间游荡时就违逆君主；侍奉君主时苟且求进不忠诚，结交朋友时苟且迎合不遵循道义；用阿谀巧诈来获取俸禄，勾结奸邪小人来增加财富；夸耀爵位俸禄来傲视众人，修饰容貌服饰来向世人炫耀；不被君主任用就轻率地议论，和朋友感情不深厚就喜欢非议对方。所以他们被君主任用时就会使百姓忧虑，在民间游荡时就会使君主面临危险。因此他们侍奉君主就即将成为罪人，结交朋友就即将成为朋友的忧患，他们一旦得到君主任用就偏爱羞辱别人，一旦主管司法就会毁坏刑法。所以他们被君主任用时就诛杀百姓，在民间游荡时就会犯上弑君。因此他们通达得意时就会使自身受辱，处于忧患失意时就会危害自身。这就是邪僻小人的品行。”

叔向问事君徒处之义奚如晏子对以大贤无择第二十[①]

原　文

叔向问晏子曰：“事君之伦，徒处之义，奚如？”

晏子对曰：“事君之伦，知虑足以安国，誉厚[②]足以导民，和柔足以怀众[③]，不廉上以为名，不倍民以为行，上也；洁于治己，不饰过以求先[④]，不谗谀以求进，不阿以私，不诬所能，次也；尽力守职不敢怠，奉官从上不敢惰，畏上故不苟[⑤]，忌罪故不辟，下也。三者，事君之伦也。及夫大贤，则徒处与有事无择也，随时宜者也。有所谓君子者，能不足以补上，退处不顺上，治唐园[⑥]，考菲履[⑦]，共恤[⑧]上令，弟长[⑨]乡里，不夸言，不愧[⑩]行，君子也。不以上为本，不以民为忧，内不恤其家，外不顾其游，夸言愧行，自勤于饥寒，不及丑侪[⑪]，命之曰狂僻之民，明上之所禁也。进也不能及上，退也不能徒处，作穷[⑫]于富利之门，毕志于畎亩[⑬]之业，穷通行无常处之虑，佚于心，利通不能，穷业不成，命之曰处封[⑭]之民，明上之所诛也。有智不足以补君，有能不足以劳民，俞[⑮]身徒处，谓之傲上；苟进不择所道，苟得不知所恶，谓之乱贼；身无以与君，能无以劳民，饰徒处之义，扬轻上之名，谓之乱国。明君在上，三者不免罪。”

叔向曰："贤不肖，性夫！吾每有问，而未尝自得也。"

注释

①事君徒处：指为官侍奉君主和不为官悠闲隐退两种情况。择：区别。

②誉厚：吴则虞认为上下文中的"知虑""和柔"皆两字并列，故"誉厚"疑为"举厝"形近而误，"誉厚"与"导民"，义亦不贯。举厝：即举措，指行为、举动。

③和柔：宽和柔顺。怀：包容。

④先：与下文的"进"同义，即晋升。

⑤苟：马虎。

⑥唐园：即塘园，指田园、田地。

⑦考：敲，击。菲履：草或麻编成的鞋。

⑧共恤：谨守，不冒犯。共：通"恭"。

⑨弟长：即悌长，尊敬兄长，仁爱和睦。

⑩愧：孙星衍认为"愧"当作"傀（guī）"。傀：怪异。

⑪及：到。这里指顾及、考虑到。丑侪：同辈，朋辈。

⑫作穷：指困窘，无奈。

⑬畎亩：田园，田地。

⑭封：疆界。

⑮俞：安。

译文

叔向问晏子说："为官侍奉君主的伦理和不为官悠闲隐退的道义是怎样的？"

晏子回答说："为官侍奉君主的伦理是，才智谋略足以安定国家，行为举止足以引导百姓，宽和柔顺足以容纳众人，不靠对上廉洁来求得名声，不把背离百姓作为日常的行为，这是最上等的；修养自身，保持自律，不以掩饰过错来求得晋升，不依靠阿谀迎合来求得提拔，不偏袒自己的亲友，不夸大自身的才能，这是次一等的；竭尽心力恪守职责而不懈怠，奉行公事遵从君主而不敢怠慢，敬畏君主所以不敢马虎，忌惮获罪所以不敢做邪僻的事，这是最下等的。这三种情况，是为官侍奉君主的伦理。对于高明的贤人来说，不为官悠闲隐退和为官侍奉君主是没有差别的，只是随着时机选择适宜的方式罢了。有种被称为君子的人，能力不足以补益君主，引退闲居不顺应君主，耕种田地，编织草鞋，恭敬地遵循君主的令，与乡里亲友仁爱和睦，不说浮夸的言辞，不做奇怪的事，这就是君子。不把君主作为根本，不忧虑百姓，在内不体恤家人，在外不顾念朋友，言辞浮夸，行为怪异，只为了自身的饱暖而勤劳，不顾及亲友，这叫作狂妄邪僻之人，是贤明的君主所禁用的。进身为官不能侍奉君主，辞官引退不能安闲隐居，没有办法获得财富利益，只能一心从事田亩耕种，他们困窘或通达时的行为都没有长远的考虑，心思放荡，不能显耀富贵，也不能成就事业，这叫作安于鄙陋之人，是贤明的君主所要责罚的。有才智却不足以补益君主，有能力却不足以为百姓辛劳，安身闲居，这样叫作傲视君主；苟且进身为官而不择手段，苟且得到利益而不知羞耻，这叫作叛乱贼寇；自身没有什么能补益君主，没有什么能力可以为百姓辛劳，美化自己不为官闲居的情操，炫耀自己轻视君主的名声，这叫作祸乱国家。贤明的君主在上位，这三种人都不能避免被治罪。”

叔向说：“贤德和不贤德，都是天性吧！我每次有疑问，都不曾自己找到答案。”

叔向问处乱世其行正曲晏子对以民为本第二十一

原　文

叔向问晏子曰：“世乱不遵道，上辟不用义；正行则民遗，曲行[①]则道废。正行而遗民乎？与持民而遗道乎，此二者之于行，何如？”

晏子对曰：“婴闻之，卑而不失尊，曲而不失正者，以民为本也。苟持民矣，安有遗道？苟遗民矣，安有正行焉？”

注　释

①曲行：指委曲求全的行为。

译　文

叔向问晏子：“世道混乱不遵循道法，君主邪僻不施行仁义；如果行为正直就会抛弃百姓，委曲求全就会废弃道法。行为正直而抛弃百姓和保住百姓而放弃道法，这两种情况，该如何选择呢？”

晏子回答说：“我听说，地位卑贱而不失去尊贵品行，委曲求全而不失去正直内心的人，把百姓作为根本。如果能够保住百姓，怎么会抛弃道法呢？如果放弃了百姓，怎么会有正直的品行呢？”

叔向问意[1]孰为高行孰为厚晏子对以爱民乐民第二十二

原文

叔向问晏子曰：“意孰为高？行孰为厚？”

对曰：“意莫高于爱民，行莫厚于乐民。”

又问曰：“意孰为下，行孰为贱？”

对曰：“意莫下于刻民，行莫贱于害身也。”

注释

①意：指思想、观念等。

译文

叔向问晏子说：“哪种思想最高尚？哪种行为最仁厚？”

晏子回答说：“没有比爱护百姓更高尚的思想了，没有比使百姓快乐更仁厚的行为了。”

叔向又问道：“哪种思想最低下？哪种行为最卑贱？”

晏子回答说：“没有比刻薄地对待百姓更低下的思想了，没有比作恶太多而害了自身更卑贱的行为了。”

叔向问啬吝爱之于行何如晏子对以啬者君子之道第二十三

原　文

叔向问晏子曰："啬、吝、爱之于行，何如？"

晏子对曰："啬者，君子之道；吝、爱者，小人之行也。"

叔向曰："何谓也？"

晏子曰："称①财多寡而节用之，富无金藏，贫不假贷②，谓之啬；积多不能分人，而厚自养，谓之吝；不能分人，又不能自养，谓之爱。故夫啬者，君子之道；吝、爱者，小人之行也。"

注　释

①称：权衡。

②假贷：借贷。

译　文

叔向问晏子："啬、吝、爱在德行上是怎样表现的？"

晏子回答说："啬是君子的行为，吝和爱是小人的行为。"

叔向问："这是什么意思？"

晏子说："权衡财物的多少而节俭地使用它们，富有时不储藏财物，贫穷时不向人借贷，这叫作啬；积聚很多财物而不愿意分给别人，供养自身的东西却很丰厚，这叫作吝；财物不愿意分给别人，又不舍得用来供养自身，这叫作爱。所以说啬是君子的行为，吝和爱是小人的行为。"

叔向问君子之大义何若晏子对以尊贤退不肖第二十四[1]

原　文

叔向问晏子曰："君子之大义何若？"

晏子对曰："君子之大义，和调而不缘[2]，溪盎而不苛[3]，庄敬而不狡[4]，和柔而不铨[5]，刻廉而不刿[6]，行精而不以明污，齐尚而不以遗罢[7]，富贵不傲物，贫穷不易行，尊贤而不退不肖。此君子之大义也。"

注　释

①大义：正道。这里指处世原则。退：指排斥。据正文，"退"前当有"不"字。

②缘：沿着，顺着。这里指迎合世俗，随波逐流。

③溪盎而不苛：孙星衍《晏子春秋音义》："溪当为谿，言谿刻也。盎即诀睍音。《说文》：'诀，早知也。'溪盎而不苛，言不矜明察。"

④狡：狡猾。这里指假装恭敬、惺惺作态。

⑤铨：通"跧"，卑。

⑥刻廉：严正端直。廉：有棱角，指品行端直。刿（guì）：刺伤。

⑦齐尚：尚同，指崇尚同一平等。罢：通"疲"，弱，无能。

译　文

叔向问晏子说："君子的处世原则是怎样的？"

晏子回答说："君子的处世原则是，与世俗和谐相处却不随波逐流，明察秋毫而不苛刻，庄重恭敬而不惺惺作态，宽和柔顺而不卑贱，严正端直而不伤人，品行精纯而不因此显明别人的缺点，崇尚平等而不遗弃疲弱无能的人，富有尊贵而不傲视万物，贫穷困苦而不改变自己的品行，尊敬贤人而不嫌弃平庸的人。这就是君子的处世原则。"

叔向问傲世乐业能行道乎晏子对以狂惑也第二十五

原　文

叔向问晏子曰："进不能事上，退不能为家，傲世乐业，枯槁[1]为名，不疑其所守者，可谓能行其道乎？"

晏子对曰："婴闻古之能行道者，世可以正[2]则正，不可以正则曲。其正也，不失上下之伦；其曲也，不失仁义之理。道用，与世乐业；不用，有所依归。不以傲上华世，不以枯槁为名。故道者，世之所以治，而身之所以安也。今以不事上为道，以不顾家为行，以枯槁为名，世行之则乱，身行之则危。且天之与地，而上下有衰[3]矣；明王始立，而居国为制矣；政教错[4]，而民行有伦矣。今以不事上为道，反天地之衰矣；以不顾家为行，倍先圣之道矣；以枯槁为名，则世塞政教之涂矣。有明上，不可以为下；遭乱世，不可以治乱。说[5]若道，谓之惑；行若道，谓之狂。惑者狂者，木石之朴[6]也，而道义未戴[7]焉。"

注　释

①枯槁：指因贫困而形容憔悴。

②正：匡正。

③衰（cuī）：由大到小依照一定的标准递减。指等级。

④错：通"措"，设置。

⑤说：通"悦"。

⑥朴：没有细加工的木料，比喻不加修饰。

⑦戴：施加，蒙受。

译　文

叔向问晏子说："进身为官不能侍奉君主，辞官引退不能治理家族，轻视世人而独自安乐闲居，把贫困隐居作为美名，不怀疑自己所坚守的主张，这样可以称得上是能奉行为人之道吗？”

晏子回答说：“我听说古代能够奉行为人之道的人，社会可以匡正就去匡正，不能匡正就委曲求全。他们匡正社会，不会违背上下尊卑的伦理次序；他们委曲求全，不会违背仁义的道德原则。他们的主张被采用，就和世人一同安乐；不被采用，自身也有人生的归宿。不凭借傲视君主来向世人炫耀，不依靠贫困隐居来博取美名。所以所谓道是用来治理社会，使自身安定的。现在以不侍奉君主为道，以不顾念家族为品行标准，以贫困隐居为美名，这样的主张盛行于世社会就会混乱，自身这么去实行就会陷于危险。况且天和地之间，有上下的等级差别；贤明的君主刚开始立国，处在君位效仿天地建立了制度；政治教化设立，百姓的行为就有伦理秩序了。现在以不侍奉君主为正道，违反了天地间的等级秩序；以不顾念家族为品行标准，背离了古代圣人的道德制度；以贫困隐居为美名，就堵塞了在社会上施行政治教化的途径。有贤明的君主，却不能做好下臣；遭遇混乱的世道，却不能治理混乱。喜欢这样的道，叫作迷惑；实行这样的道，叫作狂乱。迷惑和狂乱就像没有加工过的木材和石头，没有受过道德礼义的教化。”

叔向问人何若则荣晏子对以事君亲忠孝第二十六

原　文

叔向问晏子曰：“何若则可谓荣矣？”

晏子对曰：“事亲孝，无悔往[①]行；事君忠，无悔往辞。和于兄弟，信于朋友。不谄[②]过，不责得。言不相坐[③]，行不相反。在上治民，足以尊君；在下莅修[④]，足以变人。身无所咎[⑤]，行无所创[⑥]。可谓荣矣。”

注　释

①往：过去。

②谄（tāo）：隐瞒。

③坐：罪人对理、对质。这里指矛盾、抵触。

④莅修：按某种道德规范进行自我修养。

⑤咎：过失。

⑥创：损伤。

译文

叔向问晏子说："怎样可以称作荣耀呢？"

晏子回答说："孝顺地侍奉双亲，不后悔过去的行为；忠诚地侍奉君主，不后悔过去的言辞。与兄弟和睦，对朋友诚信。不隐瞒过错，不贪求所得。言语不自相矛盾，行为不前后相反。在上位时治理百姓，足以使君主尊贵；在下位时修养自身，足以改变众人。自身没有过失，品行没有损伤。这样可以称作荣耀了。"

叔向问人何以则可保身晏子对以不要幸[1]第二十七

原文

叔向问晏子曰："人何以则可谓保其身？"

晏子对曰："《诗》曰：'既明且哲，以保其身。夙夜匪懈，以事一人[2]。'不庶几[3]，不要幸，先其难乎而后幸得之，得之时其所也[4]，失之非其罪也。可谓保其身矣。"

注释

①要幸：侥幸求得恩宠。

②"既明且哲"四句：见于《诗经·大雅·烝民》。夙：早。

③庶几：希望，但愿。这里指不切实际的幻想。

④时：通"是"，此。所：这里是理所应当的意思。

译文

叔向问晏子："人怎样做才能算是保全自身？"

晏子回答说："《诗经》中说：'既明事理又聪慧，善于应付保全自身。从早到晚不懈怠，忠诚地侍奉周王。'不要有非分之想，不要存着侥幸心理，先克服困难之后才能得到幸福，得到是理所应当的，失去也不是罪过。这样可以算是能保全自身了。”

曾子[1]问不谏上不顾民以成行义者晏子对以何以成也第二十八

原文

曾子问晏子曰：“古者尝有上不谏上，下不顾民，退处山谷，以成行义者也[2]？”

晏子对曰：“察其身无能也，而托乎不欲谏上，谓之诞意[3]也。上惛[4]乱，德义不行，而邪辟朋党，贤人不用，士亦不易其行，而从邪以求进，故有隐有不隐[5]。其行法士也？乃夫议上，则不取也。夫上不谏上，下不顾民，退处山谷，婴不识其何以为成行义者也。”

注释

①曾子：一说认为即孔子弟子曾参。但据现有记载，曾参生于公元前505年，而晏子卒于公元前500年，似不可能有此对话。姑且存疑。

②也：通“邪”，表疑问语气。

③诞意：即诞妄，荒诞虚伪。

④惛（hūn）：糊涂。

⑤有隐有不隐：意指有的人能进身为官就不隐居，而有的人没法为官只能隐居。

译文

曾子问晏子说：“古时候曾经有过在上不劝谏君主，在下不顾及百姓，隐退在山谷中，以此来成就品行道义的人吗？”

晏子回答说：“考察这样的人，他本人没有什么能力，却假托不想劝谏君主，这叫作荒诞虚伪。君主糊涂惑乱，道德仁义不能施行，而奸邪的小人结党营私，贤德的人不被任用，士人也不会改变自己的品行，而有的人却跟随邪僻小人来求得晋升，所以有的隐退有的不隐退。这样的行为难道是值得士人效法的吗？那些人议论君主，是不可取的。在上不劝谏君主，在下不顾及百姓，隐退在山谷中，我不知道他们凭借什么来成就品行道义。”

梁丘据问子事三君不同心晏子对以一心可以事百君第二十九

原　文

梁丘据问晏子曰：“子事三君，君不同心，而子俱顺焉，仁人固多心乎？”

晏子对曰：“婴闻之，顺爱不懈，可以使百姓；强暴不忠，不可以使一人。一心可以事百君，三心不可以事一君。”

仲尼闻之曰：“小子识之[1]，晏子以一心事百君者也。”

注　释

①小子：孔子对弟子的称呼。识（zhì）：记住。

译　文

梁丘据问晏子说：“您侍奉过三位君主，君主的心思各不相同，但您都能顺应他们，仁人难道有很多忠心吗？”

晏子回答说：“我听说，顺从君主、爱护民众而不松懈，就可以役使百姓；强横暴虐而不忠诚，连一个人也不能役使。一颗忠心可以侍奉一百位君主，多种忠心却不能侍奉一个君主。”

孔子听到后说：“弟子们记住了，晏子是能用一颗忠心侍奉百位君主的人。”

柏常骞问道无灭身无废晏子对以养世君子第三十①

原　文

柏常骞去周之②齐，见晏子曰："骞，周室之贱史也，不量其不肖，愿事君子。敢问正道直行则不容于世，隐道危行则不忍③。道亦无灭，身亦无废者，何若？"

晏子对曰："善哉！问事君乎？婴闻之，执一浩倨④，则不取也；轻进苟合，则不信也；直易⑤无讳，则速伤也；新始⑥好利，则无不敝⑦也。且婴闻养世之君子，从轻不为进⑧，从重不为退，省行而不伐，让利而不夸，陈物⑨而勿专，见象⑩而勿强，道不灭，身不废矣。"

注　释

①柏常骞：周朝史官，后事齐景公。养世：安身处世。

②之：到，往。

③隐道：刘师培认为"隐"读若"违"。违道：即违背正道。危：王念孙认为"危"读若"诡"。诡：欺诈。

④执一：固执。浩倨：傲慢，清高。

⑤直易：正直平易。

⑥新始：指变古易常，喜新厌旧。

⑦敝：失败。

⑧从轻不为进：指不因为容易就进身为官。下文"从重不为退"指不因为困难就辞官引退。

⑨陈物：指陈说事理。

⑩见象：显现出来的自然现象。

译　文

柏常骞离开周都去到齐国，见到晏子，说："我伯常骞只是周王室一个卑贱的史官，没有估量自己的不贤德，希望能侍奉您。我斗胆请教您，如果坚持正道、品行正直就不能被世俗容纳，但是违背正道、品行诡诈，自身又不能容忍。既不丧失正道，又不废弃自身的方法是怎样的？”

晏子回答说：“问得好啊！您问的是侍奉君主的事吧？我听说，固执傲慢，就不会被人接受；轻易晋升，苟且迎合，就不会被人信任；正直平易，没有顾忌，就容易受到伤害；喜新厌旧，追求利益，就没有不失败的。况且我听说安身处世的君子，不因为容易就进身为官，不因为困难就辞官隐退，反省自己的行为而不自夸，谦让利益而不夸耀，陈说事实而不专断，顺应自然显现的现象而不勉强，这样就能不丧失正道、不废弃自身了。”

第五卷　内篇杂上第五

庄公不说晏子晏子坐地讼[1]公而归第一

原　文

晏子臣于庄公，公不说。饮酒，令召晏子。晏子至，入门，公令乐人奏，歌曰："已哉已哉！寡人不能说也，尔何来为？"

晏子入坐，乐人三奏，然后知其谓己也。遂起，北面坐地。公曰："夫子从[2]席，曷为坐地？"

晏子对曰："婴闻讼夫坐地，今婴将与君讼，敢毋坐地乎？婴闻之，众而无义、强而无礼、好勇而恶贤者，祸必及[3]其身，若公者之谓矣。且婴言不用，愿请身[4]去。"

遂趋而归，管籥[5]其家者纳之公，财在外者斥[6]之市。曰："君子有力于民，则进爵禄，不辞富贵；无力于民而旅食[7]，不恶贫贱。"遂徒行而东，耕于海滨。居数年，果有崔杼之难。

注　释

①讼：指争论是非曲直。

②从：参与。

③及：赶上。

④请身：指请求辞官。

⑤管籥（yuè）：钥匙。籥：通"钥"。

⑥斥：指斥卖，变卖。

⑦旅食：指平民百姓的饮食。

译　文

晏子做齐庄公的臣子，庄公很不喜欢他。有一次喝酒时，下令召见晏子。晏子到来，进入宫门，庄公就让乐人演奏歌唱，歌词说："罢了罢了！我不喜欢你，你来做什么呢？"

晏子入席坐下，乐人唱了三遍这首曲子，晏子这才知道唱的是自己。于是起身，面向北边坐在了地上。庄公问："夫子您参加宴饮，为什么坐在地上？"

晏子回答说："我听说争讼的人就是坐在地上的，现在我要和您争讼，敢不坐在地上吗？我听说拥有众人却没有道义、势力强大却没有礼貌、喜好勇力却厌恶贤人的人，祸患一定会降临到他身上，这说的就是像大王您这样的人。况且我的主张您都不采用，我请求辞官离开。"

然后就快步回到了家，把家中库房的钥匙都上缴给了庄公，在外的财产都拿到集市中变卖。他说："君子如果能为百姓出力，就加官进爵，不推辞钱财和尊贵的地位；如果不能为百姓出力，就和百姓吃一样的食物，不嫌弃贫困卑贱。"于是就徒步向东走去，在海边耕种为生。过了几年，果然发生了崔杼弑杀庄公的祸乱。

庄公不用晏子晏子致邑而退后有崔氏之祸第二[①]

原　文

晏子为庄公臣，言大用，每朝，赐爵益邑；俄而[②]不用，每朝，致邑与爵。爵邑尽，退朝而乘，喟然[③]而叹，终而笑。其仆曰："何叹笑相从数[④]也？"晏子曰："吾叹也，哀吾君不免于难；吾笑也，喜吾自得也，吾亦无死矣。"

崔杼果[⑤]弑庄公。晏子立崔杼之门，从者曰："死乎？"晏子曰："独吾君也乎哉？吾死也？"曰："行乎？"曰："独吾罪也乎哉？吾亡也？"曰："归乎？"曰："吾君死，安归？君民者，岂以陵[⑥]民，社稷是主[⑦]；臣君者，岂为其口实[⑧]，社稷是养。故君为社稷死，则死之；为社稷亡，则亡之。若君为己死而为己亡，非其私昵[⑨]，孰能任之？且人有君而弑之，吾焉得死之？而焉得亡之？将庸何归[⑩]？"

门启而入，崔子曰："子何不死？子何不死？"晏子曰："祸始吾不在也，祸终吾不知也，吾何为死？且吾闻之，以亡为行者，不足以存君；以死为义者，不足以立功。婴岂其婢子也哉？

其缢[11]而从之也？”遂袒免[12]，坐，枕[13]君尸而哭，兴[14]，三踊[15]而出。人谓崔子必杀之，崔子曰：“民之望也，舍之，得民。”

注 释

①致：归还，交还。邑：古代诸侯分给大夫的封地。

②俄而：不久，一会儿。

③喟（kuì）然：叹息的样子。喟：通“喟”。

④数（cù）：密集。

⑤果：终于，最终。

⑥陵：通“凌”，欺凌。

⑦社稷是主：宾语前置句，语序应为“主社稷”，即主持治理国家。“是”无义，帮助宾语提前。下文“社稷是养”结构与此同，意为奉养国家。

⑧口实：指食物，引申为俸禄。

⑨私昵：指所亲近宠爱的人。

⑩将庸何归：如果我死了，那我死去的理由将归于什么。

⑪缢：吊死。

⑫袒免：袒衣免冠。古代丧礼，凡五服以外的远亲，无丧服之制，唯脱上衣，露左臂，脱冠扎发，用宽一寸布从颈下前部交于额上，又向后绕于髻，以示哀思。

⑬枕：这里指把庄公的尸体枕在腿上。

⑭兴：指起身。

⑮三踊：古代丧礼，向死者跳脚号哭，以示哀痛。

译 文

晏子做齐庄公的臣子，刚开始所说的言论多被采用，每次上朝，庄公都给晏子赏赐爵位增加封地；不久之后晏子的话不被采用了，每次上朝，庄公都收回之前赏赐的封地和爵位。等到晏子的爵位和封地都被收回了，他退朝后坐在车上，叹了会儿气，最后笑了。他的仆从问：“为什么您叹气后紧跟着就笑了呢？”晏子说：“我叹气是为我们君主不能避免祸患感到悲哀，我笑是为我可以保全自己感到高兴，我也不会因此而死了。”

崔杼最终弑杀了庄公。晏子站在崔杼的门前，随从问：“您要为了庄公去死吗？”晏子说：“难道是我一个人的君主吗？我为什么要死？”随从又问：“要逃走吗？”晏子说：“难道只是我一个人的罪过吗？我为什么要逃？”随从又问：“那您要回去吗？”晏子说：“我的君主死了，还能回哪里去呢？统治百姓的人，怎么可以欺凌百姓，应该主持国政；做君主臣子的人，怎么可以仅仅为了俸禄？应该奉养国家。所以若君主为了国家而死，臣子就应该跟着死去；若君主为了国家而逃亡，臣子就应该跟着逃亡。如果君主是为了自己而死，为了自己而逃亡，那么除了他最亲近喜爱的人，还有谁能承担这责任？况且别人拥有君主的宠爱却犯上弑杀了君主，我怎么能为了他而死？怎么能为了他而逃亡？如果我死了，那我死去的理由将归于什么呢？”

大门开了，晏子走进去，崔杼问：“你为什么不死？你为什么不死？”晏子说：“祸乱开始时我不在场，祸乱结束时我也不知道，我为什么要死？况且我听说，认为逃亡是高尚品德的人是不足以保存君主的，认为死亡是道义的人是不足以建立功业的。我难道是君主的婢女吗？他上吊而死我也要跟着上吊吗？”说完就露出左臂，脱掉帽子，坐在地上，把庄公的尸体枕在腿上大哭，然后站起来，跳了三下表示哀痛，跳完就出去了。有人对崔杼说一定要杀了晏子，崔杼说：“他是百姓钦慕仰望的人，放了他可以得到民心。”

崔庆劫齐将军大夫盟晏子不与第三[1]

原　文

崔杼既弑庄公而立景公，杼与庆封相之，劫诸将军大夫及显士庶人于太宫之坎上[2]，令无得不盟者。为坛三仞，坎其下，以甲千列环其内外。盟者皆脱剑而入，维晏子不肯，崔杼许之。有敢不盟者，戟钩其颈，剑承[3]其心，令自盟曰：“不与崔、庆而与公室者，受其不祥！”言不疾、指不至血[4]者死，所杀七人。

次及晏子，晏子奉杯血，仰天叹曰：“呜呼！崔子为无道，而弑其君，不与公室而与崔、庆者，受此不祥！”俯而饮血。崔杼谓晏子曰：“子变子言，则齐国吾与子共之；子不变子言，戟既在脰[5]，剑既在心，维子图之也！”晏子曰：“劫吾以刃，而失其志，非勇也；回[6]吾以利，而倍其君，非义也。崔子，子独[7]不为夫《诗》乎？《诗》云：‘莫莫葛藟，施于条枚；恺悌君子，求福不回[8]。’今婴且可以回而求福乎？曲刃钩之，直兵推之，婴不革矣！”

崔杼将杀之，或曰：“不可！子以子之君无道而杀之，今其臣有道之士也，又从而杀之，不可以为教矣。”崔子遂舍之。晏子曰：“若大夫为大不仁[9]，而为小仁，焉有中[10]乎？”趋出，援绥[11]而乘。其仆将驰，晏子抚其手曰：“徐之，疾不必生，徐不必死，鹿生于野，命县[12]于厨，婴命有系矣。”按之成节[13]而后去。《诗》云：“彼己之子，舍命不渝[14]。”晏子之谓也。

注释

①劫：威逼，胁制。与：随从。

②庶人：平民。太宫：指太庙。坎：指坎坛。古代挖地为坎，垒木为坛。坎以祭寒、月等神，坛以祭暑、日等神。

③承：这里指顶着，指着。

④指不至血：指手指没有蘸到血。古代举行盟会时，需要微饮牲血，或含于口中，或用手指蘸血涂于口旁，以示信守誓言的诚意。

⑤脰（dòu）：脖子。

⑥回：转变。

⑦独：岂，难道。

⑧“莫莫葛藟”四句：见于《诗经·大雅·旱麓》。莫莫：茂密的样子。葛藟（lěi）：藤本植物名。枚：树干。恺悌：平易近人。回：邪曲。

⑨大不仁：指崔杼弑君。下文“小仁”指释放晏子。

⑩中：这里指符合仁义的规范原则。

⑪绥：绳索。

⑫县：“悬”的本字，牵系。指被掌握。

⑬按之成节：古代驾车有一定的节奏。

⑭“彼己之子”二句：见于《诗经·郑风·羔裘》。己：今本《诗经》作“其”。渝：改变。

译文

崔杼杀了齐庄公之后拥立景公为齐国君主，自己和庆封做了左右丞相。他胁迫各位将军、大夫，以及名士、平民站在太庙的祭坎上，下令必须和他订立盟约。崔杼设立了三仞高的祭坛，在坛下挖了土坑，派了上千名全副武装的士兵里里外外排列包围着。参加结盟的人都得解下佩剑才能进入，只有晏子不肯，崔杼答应了他。有胆敢不盟誓的，崔杼就用戟钩住他的脖子，拿剑指着他的心口，命令他盟誓说："不跟随崔杼和庆封而跟随王室的人，将遭遇灾祸！"说话不利索、指尖没有蘸到血的人就会被杀死，已经有七个人被杀了。

轮到晏子时，晏子双手捧着装有血的杯子，抬头向天叹息着说："哎！崔杼没有道义啊，杀了我们的君主，不跟随王室而跟随崔杼、庆封的人，将遭遇灾祸！"低下头喝了那杯血。崔杼对晏子说："如果您改变刚才说的话，我就和您一起享有齐国；如果不改变刚才说的话，戟已经在你的脖子上，剑已经指着你的心口了，希望您好好考虑一下！"晏子说："你用兵器胁迫我，使我丧失心志，这不勇武；用利益诱惑我改变想法，使我背离君主，这不仁义。崔杼，你难道没有看过《诗经》吗？《诗经》上说：'密麻麻的葛藤，爬上树干枝头。和悦近人的君子，不用邪道来求福。'如今我还可以用邪道来求福吗？弯曲的利刃钩着我，笔直的兵器刺向我，我也不会改口！"

崔杼将要杀了晏子，有人说："不可以！您因为您的君主没有道义而杀了他，现在他的臣子晏子是个有道义的士人，您又杀了他，这样就不能教化百姓了。"崔杼于是放了晏子。晏子说："如果大夫你大事上不仁义，在小事上仁义，怎么能符合仁义的原则呢？"于是快步走出，拉着绳索上了车。他的仆从要快速奔驰，晏子按着仆从的手说："慢慢来，快了不一定能活命，慢了也不一定会死去。鹿生长在山野里，它的性命却掌握在厨师手上。如今我的性命也被人掌握着啊。"于是按照一定的节奏慢慢驾车离去了。《诗经》中说："他是这样的一个人，放弃性命也不改变节操。"说的就是晏子啊。

晏子再治阿而见信景公任以国政第四

原 文

景公使晏子为东阿宰[①]，三年而毁闻于国。景公不说，召而免之。晏子谢曰："婴知婴之过矣，请复治阿，三年而誉必闻于国。"景公不忍，复使治阿，三年而誉闻于国。

景公说，召而赏之，辞而不受。景公问其故，对曰："昔者婴之治阿也，筑蹊径[2]，急[3]门闾之政，而淫[4]民恶之；举俭力孝弟，罚偷窳[5]，而惰民恶之；决狱不避贵强，而贵强恶之；左右所求，法则予，非法则否，而左右恶之；事贵人体[6]不过礼，而贵人恶之。是以三邪毁乎外，二谗毁于内，三年而毁闻乎君也。今臣谨更之，不筑蹊径，而缓[7]门闾之政，而淫民说；不举俭力孝弟，不罚偷窳，而惰民说；决狱阿贵强，而贵强说；左右所求言诺，而左右说；事贵人体过礼，而贵人说。是以三邪誉乎外，二谗誉乎内，三年而誉闻于君也。昔者婴之所以当诛者宜赏，今所以当赏者宜诛，是故不敢受。"

景公知晏子贤，乃任以国政，三年而齐大兴。

注释

①东阿宰：指东阿邑的长官。东阿：齐国的小邑，在今山东阳谷东。

②筑：切断，填塞。蹊径：指小路。

③急：指重视，加强。

④淫：邪恶，奸邪。

⑤偷窳（yǔ）：苟且偷懒。

⑥体：规格，体制。

⑦缓：指放松。

译文

齐景公派晏子去做东阿邑的长官，三年后诋毁他的声音传到了都城。景公很不高兴，召见晏子并罢免了他的官职。晏子谢罪说："我知道我的过错了，请您让我再治理东阿邑，三年后一定会有赞誉的声音传到都城。"景公不忍心，就让他再去治理东阿，三年后赞誉声果然传到了国都。

景公很高兴，召见晏子并赏赐他，晏子推辞而没有接受。景公问他原因，他回答说："之前我治理东阿，切断小路，重视对门闾的管理，因而做坏事的人就厌恶我；推举节俭勤劳、孝顺父母、尊敬兄长的人，惩罚苟且行事、好吃懒做的人，因而懒惰懈怠的人就厌恶我；审理案件不避开尊贵强势的人，因而这些尊贵强势的人就厌恶我；左右随从有所要求，符合法规的就给予，不符合法规的就不给，因而这些随从就厌恶我；侍奉尊贵的人规格不越过礼制，因而贵人厌恶我。因此在外有三种邪僻的人诋毁我，在内有两种奸谗的人诋毁我，三年后这样的诋毁就传到了您这里。现在我谨慎地改变了做法，不切断小路，放松对门闾的管理，因而做坏事的人就高兴了；不推举节俭勤劳、孝顺父母、尊敬兄长的人，不惩罚苟且行事、好吃懒做的人，因而懒惰懈怠的人就高兴了；审理案件偏袒尊贵强势的人，因而这些尊贵强势的人就高兴了；左右随从有所要求都答应，因而随从就高兴了；侍奉尊贵的人规格越过礼制，因而贵人就高兴了。因此在外有三种邪僻的人赞誉我，在内有两种奸谗的人赞誉我，三年后这样的赞誉就传到了您这里。之前我受到惩罚，其实应当受到赏赐，现在我受到赏赐，其实应当受到惩罚，因此我不敢接受。"

景公了解了晏子的贤德，于是把国家大政都交托给他，三年后，齐国大为兴盛。

景公恶故人晏子退国乱复召晏子第五

原 文

景公与晏子立于曲潢①之上，晏子称②曰："衣莫若新，人莫若故。"

公曰："衣之新也，信③善矣；人之故，相知情④。"

晏子归，负载，使人辞于公曰："婴故老耄无能也⑤，请毋服⑥壮者之事。"

公自治国，身弱于高、国⑦，百姓大乱。公恐，复召晏子。诸侯忌其威，而高、国服其政。田畴垦辟，蚕桑豢牧之处不足，丝蚕于燕，牧马于鲁，共贡入朝。

墨子闻之曰："晏子知道，景公知穷矣。"

注 释

①曲潢：水池名。潢：积水池。

②称：指称引，援引。

③信：确实。

④相知情：指相互知道实情。

⑤故：通“固”，本来。耄（mào）：古称七十至九十岁的年纪，形容年老。

⑥服：从事。

⑦高、国：指齐国的两大家族高氏和国氏。

译文

齐景公和晏子站在曲池边上，晏子称引古人的话说：“衣服是新的好，人是旧的好。”

景公说：“新的衣服确实是好的，而故旧的人，知道的实情就太多了。”

晏子回到家，把行李装上车，派人向景公辞官说：“我晏婴本来就年老无能了，请别再让我从事青壮年该做的事务。”

于是景公亲自治理国家，结果自身的势力被高氏和国氏削弱了，百姓混乱。景公很害怕，又召回了晏子。诸侯们忌惮晏子的威势，而高氏和国氏也服从晏子的政令。田地得到了开垦，种桑养蚕，喂养牲畜，放牧牛羊的地方不够用，于是就借用燕地来养蚕缫丝，借用鲁地来放羊牧马，这两国也一同向齐国朝廷进贡。

墨子听到后说：“晏子懂得治国的道理，景公知道自身的不足啊。”

齐饥晏子因路寝之役以振[1]民第六

原文

景公之时饥，晏子请为民发粟，公不许。当为路寝之台，晏子令吏重其赁[2]，远其兆，徐其日[3]，而不趋[4]。三年，台成而民振。故上说乎游，民足乎食。

君子曰：“政则晏子欲发粟与民而已，若使不可得，则依物而偶[5]于政。”

注释

①振：通“赈”，救济。

②赁：工钱，给受雇人的报酬。

③远其兆，徐其日：于鬯认为“远其兆，徐其日”当为“远其涂，佻其日”之误。《荀子·王霸篇》杨注引《晏子春秋》作“远其涂，佻其日”。佻（yáo）：延缓，宽限。

④趋：通“促”，催促。

⑤偶：合。

译文

齐景公在位时发生了饥荒，晏子请求给百姓分发粮食，景公不答应。这时正好在建路寝台，晏子就命令主管官吏增加工人的工钱，增加道路的长度，延迟竣工的日期而不催促。三年之后，路寝台建成了，百姓也得到了救济。所以君主游玩得很高兴，百姓也有了足够的粮食。

君子评论说：“政策上来说晏子只想分发粮食给百姓罢了，如果不能实现，就依靠外物去实施这样的政策。”

景公欲堕①东门之堤晏子谓不可变古第七

原文

景公登东门防②，民单服③然后上，公曰：“此大伤牛马蹄矣，夫何不下六尺哉？”

晏子对曰：“昔者吾先君桓公，明君也，而管仲，贤相也。夫以贤相佐明君，而东门防全也。古者不为，殆有为也。蚤④岁，淄水⑤至，入广门，即下六尺耳，乡⑥者防下六尺，则无齐矣。夫古之重⑦变古常，此之谓也。”

注释

①堕：损毁，败坏。

②防：堤坝。

③单服：指驾乘一匹马。

④蚤：通“早”。

⑤淄水：水名，在今中国山东省。

⑥乡：通“向”，从前。

⑦重：慎重，不轻易。

译 文

齐景公登上东门的防洪堤，发现百姓只能驾乘一匹马才能上去，景公问：“这样太伤害牛马的蹄子了，为什么不把堤坝降低六尺呢？”

晏子回答说：“从前我们的先王桓公是个明智的君主，而管仲是个贤德的丞相。有贤德的丞相辅佐明智的君主，东门的防洪堤还是完好无损的。古人不做降低堤坝的事情，恐怕是有原因的。前几年，淄水涌来，进入了广门，水位就在堤坝坝顶下六尺的地方，如果之前堤坝就降低了六尺，那现在就没有齐国存在了。古人不轻易改变古法常规，说的就是这个道理。”

景公怜饥者晏子称治国之本以长①其意第八

原 文

景公游于寿宫②，睹长年③负薪者，而有饥色。公悲之，喟然叹曰：“令吏养之！”

晏子曰：“臣闻之，乐贤而哀不肖④，守国之本也。今君爱老，而恩无所不逮⑤，治国之本也。”公笑，有喜色。

晏子曰：“圣王见贤以乐贤，见不肖以哀不肖。今请求老弱之不养，鳏寡⑥之无室者，论而共秩焉⑦。”

公曰：“诺。”于是老弱有养，鳏寡有室。

注 释

①长：滋长，助长。

②寿宫：齐国的离宫。

③长年：指年长的人。

④不肖：这里指弱者。

⑤逮：及，到。

⑥鳏寡：泛指没有劳动力而又没有亲属供养的人。

⑦论：按照，依照。共秩：指由官府提供衣食用品。共：通“供”，供给。秩：官吏的俸禄，这里指官府分发的衣食用品。

译文

齐景公去寿宫游玩，在路上看到一个背着柴草的老人，脸上露出饥饿的神色。景公感到很悲伤，叹了口气说：“命令官吏奉养他！”

晏子说：“我听说，喜欢贤人而可怜疲弱的人，这是守住国家的根本。现在您爱护老人，您的恩德就没有到不了的地方，这是治理国家的根本啊。”景公笑了笑，露出高兴的神色。

晏子说：“圣明的君主看到贤人就喜欢贤人，看到疲弱的人就怜悯疲弱的人。现在请您寻求那些年老体弱而没人奉养的人和孤苦伶仃没有家室的人，按照他们的贫困程度，供给他们衣食用品。”

景公说：“好。”于是年老体弱的人有人奉养，孤苦伶仃的人有了家室。

景公探雀鷇鷇弱反之晏子称长幼以贺第九[1]

原文

景公探雀鷇，鷇弱，反之。晏子闻之，不时[2]而入见，公汗出惕然[3]。晏子曰：“君何为者也？”

公曰：“吾探雀鷇，鷇弱，故反之。”

晏子逡巡[4]，北面再拜而贺曰：“吾君有圣王之道矣！”

公曰：“寡人探雀鷇，鷇弱，故反之，其当圣王之道者何也？”

晏子对曰：“君探雀鷇，鷇弱，反之，是长幼也。吾君仁爱，曾[5]禽兽之加焉，而况于人乎！此圣王之道也。”

注　释

①彀（kòu）：初生的小鸟。长幼：指慈怜幼小。

②不时：指没到上朝的时间。

③惕然：惶恐的样子。

④逡巡：指恭敬地后退几步。

⑤曾：竟。

译　文

齐景公去掏鸟窝，发现小鸟很弱小，就放回了鸟窝。晏子听到后，还没到上朝时间就进宫拜见，景公吓得脸上直冒汗。晏子问："大王您这是怎么了？"

景公说："我去掏鸟窝，看到小鸟很弱小，所以就放回了鸟窝。"

晏子恭敬地退了几步，面朝北方拜了两拜祝贺道："我的君主有圣王的道义了！"

景公问："我去掏鸟窝，看到小鸟很弱小，所以就放回了鸟窝，这怎么就符合圣王的道义了呢？"

晏子回答说："您掏鸟窝，发现小鸟很弱小，就放回了鸟窝，这是慈怜幼小啊。我的君主仁慈怜爱，竟然连飞禽走兽都被施与了恩泽，更何况人呢！这就是圣王的道义啊。"

景公睹乞儿于涂晏子讽[1]公使养第十

原　文

景公睹婴儿有乞于涂者，公曰："是无归矣！"

晏子对曰："君存，何为无归？使吏养之，可立[2]而以闻。"

注　释

①讽：规劝。

②立：指自立。

译　文

齐景公看到有个年幼的孩子在路上乞讨，他说："这是个无家可归的孩子啊！"

晏子回答说："有大王您在，怎么能说无家可归呢？派官吏养育他，等他可以自立了再来禀告您。"

景公惭刖跪[1]之辱不朝晏子称直请赏之第十一

原　文

景公正昼[2]，被发，乘六马，御妇人以出正闺[3]，刖跪击其马而反之，曰："尔非吾君也。"公惭而不朝。

晏子睹裔款而问曰："君何故不朝？"

对曰："昔者君正昼，被发，乘六马，御妇人以出正闺，刖跪击其马而反之，曰：'尔非吾君也。'公惭而反，不果出，是以不朝。"

晏子入见，景公曰："昔者寡人有罪，被发，乘六马，以出正闺，刖跪击马而反之，曰：'尔非吾君也。'寡人以子大夫之赐，得率百姓以守宗庙，今见戮[4]于刖跪，以辱社稷，吾犹可以齐于诸侯乎？"

晏子对曰："君勿恶[5]焉。臣闻下无直辞[6]，上有隐恶；民多讳言[7]，君有骄行。古者明君在上，下多直辞；君上好善，民无讳言。今君有失行，刖跪直辞禁之，是君之福也，故臣来庆。请赏之，以明君之好善；礼之，以明君之受谏。"

公笑曰："可乎？"晏子曰："可。"于是令刖跪倍资无征[8]，时朝无事也。

注释

①刖跪：受过刖刑的人。刖：中国古代酷刑之一，指砍去受罚者左脚、右脚或双脚。跪：足。

②正昼：大白天。

③正闺：指宫中的小门。

④戮：羞辱，侮辱。

⑤恶：羞耻，羞愧。

⑥直辞：指率直的言辞。

⑦讳言：说话有顾忌，不敢说话。

⑧倍资无征：加倍的俸禄而且不用缴纳赋税。

译文

齐景公在大白天披头散发，乘着六匹马拉的车，带着女人从宫中的小门出去，受过刖刑的看门人拍打着马让他回去，说道："你不是我的君主。"景公觉得很羞愧就没有上朝。

晏子看到裔款就问他："大王为什么不上朝？"

裔款回答说："之前大王在大白天披头散发，乘着六匹马拉的马车，带着女人从宫中的小门出去，受过刖刑的看门人拍打着马让他回去，并说：'你不是我的君主。'大王感到羞愧就回去了，不再出门，因此不上朝。"

晏子进去拜见，景公说："之前我犯了错，披头散发，乘着六匹马拉的马车，从宫中的小门出去，受过刖刑的看门人拍打着马让我回去，还对我说：'你不是我的君主。'我因为有大夫们的恩赐，才能够统治百姓，守护宗庙，如今被受过刖刑的人侮辱，这是侮辱了国家啊，我还可以和别的诸侯们平起平坐吗？"

晏子回答说："大王您不要羞愧了。我听说臣下没有直率的言辞，君主就会有隐蔽的恶行；百姓大多说话有所顾忌，君主就会有骄纵的行为。古代贤明的君主处在上位，臣下就多有直率的言辞；君主喜欢善行，百姓就没有不敢说的话。现在您有错误的行为，受过刖刑的人用直率的言辞来阻止您，这是您的福气啊，所以我来庆贺。请您赏赐他，以此来表明您喜好善行；请您礼遇他，以此来表明您接受劝谏。"

景公笑着说："这样可以吗？"晏子说："可以。"于是景公下令给那个受过刖刑的看门人加倍的俸禄，而且下令他不用缴纳赋税，即使没事也可以随时朝见。

景公夜从晏子饮晏子称不敢与第十二

原　文

景公饮酒，夜移于晏子，前驱款[①]门曰："君至！"晏子被玄端[②]，立于门曰："诸侯得微[③]有故乎？国家得微有事乎？君何为非时而夜辱[④]？"公曰："酒醴之味、金石之声，愿与夫子乐之。"晏子对曰："夫布荐席、陈簠簋者[⑤]，有人，臣不敢与焉。"公曰："移于司马穰苴[⑥]之家。"

前驱款门，曰："君至！"穰苴介胄操戟，立于门曰："诸侯得微有兵乎？大臣得微有叛者乎？君何为非时而夜辱？"公曰："酒醴之味、金石之声，愿与夫子乐之。"穰苴对曰："夫布荐席、陈簠簋者，有人，臣不敢与焉。"公曰："移于梁丘据之家。"

前驱款门，曰："君至！"梁丘据左操瑟，右挈竽，行歌而去。公曰："乐哉！今夕吾饮也。微[⑦]此二子者，何以治吾国？微此一臣者，何以乐吾身？"

君子曰："圣贤之君，皆有益友，无偷乐之臣。景公弗能及，故两用之，仅得不亡。"

注　释

①款：敲打，叩。

②玄端：古代的礼服。

③得微：即得无，表示推测或反问，该不会，莫非。

④非时：不正常的时间。古代称日中至后夜为非时。辱：谦辞，屈尊。

⑤荐席：指垫席。簠簋（fǔ guǐ）：两种盛黍稷稻粱的礼器。

⑥司马穰苴（ráng jū）：本姓田，名穰苴。春秋末期齐国人，齐田氏家族的支庶。他是继姜尚之后一位承上启下的著名军事家，曾率齐军击退晋、燕入侵之军，因功被封为大司马，子孙后世称司马氏。

⑦微：如果没有。

译　文

齐景公喝酒，晚上转移到晏子家，先行的侍从敲门说："大王驾到！"晏子披着礼服，站在门口问："该不会是诸侯那儿有什么变故吧？该不会是国家有什么事情吧？大王为什么在深夜屈尊来到我家？"景公说："美酒的滋味、乐器的美妙声音，我希望能和大夫您一起享受。"晏子回答说："那种铺垫草席、陈列酒器的事情，有人会去做，我不敢参与其中。"景公说："那就转移到司马穰苴家。"

先行的侍从去敲门，说："大王驾到！"穰苴穿上铠甲拿着戟，站在门口问："该不会是有诸侯发动战争了吧？该不会是有大臣叛变了吧？大王为什么在深夜屈尊来到我家？"景公说："美酒的滋味、乐器的美妙声音，我希望能和大夫您一起享受。"穰苴回答说："那种铺垫草席、陈列酒器的事情，有人会去做，我不敢参与其中。"景公说："那就转移到梁丘据家。"

先行的侍从去敲门，说："大王驾到！"梁丘据左手拿着瑟，右手提着竽，唱着歌出来。景公说："今天晚上我喝得真快乐啊！如果没有晏子和司马穰苴那两个人，我凭什么治理国家？如果没有梁丘据这一个臣子，我怎么能使自身快乐？"

君子说："圣德贤明的君主都有有益于自己的朋友，而没有苟且享乐的臣子。景公不能达到这个境界，所以两种人都采用，只能做到不亡国。"

景公使进食与裘晏子对以社稷臣第十三

原　文

晏子侍于景公，朝寒，公曰："请进暖食。"晏子对曰："婴非君奉馈[①]之臣也，敢辞。"公曰："请进服裘。"对曰："婴非君茵席[②]之臣也，敢辞。"

公曰："然夫子之于寡人何为者也？"对曰："婴，社稷之臣也。"公曰："何谓社稷之臣？"对曰："夫社稷之臣，能立社稷，别上下之义，使当其理；制百官之序，使得其宜；作为辞令，可分布于四方。”

自是之后，君不以礼不见晏子。

注　释

①奉馈：指进献食物。

②茵席：褥垫，草席。这里指铺床叠被，管理服饰。

译　文

晏子在齐景公身边侍奉，早晨寒冷，景公说："请您送温热的食物来。"晏子回答说："我不是给您奉送食物的臣仆，不敢从命。"景公说："请您送皮衣来。"晏子回答说："我不是给您管理服饰的臣仆，不敢从命。"

景公问："那夫子您对于我来说是干什么的呢？"晏子回答说："我是治理国家的臣子。"景公问："什么叫作治理国家的臣子？"晏子回答说："治理国家的臣子，就是能稳固国家，区别上下级的界限，使他们都符合上下有别的道理；制定百官的秩序，使他们都得到适宜的职位；拟定公文辞令，使它们可以分别颁布到四方各地。"

从此以后，景公不敢不遵循礼仪召见晏子。

晏子饮景公止家老敛欲与民共乐第十四[①]

原　文

晏子饮景公酒，令器必新。家老曰："财不足，请敛于氓。"

晏子曰："止！夫乐者，上下同之。故天子与天下，诸侯与境内，大夫以下各与其僚[②]，无有独乐。今上乐其乐，下伤其费，是独乐者也，不可！"

注　释

①饮：请……饮酒。家老：先秦时指卿大夫家族的家臣中的长者。

②僚：指僚属，部下。

译　文

晏子请齐景公喝酒，命令器物一定要是新的。家里的老管家说："家中钱财不够，请您向百姓征收一些。"

晏子说："别说了！所谓快乐，是要上下一起享受的。所以天子和天下人同乐，诸侯和国境内的百姓同乐，大夫以下的官僚和自己的属下同乐，没有独自享乐的。现在在上的君臣享受自己的快乐，在下的百姓却耗费钱财，这是独自享乐的行为，不能这样做！"

晏子饮景公酒公呼具火晏子称诗以辞第十五

原　文

晏子饮景公酒，日暮，公呼具火，晏子辞曰："《诗》云：'侧弁之俄①'，言失德也；'屡舞傞傞②'，言失容也；'既醉而出，并受其福'，宾主之礼也；'醉而不出，是谓伐③德'，宾主之罪也。婴已卜④其日，未卜其夜。"

公曰："善。"举酒祭之，再拜而出，曰："岂过我哉，吾托国于晏子也？以其家贫善寡人，不欲其淫侈也，而况与寡人谋国乎？"

注　释

①侧弁之俄：此诗见于《诗经·小雅·宾之初筵》。侧弁：指歪戴皮帽。俄：倾斜。

②傞（suō）傞：醉舞忘形的样子。

③伐：败坏，损伤。

④卜：占卜。这里指事先准备。

译　文

晏子请齐景公饮酒，天色晚了，景公让人准备灯火，晏子推辞说："《诗经》中说：‘喝得帽子歪歪斜斜’，说的是酒后失去德行；‘醉酒手舞又足蹈’，说的是酒后失去仪容；‘喝醉后就走，大家都有福’，这说的是宾主的礼仪；‘喝醉了不走，这叫作损伤德行’，这说的是宾主都有罪过。我只准备了白天的宴饮，没有准备晚上的。”

景公说：“好。”举起酒杯祭祀了天地，拜了两拜就走了，说：“我把国家托付给晏子难道有错吗？他以贫寒的家境来款待我，不愿过分奢侈，更何况和我谋划国事呢？”

晋欲攻齐使人往观晏子以礼侍而折[1]其谋第十六

原 文

晋平公欲伐齐，使范昭[2]往观焉。景公觞[3]之，饮酒酣，范昭起曰：“请君之弃樽[4]。”公曰：“酌[5]寡人之樽，进之于客。”范昭已饮，晏子曰：“彻[6]樽，更之。”樽觯[7]具矣，范昭佯[8]醉，不说而起舞，谓太师[9]曰：“能为我调成周之乐乎[10]？吾为子舞之。”太师曰：“冥臣[11]不习。”范昭趋而出。

景公谓晏子曰：“晋，大国也，使人来将观吾政，今子怒大国之使者，将奈何？”晏子曰：“夫范昭之为人也，非陋而不知礼也，且欲试吾君臣，故绝之也。”景公谓太师曰：“子何以不为客调成周之乐乎？”太师对曰：“夫成周之乐，天子之乐也，调之，必人主舞之。今范昭人臣，欲舞天子之乐，臣故不为也。”

范昭归，以报平公，曰：“齐未可伐也。臣欲试其君，而晏子识之；臣欲犯其乐[12]，而太师知之。”于是辍[13]伐齐谋。

仲尼闻之曰：“善哉！不出于尊俎[14]之间，而折冲[15]于千里之外，其晏子之谓也。而太师其与焉。”

注释

①折：屈服，折服。

②范昭：晋国大夫。

③觞：宴请。

④弃樽：指景公用过的酒樽。范昭作为宾客，要求使用国君的酒樽，这是无礼的行为。

⑤酌：斟酒。

⑥彻：撤除，撤去。

⑦觯（zhì）：古代酒器，青铜制，形似樽而小，或有盖。

⑧佯：假装。

⑨太师：古代乐官之长。

⑩调：演奏。成周：西周时期的东都，又称洛邑。这里指代周王朝。

⑪冥臣：失明之臣。古代太师往往由盲人担任，故"冥臣"为自称。冥：昏暗。

⑫犯其乐：指冒犯音乐的礼制。

⑬辍：停止，放弃。

⑭尊俎（zǔ）：古代盛酒肉的器皿，常用为宴席的代称。尊：盛酒器。俎：置肉之几。

⑮冲：冲车，古兵车名，用以冲城攻坚。

译文

晋平公想攻打齐国，派范昭去打探齐国的情况。齐景公宴请范昭，酒喝得正尽兴时，范昭说："请大王把您喝酒用过的酒樽给我。"景公说："把我的酒樽倒满，进献给客人。"范昭喝完后，晏子说："撤去酒樽，换一个。"新的酒杯准备好了，范昭假装喝醉了，不高兴地起身跳舞，对太师说："能为我弹奏周王朝的乐曲吗？我为您伴舞。"太师说："我没有学过。"范昭快步走出了宫室。

景公对晏子说："晋国是个大国啊，派人来观察我们的国政，现在您触怒了晋国的使者，该怎么办呢？"晏子说："那个范昭的为人，不是鄙陋而不知礼仪的，他是要试探我们君臣，所以我拒绝了他。"景公对太师说："您为什么不替客人弹奏周王朝的乐曲呢？"太师回答说："周王朝的乐曲，是天子的乐曲啊，弹奏它，就一定得是君主起舞。现在范昭只是个臣子，想用天子的乐曲配舞，所以我不弹奏。"

范昭回到晋国，把这些事禀报给平公，说："齐国不能攻打。我想要试探齐君，但是被晏子识破了；我想要冒犯他们的乐礼，但是被太师识破了。"于是晋国就放弃了攻打齐国的计划。

孔子听到后说："太好了！不离开宴席之间，却能打退千里之外的敌人，这说的就是晏子啊。而太师也是这一类人。"

景公问东门无泽年谷而对以冰晏子请罢伐鲁第十七①

原　文

景公伐鲁，傅②许，得东门无泽。公问焉："鲁之年谷何如？"对曰："阴③冰凝，阳冰厚五寸。"公不知，以告晏子。

晏子对曰："君子也。问年谷而对以冰，礼也。阴冰凝、阳冰厚五寸者，寒温节④，节则刑政平，平则上下和，和则年谷熟。年充众和而伐之，臣恐罢民弊兵，不成君之意。请礼鲁以息吾怨，遣其执⑤以明吾德。"

公曰："善。"乃不伐鲁。

注　释

①东门无泽：鲁国人名。年谷：指一年的收成。

②傅：通"附"，附着。这里指接近。

③阴：指背阴处。下文"阳"指向阳处。

④节：适度。这里指符合节令。

⑤遣其执：指释放被抓的俘虏。遣：释放。执：捕捉，逮捕。

译　文

齐景公派兵去攻打鲁国，接近许地时，抓到了一个叫东门无泽的人。景公问他说："鲁国的年成怎么样？"对方回答说："背阴地区的冰凝结了，向阳地区的冰有五寸厚。"景公不明白，就把这话告诉了晏子。

晏子回答说："这人是个君子啊。您问他年成，他用冰的情况来回答您，这是符合礼制的。背阴地区的冰凝结了，向阳地区的冰有五寸厚，说明冷暖气候符合节令，符合节令那刑法政策就平稳，刑罚政策平稳那上下就和谐，上下和谐那年成就好。人家年成充足、百姓和谐，您却要去攻打它，我担心会使百姓疲弱、军队困顿，不能实现您的愿望。请您礼待鲁国来平息他们对我们的怨气，放还鲁国被抓的俘虏来表明我们的恩德。"

景公说："好。"于是不再攻打鲁国。

景公使晏子予鲁地而鲁使不尽受第十八

原 文

景公予鲁君地山阴数百社[①]，使晏子致之。鲁使子叔昭伯[②]受地，不尽受也。

晏子曰："寡君献地，忠廉也，曷为不尽受？"

子叔昭伯曰："臣受命于君曰：'诸侯相见，交让[③]，争处其卑，礼之文[④]也；交委[⑤]多，争受少，行之实也。礼成文于前，行成章[⑥]于后，交之所以长久也。'且吾闻君子不尽人之欢，不竭人之忠，吾是以不尽受也。"

晏子归，报公，公喜笑曰："鲁君犹若是乎。"

晏子曰："臣闻大国贪于名，小国贪于实，此诸侯之公患也。今鲁处卑而不贪乎尊，辞实而不贪乎多，行廉不为苟得，道义不为苟合，不尽人之欢，不竭人之忠，以全其交。君之道义，殊于世俗，国免于公患。"

公曰："寡人说鲁君，故予之地。今行果若此，吾将使人贺之。"

晏子曰："不！君以欢予之地，而贺其辞，则交不亲，而地不为德矣。"

公曰："善。"于是重鲁之币[⑦]，毋比[⑧]诸侯；厚其礼，毋比宾客。君子于鲁，而后明行廉辞地之可为重名也。

注释

①山阴：指泰山以北地区。社：古代以二十五家为一社。

②子叔昭伯：鲁国大夫名。孙星衍认为当为“子服昭伯”。子服昭伯，即子服回，鲁国大夫，谥昭伯。

③交让：指互相谦让。

④文：指礼节仪式。

⑤委：交付，给予。

⑥章：吴则虞认为“章”疑“实”之讹。与前文“行之实也”对照，此处似应为“实”。姑从此说。

⑦币：指车马皮帛玉器等礼物。

⑧比：等同。

译文

齐景公赠予鲁国国君泰山以北一块住着几千户人家的土地，派晏子去赠送。鲁国派子叔昭伯去接受土地，但没有全部接受。

晏子说：“我们国君赠给你们土地，诚心诚意，别无所求，您为什么不全部接受呢？”

子叔昭伯说：“我得到君主的命令：‘诸侯之间相见，要互相谦让，争着处于低下的地位，这是礼制。互相赠送得多，争着接受得少，这是实际中的行为。礼制在前面建立，行为在后面实践，这样的交往才可以长久。’况且我听说君子不能享尽别人给予的欢乐，不能竭尽别人对自己的忠诚，因此我没有全部接受。”

晏子回来禀报给景公，景公高兴地笑着说：“鲁国国君还会这样吗？”

晏子说：“我听说大国贪图名声，小国贪图财物，这是诸侯们共同的缺点。如今鲁国处于低下的地位而不贪图尊贵，推辞财物而不贪求过多，行为廉洁不愿苟且得到，遵从道义不愿苟且附和，不享尽别人给予的欢乐，不竭尽别人对自己的忠诚，以此来保全两国的交往。鲁国国君的道义，和世俗不一样，鲁国可以克服其他诸侯共有的缺点了。”

景公说：“我喜欢鲁国国君，所以赠予他土地。现在他的德行的确如此，我将派人去庆贺他。”

晏子说：“不行！您因为高兴而赠予他土地，又去庆贺他推辞土地，这样交往就不亲密了，赠送土地也不能算是恩德了。”

景公说：“好。”于是给鲁国的礼物更加多，和对待别的诸侯不一样；接待鲁国使者的礼仪更加隆重，和对待别的宾客不一样。君子通过鲁国这件事，从此明白了行为廉洁、推辞赠送的土地可以成就大名声。

景公游纪[①]得金壶中书晏子因以讽之第十九

原 文

景公游于纪，得金壶，发而视之，中有丹书[②]，曰：“无食反鱼，勿乘驽马[③]。”

公曰：“善哉！如若言，食鱼无反，则恶其鳞[④]也；勿乘驽马，恶其不远取道也。”

晏子对曰：“不然。食鱼无反，毋尽民力乎！勿乘驽马，则无置不肖于侧乎！”

公曰：“纪有书，何以亡也？”

晏子对曰：“有以亡也。婴闻之，君子有道，悬之闾。纪有此言，注[⑤]之壶，不亡何待乎！”

注 释

①纪：古书和金文中也称己国，是位于商朝东方的诸侯国，国祚延续到西周到春秋时代，后为齐所灭。国君为姜姓。国都纪，在今山东寿光市。

②丹书：指用朱砂书写的文书。

③驽马：劣马，走不快的马。

④鳞（sāo）：通“臊”，腥气。

⑤注：安放。

译 文

齐景公在纪地游玩，得到一个金壶，打开一看，里面有一卷用朱砂书写的文书，上面写道：“吃鱼不要翻过来，不要骑劣马。”

景公说："说得好啊！像上面所说的，吃鱼不要翻过来，就是厌恶鱼的腥味；不要骑劣马，就是嫌它不能跑远路。"

晏子回答说："不是这样。吃鱼不要翻过来，是说不要用尽百姓的财力！不要骑劣马，是说不要把不贤德的人安置在身边！"

景公问："纪国有这样的文书，为什么会灭亡呢？"

晏子回答说："它自有灭亡的原因。我听说，君子有好的言论，就把它悬挂在门上。可是纪国有这样的善言，却把它放进壶里，不灭亡还等什么呢！"

景公贤鲁昭公去国而自悔晏子谓无及已第二十

原　文

鲁昭公失国走齐[①]，景公问焉，曰："子之年甚少，奚道至于此乎？"

昭公对曰："吾少之时，人多爱我者，吾体不能亲；人多谏我者，吾忌[②]不能从。是以内无拂[③]而外无辅。辅拂无一人，谄谀者甚众，譬之犹秋蓬[④]也，孤其根而美枝叶，秋风一至，偾且揭矣[⑤]。"

景公辩[⑥]其言，以语晏子，曰："使是人反其国，岂不为古之贤君乎？"

晏子对曰："不然。夫愚者多悔，不肖者自贤，溺者不问队[⑦]，迷者不问路。溺而后问队，迷而后问路，譬之犹临难而遽铸兵，临噎而遽掘井，虽速亦无及[⑧]已。"

注　释

①失国走齐：指鲁昭公丢了君位而逃亡到齐国。

②忌：憎恶。

③拂：通"弼"，辅助。

④秋蓬：秋季的蓬草，干枯易随风飘飞。

⑤偾（fèn）：翻倒在地。揭：掀起。这里指飘飞。

⑥辩：以……为辩。

⑦队：通“隧”，暗道。这里指水中的通道。

⑧无及：来不及。

译　文

鲁昭公丢了君位逃亡到齐国，齐景公问他，说：“您还很年轻，怎么会落到这种地步？”

昭公回答说：“我年少时，很多人爱护我，我自己却没有亲近他们；很多人劝谏我，我心怀忌讳而没有听从。因此在内没有人帮助我，在外没有人辅佐我。帮助辅佐的人一个都没有，谄媚阿谀的人却很多，就如同秋天的蓬草，草根孤零零的而枝叶却很茂盛，秋风一吹来，它就扑倒在地，而后随风飘走了。”

景公觉得他的话很有道理，就告诉了晏子，说：“如果这个人能回到鲁国为君，岂不是可以成为和古代贤君一样的君主吗？”

晏子回答说：“不是这样。那些愚蠢的人多有悔恨，不贤德的人总是自认为贤德，溺死的人不事先探路，迷路的人不事先问路。溺死了之后再探路，迷路了之后再问路，就像面临危难了才赶紧铸造兵器，被食物噎住了才赶紧凿井，即使迅速也来不及了。”

晏子使鲁有事已仲尼以为知礼第二十一

原　文

晏子使鲁，仲尼命门弟子往观。子贡[①]反，报曰：“孰谓晏子习于礼乎？夫《礼》曰：‘登阶不历，堂上不趋，授玉不跪[②]。’今晏子皆反此，孰谓晏子习于礼者？”

晏子既已有事于鲁君，退见仲尼。仲尼曰：“夫礼，登阶不历，堂上不趋，授玉不跪。夫子反此，礼乎？”

晏子曰：“婴闻两楹之间[③]，君臣有位焉，君行其一，臣行其二。君之来速，是以登阶历，堂上趋，以及位也。君授玉卑，故跪以下之。且吾闻之，大者不逾闲[4]，小者出入[5]可也。”

晏子出，仲尼送之以宾客之礼。反，命门弟子曰：“不法[6]之礼，维晏子为能行之。”

注释

①子贡：复姓端木，名赐，字子贡。春秋末年卫国人，孔门十哲之一。

②“登阶不历”三句：见于《礼记·曲礼上》。历：超越，超过。

③两楹之间：两楹指房屋正厅当中的两根柱子。两楹之间是房屋正中所在，为举行重大仪式和重要活动的地方。

④闲：伦理道德的规范、界限。

⑤出入：相差，差异。

⑥法：指常规。

译文

晏子出使到鲁国，孔子让门下的弟子去观看。子贡回来禀报说：“谁说晏子懂得礼仪啊？《礼记》中说：‘登台阶不能跨越两级，在殿堂上不能快步走，接受玉器不能下跪。’现在这些原则晏子都违反了，谁说晏子是个懂得礼仪的人啊？”

晏子已经完成了在鲁国君主那里的事情，退出去后去见孔子。孔子问：“按照礼制规定，登台阶不能跨越两级，在殿堂上不能快步走，接受玉器时不能下跪。夫子您却违反了这些原则，这符合礼制吗？”

晏子说：“我听说朝堂中君主和臣子各有自己的位置，君主走一步，臣子就要走两步。君主走得很快速，因此我上台阶跨越了两级，在殿堂上快步走，以便赶到我的位置上。君主授予我玉器时身体下倾，因此我下跪使自身位置更低。况且我听说，大的方面不超越礼制，小的方面可以有一些差异。”

晏子出门，孔子用对待贵客的礼仪送别他。回来之后，对门下弟子说：“不拘泥于常规的礼仪，只有晏子能够实行。”

晏子之鲁进食有豚亡二肩不求其人第二十二①

原 文

晏子之鲁，朝食，进馈膳，有豚焉。晏子曰："去②其二肩。"昼者进膳，则豚肩不具。侍者曰："膳豚肩亡。"晏子曰："释③之矣。"侍者曰："我能得其人。"晏子曰："止。吾闻之，量功而不量力，则民尽；藏余不分，则民盗。子教我所以改之，无教我求其人也。"

注 释

①豚：小猪。肩：动物的腿根部。这里指小猪的前腿。

②去：通"弆（jǔ）"，收藏。

③释：放开，放下。

译 文

晏子出使到鲁国，早上吃饭时，仆从送来膳食，其中有一只小猪。晏子说："藏起其中的两条腿。"中午送来膳食时，那两条腿不见了。侍奉的人说："猪腿丢失了。"晏子说："那就算了吧。"侍奉的人说："我能找到那个人。"晏子说："不要去找了。我听说，凡事只计算功效而不考虑民力，那百姓的财力就会穷尽；藏起多余的财物而不分给众人，那百姓就会去偷盗。您应该教导我怎么改正藏起财物的过失，而不是教我怎么去寻求偷盗的人。"

曾子将行晏子送之而赠以善言第二十三

原 文

曾子将行，晏子送之，曰："君子赠人以轩①，不若以言。吾请以言乎？以轩乎？”

曾子曰：“请以言。”

晏子曰：“今夫车轮，山之直木也，良匠煣[2]之，其圆中规，虽有槁暴[3]，不复嬴[4]矣，故君子慎隐煣[5]。和氏之璧，井里[6]之困[7]也，良工修之，则为存国之宝，故君子慎所修。今夫兰本[8]，三年而成，湛[9]之苦酒，则君子不近，庶人不佩；湛之麋醢[10]，而贾匹马矣[11]。非兰本美也，所湛然也。愿子之必求所湛。婴闻之，君子居必择邻，游必就[12]士。择居所以求士，求士所以辟患也。婴闻汩[13]常移质，习俗[14]移性，不可不慎也。”

注　释

①轩：古代一种有围棚或帷幕的车。这里泛指车子。

②煣（rǒu）：用火烘木使之弯曲。

③槁暴：指风吹日晒而干枯。

④嬴：伸直，挺直。

⑤隐煣：矫揉弯曲竹木等使平直或成形。这里指改变本性。

⑥井里：乡里。古代同井而成里。

⑦困：通“梱”，门槛。这里指普通的石头。

⑧兰本：指兰草根。

⑨湛：通“渐”，浸渍。

⑩麋醢（hǎi）：麋肉制成的酱。

⑪贾：通“价”，价值。匹：相当，比得上。

⑫就：接近。

⑬汩：搅混，污浊。

⑭习俗：指习惯于世俗。

译　文

曾子将要远行，晏子去送他，说：“君子认为与其赠送车子给别人，不如赠送话语给别人。请问我是拿话送你呢，还是拿车子送你？”

曾子说：“请您用话送我。”

晏子说：“现在的车轮，本来是山上挺直的树木，高明的木匠用火把它烤弯，使它变成符合圆规的圆形，即使风吹日晒而干枯，也不会再挺直了，所以君子要谨慎地对待改变自己本性的事情。和氏璧，本来是埋没在乡里的一块普通石头，经过高明的工匠加工琢磨，就成为了镇国的宝物，所以君子要谨慎地对待修养问题。假如有条兰草根，三年才长成，把它浸在苦酒里，那么君子就不会接近它，平民也不会佩戴它；把它浸在肉酱里，它的价值就比得上一匹马了。这不是兰草根本来就美好，而是所浸的东西使它变成这样。希望您一定要寻找好所浸染的环境。我听说，君子居住时一定要选择好的邻居，外出时一定要接近贤人。选择邻居就是为了寻求贤士，寻求贤士就是为了避免灾祸。我听说混杂在平庸的环境里就会改变本质，习惯了世俗环境就会改变本性，不可以不谨慎啊。”

晏子之晋睹齐累越石父解左骖赎之与归第二十四[1]

原　文

晏子之晋，至中牟[2]，睹弊冠反裘、负刍息于涂侧者[3]，以为君子也。使人问焉，曰：“子何为者也？”对曰：“我越石父者也。”晏子曰：“何为至此？”曰：“吾为人臣仆于中牟，见使将归。”晏子曰：“何为为仆？”对曰：“不免冻饿之切[4]吾身，是以为仆也。”晏子曰：“为仆几何？”对曰：“三年矣。”晏子曰：“可得赎乎？”对曰：“可。”遂解左骖以赎之，因载而与之俱归。

至舍，不辞而入，越石父怒而请绝。晏子使人应之曰：“吾未尝得交夫子也，子为仆三年，吾乃今日睹而赎之，吾于子尚未可乎？子何绝我之暴[5]也。”越石父对之曰：“臣闻之，士者诎[6]乎不知己，而申[7]乎知己。故君子不以功轻人之身，不为彼功诎身之理。吾三年为人臣仆，而莫吾知也；今子赎我，吾以子为知我矣。向者子乘，不我辞也，吾以子为忘；今又不辞而入，是与臣我者同矣。我犹且为臣，请鬻[8]于世。”

晏子出，请见曰："向者见客之容，而今也见客之意。婴闻之，省[9]行者不引其过，察实者不讥其辞。婴可以辞而无弃乎？婴诚革之。"乃令粪洒[10]改席，尊醮[11]而礼之。越石父曰："吾闻之，至恭不修涂，尊礼不受摈[12]。夫子礼之，仆不敢当也。"晏子遂以为上客。

君子曰："俗人之有功则德，德则骄。晏子有功，免人于厄，而反诎下之，其去俗亦远矣。此全功之道也。"

注释

①累：通"缧"，捆绑。这里指被卖了身的奴仆。越石父：春秋时齐国贤人。左骖：古代驾车三马中左边的马。

②中牟：地名，在今河南鹤壁西。

③弊：通"敝"，破旧，破损。刍：喂牲畜的草料。

④切：急切，急迫。

⑤暴：突然。

⑥诎：屈服，折服。

⑦申：通"伸"，伸展，伸张。

⑧鬻：卖。

⑨省：反省。

⑩粪洒：洒扫。

⑪尊醮（jiào）：酌酒，斟酒。

⑫摈：通"傧"，接引宾客。

译文

晏子出使去往晋国，到了中牟，看到一个头戴破帽反穿皮衣、背着草料在路边休息的人，认定他是君子，就派人去问，说："您是什么人？"那人回答说："我叫越石父。"晏子问："您为什么来到这里？"那人说："我在中牟做别人的奴仆，受到派遣办完事将要回去。"晏子问："为什么做奴仆？"那人回答说："不能摆脱自身被冻死或饿死的困境，因此做了奴仆。"晏子问："做奴仆多久了？"那人回答说："三年了。"晏子问："可以赎身吗？"那人回答说："可以。"于是晏子解下左边的马给他赎身，然后和他一起坐马车回去。

到了馆舍，晏子没有向他打招呼就进去了。越石父很生气，请求和晏子绝交。晏子派人回答他说："我还没有和您交往，您做了三年奴仆，我今天才见到您并赎了您，我对您还不够吗？为什么突然要和我绝交呢？"越石父回答说："我听说，士人在不了解自己的人面前可以受屈辱，在了解自己的人面前要挺胸做人。所以君子不因为自己的功劳而轻视别人，不因为别人的功劳而使自身受屈辱。我给别人做了三年的奴仆，却没人了解我；现在您赎了我，我以为您是了解我的。之前您上车，没有和我打招呼，我以为您忘记了；现在您又没打招呼就进门了，这是和让我做奴仆的人一样啊。我还是去做奴仆吧，请到集市上把我卖了吧。"

晏子出来，会见越石父，说："之前见到的是您的容貌，现在见到了您的志向。我听说，对反省自身行为的人就不再提起他的过错，对考察实际的人就不再讥讽他的言辞。我可以向您谢罪而不被拒绝吗？我诚心地改正自己的过失。"于是令人清扫门庭，更换宴席，斟满酒而礼待他。越石父说："我听说，最恭敬的做法不用修整道路，最尊贵的礼节不需要引导。您这样礼待我，我不敢当啊。"晏子于是把他作为最上等的客人。

君子评论说："庸俗的人对别人有功就会自以为有恩德，自以为有恩德了就会骄横。晏子有从困境中解救别人的功劳，却反过来屈居在被救的人下面，他超出世俗已经很远了。这就是他能保全功德的方法啊。"

晏子之御感妻言而自抑损[1]晏子荐以为大夫第二十五

原　文

晏子为齐相，出，其御之妻从门间而窥，其夫为相御，拥[2]大盖，策驷马，意气扬扬[3]，甚自得也。既而[4]归，其妻请去。夫问其故，妻曰："晏子长不满六尺，身相齐国，名显诸侯。今者妾观其出，志念深矣，常有以自下[5]者。今子长八尺，乃为人仆御，然子之意，自以为足。妾是以求去也。"

其后，夫自抑损。晏子怪而问之，御以实对，晏子荐以为大夫。

注释

①抑损：谦虚，谦让。

②拥：遮盖。

③扬扬：得意的样子。

④既而：一会儿，不久。

⑤自下：自居人下。指谦虚谨慎。

译文

晏子做了齐国的丞相，出门时，他的车夫的妻子从门缝间偷偷观看，看到她的丈夫替丞相驾车，有高大的车盖遮蔽，鞭打着四匹马，意气风发，非常得意自满。不久之后车夫回来了，他的妻子请求离开他。丈夫询问其中的缘故，妻子说："晏子身高不到六尺，却身居齐国的丞相，闻名于诸侯间。今天我看到他出门，心志深沉，常常有自居人下的表现。现在你身高八尺，竟给别人当车夫，可是你的内心却自认为很满足。我因此请求离开你。"

从此以后，这个车夫就变得谦虚自制。晏子觉得奇怪就问他，车夫以实情相告，晏子就推荐他做了大夫。

泯子午见晏子晏子恨不尽其意第二十六[①]

原文

燕之游士，有泯子午者，南见晏子于齐。言有文章、术有条理、巨可以补国、细可以益晏子者[②]，三百篇。睹晏子，恐惧而不能言。晏子假之以悲色[③]，开[④]之以礼颜，然后能尽其复[⑤]也。

客退，晏子直席而坐[⑥]，废朝移时[⑦]。在侧者曰："向者燕客侍，夫子胡为忧也？"

晏子曰："燕，万乘之国也；齐，千里之涂也。泯子午以万乘之国为不足说，以千里之涂为不足远，则是千万人之上也。且犹不能殚其言于我，况乎齐人之怀善而死者乎？吾所以不得睹者，岂不多矣？然吾失此，何之有也？”

注　释

①泯子午：燕国的贤士名。恨：遗憾。

②文章：指华丽的文采。术：通“述”，叙述，记叙。

③假：宽。这里指宽慰。悲色：怜悯的神色。这里指和颜悦色。

④开：开导，引导。

⑤复：回答。这里指陈述。

⑥直席而坐：指直起身子端正地坐着。

⑦废朝移时：指忘了治理朝政很久。朝：朝政，国事。

译　文

燕国有个叫泯子午的游说之士，往南到齐国拜见晏子。他写了三百篇文章，辞采华丽，论述有条有理，大的方面可以对国家有所补益，小的方面可以对晏子有所帮助。他看到晏子，害怕得说不出话。晏子用宽和的神色安慰他，用礼貌的态度引导他，之后他才能尽情地说出想说的话。

客人退下后，晏子坐直身子，过了好久都没想起办理政事。在他边上侍奉的人问：“之前燕国来的客人在您身边陪侍，夫子您为什么忧虑啊？”

晏子说：“燕国是个拥有万辆兵车的大国，到齐国有上千里的路程。泯子午不认为那样的大国值得他游说，不认为上千里的路程是遥远的，可见他是超过千万人了啊。但他尚且不能向我尽情地述说心中的言论，更何况齐国那些心怀善言却到死也没有被采用的人呢？我所不能见到的人，岂不是很多吗？而我失去了这些人，还能有什么成就呢？”

晏子遗北郭骚米以养母骚杀身以明晏子之贤第二十七[①]

原　文

齐有北郭骚者，结罘罔[②]，捆蒲苇[③]，织葩履[④]，以养其母，犹不足，踵门[⑤]见晏子曰：“窃说先生之义，愿乞所以养母者。”

晏子使人分仓粟府金而遗之，辞金受粟。

有间，晏子见疑于景公，出奔，过北郭骚之门而辞。北郭骚沐浴而见晏子曰："夫子将焉适[6]？"晏子曰："见疑于齐君，将出奔。"北郭骚曰："夫子勉之矣！"晏子上车太息而叹曰："婴之亡岂不宜哉？亦不知士甚矣。"

晏子行，北郭子召其友而告之曰："吾说晏子之义，而尝乞所以养母者焉。吾闻之，养其亲者身伉[7]其难，今晏子见疑，吾将以身死白[8]之。"着衣冠，令其友操剑，奉笥[9]而从，造[10]于君庭，求复者曰："晏子，天下之贤者也，今去齐国，齐必侵矣。方见国之必侵，不若先死，请以头托白晏子也。"因谓其友曰："盛吾头于笥中，奉以托。"退而自刎。

其友因奉托而谓复者曰："此北郭子为国故死，吾将为北郭子死。"又退而自刎。

景公闻之，大骇，乘驲[11]而自追晏子，及之国郊，请而反之。晏子不得已而反，闻北郭子之以死白己也，太息而叹曰："婴之亡岂不宜哉？亦愈不知士甚矣。"

注　释

①遗（wèi）：给予，馈赠。北郭骚：齐国贤士名。

②罘罔（fú wǎng）：泛指渔猎用的网。罔：通"网"。

③捆蒲苇：指编草席。捆：叩击使牢。

④葹（fèi）履：指用麻做成的鞋。

⑤踵门：亲自上门。

⑥适：往，归向。

⑦伉：承担。

⑧白：使……清白。

⑨笥（sì）：竹匣。

⑩造：到，去。

⑪驲（rì）：古代驿站专用的车。

译 文

齐国有一个叫北郭骚的人，靠结兽网、编草席、织麻鞋来供养他的母亲，还是不能维持生活。他亲自到晏子门前拜见晏子说："我私下仰慕先生您的仁义，希望求得可以供养母亲的东西。"晏子派人拿出仓库的粮食、府库的财物送给他，他推辞了财物，接受了粮食。

不久之后，晏子受到齐景公的猜忌，准备逃亡，经过北郭骚的家门向他辞行。北郭骚沐浴后出来见到晏子，说："您将要去哪里？"晏子说："我受到齐君猜忌，将要逃往国外。"北郭骚说："您好自为之吧。"晏子上了车，长叹一声道："我逃亡难道不应该吗？我也太不了解士人了。"

晏子走后，北郭子召来自己的朋友，告诉他说："我仰慕晏子的仁义，曾经向他乞求可供养母亲的东西。我听说，对奉养过自己亲人的人，自身要承担他的危难。如今晏子受到猜忌，我将用我的死来为他辩白。"于是北郭骚穿戴好衣服帽子，让自己的朋友拿着剑，捧着竹匣跟着，到了君主宫廷前，对负责禀报的人说："晏子是天下的贤人，他离开齐国，齐国一定会受到侵犯。与其见到国家被侵略，不如先死去。我愿把头托付给您，来还晏子的清白。"接着对他的朋友说："把我的头放到竹匣里，捧去托付给那个宫人。"说完退下几步自杀了。

他的朋友于是捧着竹匣，对负责禀告的宫人说："北郭子为了国家的危难而死，我将为了北郭子而死。"说完也退下几步自杀了。

景公听到这件事，非常惊恐，乘坐驿站的马车亲自去追赶晏子，在都城近郊赶上了他，请求他回去。晏子没办法只好回来了，听到北郭骚用死来还自己的清白，叹了口气说："我逃亡难道不应该吗？我更加不了解士人了。"

景公欲见高纠晏子辞以禄仕之臣第二十八[1]

原 文

景公问晏子曰："吾闻高纠与夫子游，寡人请见之。"

晏子对曰："臣闻之，为地战者，不能成其王；为禄仕者，不能正其君。高纠与婴为兄弟久矣，未尝干[2]婴之行，特[3]禄仕之臣也，何足以补君乎？”

注　释

①高纠：晏子家臣。禄仕之臣：指为了俸禄而做官的人。

②干：触犯，冒犯。

③特：只是。

译　文

齐景公问晏子说：“我听说高纠和夫子您一起交游，请让我见见他。”

晏子回答说：“我听说，为了土地而战斗的人，不能成就王业；为了俸禄而做官的人，不能纠正君主的行为。高纠和我亲如兄弟很久了，却从来没有批评过我的行为，只是个为了俸禄而做官的臣子，怎么可能补益君主呢？”

高纠治晏子家不得其俗乃逐之第二十九①

原　文

高纠事晏子而见逐，高纠曰：“臣事夫子三年，无得，而卒②见逐，其说何也？”

晏子曰：“婴之家俗有三，而子无一焉。”

纠曰：“可得闻乎？”

晏子曰：“婴之家俗，闲处从容不谈议③，则疏；出不相扬美，入不相削行④，则不与；通国事无论，骄士慢知者，则不朝⑤也。此三者，婴之家俗，今子是无一焉。故婴非特食馈之长⑥也，是以辞。”

注　释

①俗：长期形成的礼节、习惯。这里指家规。逐：驱逐。这里指辞退。

②卒：最终。

③谈议：讨论切磋。

④削行：指规正过失，改正错误。

⑤朝：见。

⑥食馈之长：指供人吃饭的主人。

译 文

高纠侍奉晏子而被辞退，高纠问：“我侍奉夫子您三年了，什么也没得到，却最终被您辞退，这怎么解释啊？”

晏子说：“我家有三条家规，但你一条都没有遵守。”

高纠问：“可以说给我听听吗？”

晏子说：“我的家规是：悠闲安居时不讨论切磋学问的，就疏远；外出不互相赞扬美德，回来不互相指正过失的，就不和他亲近；对全国大事没有议论，对士人骄横，对智者怠慢的，就不和他相见。这三条是我家的家规，现在您一条都没有做到。我不是专门供人吃饭的主人，所以把你辞退了。”

晏子居丧逊答家老仲尼善之第三十

原 文

晏子居晏桓子①之丧，粗衰斩②，苴绖带③，杖，菅屦④，食粥，居倚庐⑤，寝苫⑥枕草。其家老曰：“非大夫丧父之礼也。”

晏子曰：“唯卿为大夫⑦。”

曾子以问孔子，孔子曰：“晏子可谓能远害矣。不以己之是驳人之非，逊辞以避咎，义也夫！”

注 释

①晏桓子：名弱，谥桓子，晏子之父。

②粗衰（cuī）斩：用最粗的生麻布制成，断处外露不缉边，丧服上衣叫“衰”，因称“斩衰”。表示毫不修饰以尽哀痛，服期三年。

③苴绖（jū dié）带：在头上和腰间系上草绳。苴：麻。绖带：古代用麻做的丧带，在头上为首绖，在腰为腰绖。

④菅屦（jiān jù）：用菅草编织为鞋，古代服丧时着之。

⑤倚庐：古人为守丧而构筑在墓旁的小屋。

⑥苫（shān）：草帘子，草垫子。

⑦唯卿为大夫：只有正卿才服大夫的守丧礼。这里是晏子故意贬低自身来应答。

译文

晏子为他的父亲晏桓子守丧，穿着露出毛边的粗麻布丧服，在头上和腰间系上草绳，手拿丧棒，脚穿草鞋，吃的是稀粥，住的是草木建成的房子，睡在草垫子上，拿草当枕头。他的老管家说："这不是大夫为父亲守丧的礼仪啊。"

晏子说："只有正卿才服大夫的守丧礼。"

曾子就这件事向孔子询问，孔子说："晏子可以称得上是能远离祸患的了。不因为自己的做法正确而驳斥别人的错误，用谦逊的言辞来避开别人的责备，这就是义啊！"

第六卷　内篇杂下第六

灵公禁妇人为丈夫饰不止晏子请先内勿服第一

原文

灵公好妇人而丈夫饰者，国人尽服之。公使吏禁之，曰："女子而男子饰者，裂其衣，断其带。"裂衣断带相望[①]，而不止。

晏子见，公问曰："寡人使吏禁女子而男子饰者，裂断其衣带，相望而不止者，何也？"

晏子对曰："君使服之于内，而禁之于外，犹悬牛首于门，而卖马肉于内也。公何以不使内勿服？则外莫敢为也。"

公曰："善。"使内勿服，不逾月，而国人莫之服。

注释

①相望：互相看见，形容接连不断。极言其多。

译文

齐灵公喜欢让女子穿男子的服饰，于是都城内的女子都这样穿。灵公让官吏去禁止这种行为，说："有穿男子服饰的女子，撕破她的衣服，弄断她的腰带。"被撕破衣服、弄断腰带的人到处都是，但是这种风气还是不能禁止。

晏子去拜见灵公，灵公问："我让官吏去禁止女子穿男子服饰，被撕破衣服、弄断腰带的人到处都是，但还是不能禁止，这是为什么呢？"

晏子回答说："大王您让宫内的女子这样穿戴，却在宫外禁止这样的风气，就像在门外悬挂牛头，却在门内贩卖马肉一样。您为什么不让宫内的女子不穿男子服饰呢？这样宫外的女子也就不敢这样做了。"

灵公说："好。"于是命令宫内的女子不许穿男子服饰，不出一个月，国都内的女子就没有再穿男子服饰的了。

齐人好毂击晏子绐以不祥而禁之第二①

原 文

齐人甚好毂击，相犯以为乐，禁之不止。晏子患之，乃为新车良马，出与人相犯也，曰："毂击者不祥，臣其祭祀不顺、居处不敬乎？"下车弃而去之，然后国人乃不为。

故曰：禁之以制，而身不先行，民不能止。故化其心，莫若教②也。

注 释

①毂（gǔ）击：车毂相撞。毂：车轮中心插轴的部分。绐（dài）：欺诈，哄骗。

②教：指身教，用自身做榜样。

译 文

齐国人非常喜欢车毂相撞的游戏，以互相撞击为乐，朝廷下令禁止但是禁止不了。晏子对此很忧虑，就做了一辆新马车，出门和别人互相撞击，说："车毂相撞是不吉利的，难道我祭祀时不虔诚，平时处事时不恭敬吗？"于是他下了车弃车离开，之后国人才不玩这个游戏了。

所以说：用法度来禁止，自身不先去实行，百姓那里就不能禁止。因此要感化别人的内心，不如用自身做榜样。

景公瞢五丈夫称无辜晏子知其冤第三

原 文

景公畋于梧丘①，夜犹早，公姑②坐睡，而瞢有五丈夫北面韦[3]庐，称无罪焉。公觉，召晏子而告其所瞢。

公曰："我其尝杀无罪邪？"

晏子对曰："昔者先君灵公畋，有五丈夫来骇兽，故并断其头而葬之，命曰'五丈夫之丘'，此其地邪！"公令人掘而求之，则五头同穴而存焉。公曰："嘻！"令吏厚葬之。

国人不知其瞢也，曰："君悯白骨，而况于生者乎？不遗余力矣，不释[4]余知矣。"

故曰：君子之为善易矣。

注　释

①梧丘：挡路的高丘。

②姑：姑且，暂且。

③韦：违背。这里指背对着。

④释：舍弃，抛弃。

译　文

齐景公在一个挡道的土丘上打猎，夜色还早，景公暂且坐着打瞌睡，却梦到五个男子面朝北方背对着自己的草屋，说自己没有罪过。景公醒过来，召见晏子，告诉了他梦中所见。

景公问："我难道曾经杀了没有罪过的人吗？"

晏子回答说："从前我们的先王灵公打猎时，有五个男子过来吓跑了野兽，所以灵公就下令砍了他们的头并埋葬了，叫作'五丈夫之墓'，大概就是这个地方吧！"景公派人去挖掘寻找，那五颗头还埋在同一个墓穴里。景公说："哎！"让官吏厚葬了他们。

齐国人不知道景公的梦，说："大王连白骨都怜悯，何况对于活着的人呢？我们应该使出浑身的力量，竭尽所有的智慧去辅佐他。"

所以说：君主要做好事是很简单的。

柏常骞禳[1]枭死将为景公请寿晏子识其妄第四

原　文

景公为路寝之台，成，而不踊[2]焉。柏常骞曰："君为台甚急，台成，君何为而不踊焉？"公曰："然。有枭昔者鸣，其声无不为也，吾恶之甚，是以不踊焉。"柏常骞曰："臣请禳而去之。"公曰："何具？"对曰："筑新室，为置白茅[3]焉。"公使为室，成，置白茅焉。柏常骞夜用事。

明日，问公曰："今昔闻鸮[4]声乎？"公曰："一鸣而不复闻。"使人往视之，鸮当陛[5]，布翼，伏地而死。公曰："子之道若此其明[6]也，亦能益寡人之寿乎？"对曰："能。"公曰："能益几何？"对曰："天子九，诸侯七，大夫五。"公曰："子亦有征兆之见乎？"对曰："得寿，地且动。"公喜，令百官趣具骞之所求。

柏常骞出，遭晏子于涂，拜马前，辞[7]。骞曰："为君禳鸮而杀之，君谓骞曰：'子之道若此其明也，亦能益寡人寿乎？'骞曰：'能。'今且大祭，为君请寿，故将往以闻。"晏子曰："嘻！亦善矣，能为君请寿也。虽然，吾闻之，维以政与德而顺乎神，为可以益寿。今徒祭，可以益寿乎？然则福兆有见乎？"对曰："得寿，地将动。"晏子曰："骞，昔吾见维星绝[8]，枢星[9]散，地其动，汝以是乎？"柏常骞俯，有间，仰而对曰："然。"晏子曰："为之无益，不为无损也。汝薄敛，毋费民，且无令君知之。"

注　释

①禳：通过祭祀祈祷以消除灾殃。

②踊：登，登上。

③白茅：一种草名。古代多用以祭祀。

④鸮：猫头鹰。

⑤陛：宫殿的台阶。

⑥明：高明。

⑦辞：指晏子拜谢。

⑧维星：指斗杓后的三颗星。绝：断开。

⑨枢星：即天枢星，北斗七星的第一星。

译文

齐景公修建路寝台，建成之后，却没有登台。柏常骞问："您这么急迫地建造路寝台，现在建成了，您为什么不登台呢？"景公说："是啊。有只猫头鹰在夜里鸣叫，什么难听的声音都叫出来了，我非常讨厌它，因此不登台。"柏常骞说："请让我通过祭祀来除掉它。"景公问："需要准备什么？"柏常骞回答说："修筑一间新房，里面放置白茅。"景公让人建造新房，建成后，在里面放上白茅。柏常骞在夜里举行祭祀祷告。

第二天，柏常骞问景公说："昨晚听到猫头鹰的叫声了吗？"景公说："叫了一下就没再听到了。"景公派人前去一看，猫头鹰就在宫殿的台阶上，张开翅膀，趴在地上死了。景公问："您的法术这样高明，也能增加我的寿命吗？"柏常骞回答说："可以。"景公问："能增加几年？"柏常骞回答说："天子可以增加九年，诸侯是七年，大夫是五年。"景公问："您也能让增加寿命时显现出征兆吗？柏常骞回答说："得到了所增的寿命，大地将会震动。"景公很高兴，让百官都赶紧准备柏常骞要求的东西。

柏常骞出宫，在路上遇到了晏子，在马前作揖拜见，晏子拜谢。柏常骞说："我替大王祭祀除去了猫头鹰并杀了它，大王对我说：'您的法术这样高明，也能增加我的寿命吗？'我说：'可以。'今天将要举行盛大的祭祀，替大王请求增加寿命，所以将要前去把这件事告诉您。"晏子说："啊！也好啊，能够替君主请求寿命。虽然如此，但我听说，只有凭借顺应神灵的政治和德行才可以增加寿命。现在只是祭祀就可以增加寿命吗？那会有得福的征兆显现吗？"柏常骞回答说："得到寿命，大地将震动。"晏子说："柏常骞啊，昨晚我看到北斗斗柄的三颗星不相连，天枢星散乱，这是大地将要震动的预兆，你是凭借这个说的吧？"柏常骞低下了头，过了一会儿，抬起头回答说："是的。"晏子说："你去祭祀没什么好处，不祭祀也没有什么损害。你要少征赋税，不要耗费百姓的财力，而且不要让大王知道这个真相。"

景公成柏寝而师开言室夕晏子辨其所以然第五[1]

原 文

景公新成柏寝之室，使师开鼓琴。师开左抚宫，右弹商，曰："室夕。"公曰："何以知之？"师开对曰："东方之声薄，西方之声扬。"

公召大匠，曰："立室何为夕？"大匠曰："立室以宫矩为之。"

于是召司空，曰："立宫何为夕？"司空曰："立宫以城矩为之。"

明日，晏子朝，公曰："先君太公以营丘之封[2]立城，曷为夕？"晏子对曰："古之立国者，南望南斗，北戴枢星，彼安有朝夕[3]哉？然而以今之夕者，周之建国，国之西方，以尊周也。"

公蹴然[4]曰："古之臣乎！"

注 释

①柏寝：指柏寝台，齐国台名。师开：一个叫开的乐师。夕：日落时。这里指偏西。辨：分析。

②封：疆界。

③朝夕：太阳东升和太阳西落。这里指偏东偏西。

④蹴然：恭敬的样子。

译 文

齐景公新建成柏寝宫，让师开弹琴。师开左手抚弄宫音，右手弹奏商音，说："房屋偏西了。"景公问："您怎么知道的？"师开回答说："东边的声音微弱，西边的声音高亢。"

景公召见工匠，问："修建的房屋为什么偏西？"工匠说："修建房屋是按照宫室的标准确定方位的。"

景公于是召见司空，问："修建的宫室为什么偏西？"司空说："修建宫室是按照城墙的标准确定方位的。”

第二天，晏子上朝，景公问：“先王太公根据营丘的边界修建城池，为什么要偏西呢？”晏子回答说：“古代建立都城时，向南对着南斗星，向北顶着天枢星，哪里有偏东偏西的情况呢？但是现在偏西，是因为周王朝建立的都城，在我们都城的西方，所以偏西是为了尊崇周王朝。”

景公恭敬地说：“真是通晓古今的臣子啊！”

景公病水[1]瞢与日斗晏子教占瞢者以对第六

原　文

景公病水，卧十数日。夜瞢与二日斗，不胜。

晏子朝，公曰：“夕者吾瞢与二日斗，而寡人不胜，我其死乎？”晏子对曰：“请召占瞢者。”立于闺[2]，使人以车迎占瞢者。

至，曰：“曷为见召？”晏子曰：“夜者，公瞢二日与公斗，不胜。恐必死也，故请君占瞢，是所为也。”占瞢者曰：“请反具书[3]。”晏子曰：“毋反书，公所病者，阴也；日者，阳也。一阴不胜二阳，故病将已[4]。以是对。”

占瞢者入，公曰：“寡人瞢与二日斗而不胜，寡人死乎？”占瞢者对曰：“公之所病，阴也；日者，阳也。一阴不胜二阳，公病将已。”

居三日，公病大愈，公且赐占瞢者。占瞢者曰：“此非臣之力，晏子教臣也。”公召晏子，且赐之。晏子曰：“占瞢者以臣之言对，故有益也；使臣言之，则不信矣。此占瞢之力也，臣无功焉。”

公两赐之，曰：“以晏子不夺人之功，以占瞢者不蔽人之能。”

注　释

①病水：患水肿、水胀之类的病证。

②闺：宫中小门。

③反：通“翻”，翻阅。具：元刻本作“其”。

④已：治愈。

译　文

齐景公得了水肿病，躺在床上十多天了。一天晚上梦到自己和两个太阳打斗，没有取胜。

晏子上朝时，景公问：“昨晚我梦到和两个太阳打斗，但我没有取胜，我难道要死了吗？”晏子回答说：“请您召见占梦师。”晏子站在宫中小门口，派人用车去接占梦师。

占梦师到了之后，问：“为什么召见我？”晏子说：“昨晚大王梦到和两个太阳打斗，但是没有取胜。他担心自己是要死了，所以我请求大王占卜梦境，叫您来就是为了这事。”占梦师说：“请让我翻阅一下占梦的书。”晏子说：“不要翻书了，大王所得的病属阴，太阳属阳。一个阴胜不过两个阳，所以君王的病就要痊愈了。您就这样来回答他。”

占梦师进入寝宫，景公问：“我梦到和两个太阳相斗却没有获胜，我是要死了吗？”占梦师回答说：“大王您所得的病属阴，太阳属阳。一个阴胜不过两个阳，这说明您的病就要痊愈了。”

过了三天，景公的病痊愈了，景公将要赏赐占梦师。占梦师说：“这不是我的功劳，是晏子教我这样说的。”景公召见晏子，将要赏赐他。晏子说：“占梦师用我说的话来回答您，所以有用；如果是我来说这样的话，那您就不会相信了。这是占梦师的功劳，我没有功劳。”

景公赏赐了他们两个人，说：“因为晏子不抢夺别人的功劳，也因为占梦师不隐瞒别人的能力。”

景公病疡[1]晏子抚而对之乃知群臣之野第七

原　文

景公病疽[2]，在背，高子、国子[3]请公曰："职[4]当抚疡。"高子进而抚疡。公曰："热乎？"曰："热。""热何如？"曰："如火。""其色何如？"曰："如未熟李。""大小何如？"曰："如豆[5]。""堕[6]者何如？"曰："如屦辨[7]。"

二子者出，晏子请见。公曰："寡人有病，不能胜衣冠以出见夫子，夫子其辱视寡人乎？"晏子入，呼宰人具盥[8]，御者具巾，刷[9]手温之，发席傅荐[10]，跪请抚疡。公曰："其热何如？"曰："如日。""其色何如？"曰："如苍玉。""大小何如？"曰："如璧。""其堕者何如？"曰："如圭。"

晏子出，公曰："吾不见君子，不知野人之拙也。"

注　释

①疡：痈疮之类的病证。

②疽：毒疮。

③高子、国子：高、国为齐国的两大家族。高子：即高昭子高张。国子：即国惠子国夏。

④职：职责，职分。

⑤豆：古代指盛肉或其他食品的器皿，形状像高脚盘。

⑥堕：脱落。

⑦辨：皮革中断。

⑧盥：洗手。

⑨刷：冲洗。

⑩傅荐：铺上草垫子。傅：涂。这里指铺开。

译文

齐景公背上长了个毒疮，高子和国子拜见景公，说："按职分我们应该为您抚摩毒疮。"高子上前几步抚摩毒疮。景公问："热吗？"高子说："热。"景公问："热到什么程度？"高子说："像火一样。"景公问："颜色像什么？"高子说："像还没成熟的李子。"景公问："大小怎么样？"高子说："像盛肉的高脚盘那么大。"景公问："脱落的地方像什么？"高子说："像鞋面的皮革裂开。"

这两个人出去，晏子请求拜见。景公说："我生了病，不能穿戴好衣帽出去接见夫子，夫子您可以屈尊进来看望我吗？"晏子进入寝宫，叫掌管膳食的官吏准备洗漱的热水，侍奉的人准备毛巾，晏子把手洗净泡热，铺好席子垫上垫子，跪着请求给景公抚摩毒疮。景公问："热到什么程度？"晏子说："像太阳一样。"景公问："颜色像什么？"晏子说："像青绿色的玉石。"景公问："大小怎么样？"晏子说："像玉璧那么大。"景公问："脱落的地方像什么？"晏子说："像玉珪。"

晏子走出宫后，景公说："我不见到君子，就不知道粗野之人的笨拙。"

晏子使吴吴王命傧者[①]称天子晏子详惑第八

原文

晏子使吴，吴王谓行人[②]曰："吾闻晏婴，盖北方辩于辞、习于礼者也。命摈者曰：'客见则称天子请见。'"

明日，晏子有事，行人曰："天子请见。"晏子蹴然[③]。行人又曰："天子请见。"晏子蹴然。又曰："天子请见。"晏子蹴然者三，曰："臣受命弊邑之君，将使于吴王之所，以不敏而迷惑，入于天子之朝，敢问吴王恶乎存？"

然后吴王曰："夫差请见。"见之以诸侯之礼。

注释

①傧者：接引宾客或以礼迎宾的官员。

②行人：掌宾客之官。

③蹴然：恭敬的样子。

译 文

晏子出使到吴国，吴王对负责迎接的官员说："我听说晏婴大概是北方最能言善辩、熟习礼仪的人了。你对迎宾的人说：'客人求见时就说天子有请会见。'"

第二天，晏子来办事，负责迎接的官员说："天子有请会见。"晏子显出恭敬的样子。负责迎接的官员又说："天子有请会见。"晏子又显出恭敬的样子。负责迎接的官员又说："天子有请会见。"晏子第三次显出恭敬的样子，然后说："我接受敝国君主的命令，要出使到吴王所在的地方，因为愚昧而迷惑，竟然来到了天子的朝廷，我斗胆请问吴王在哪里？"

之后吴王才说："夫差有请会见。"于是按照诸侯的礼仪接见了晏子。

晏子使楚楚为小门晏子称使狗国者入狗门第九

原 文

晏子使楚，楚人以晏子短，为小门于大门之侧而延[1]晏子。晏子不入，曰："使狗国者，从狗门入；今臣使楚，不当从此门入。"傧者更道，从大门入。

见楚王，王曰："齐无人耶？使子为使。"晏子对曰："齐之临淄三百闾[2]，张袂成阴，挥汗成雨，比肩继踵[3]而在，何为无人？"王曰："然则何为使子？"晏子对曰："齐命使，各有所主，其贤者使使贤主，不肖者使使不肖主。婴最不肖，故宜使楚矣。"

注 释

①延：引进，请。

②闾：古代二十五家为一闾。

③比肩继踵：肩紧挨着肩，脚紧跟着脚。形容人很多，很拥挤。比：紧挨

着。踵：脚跟。

译　文

晏子出使到楚国，楚国人因为晏子身材矮小，就在大门的边上开了个小门让晏子进去。晏子不进门，说："出使狗国的人才从狗门进去；现在我出使楚国，不应该从这个小门进去。"引导宾客的人只好改变道路，让他从大门进去。

晏子拜见楚王，楚王说："齐国没有人了吗？竟派遣你做使者。"晏子回答说："齐国的都城临淄有几千户人家，人们张开衣袖就遮住了太阳，挥洒汗水就变成了雨，人多得肩并肩、脚连脚，怎么会没有人？"楚王说："既然如此，那为什么派遣你来出使呢？"晏子回答说："齐王派遣使者，各自都有各自适合访问的对象，贤德的人派他出访贤德的君主，不贤德的人派他出访不贤德的君主。我最不贤德，所以只能出使楚国了。"

楚王欲辱晏子指盗者为齐人晏子对以橘第十

原　文

晏子将至楚，楚闻之，谓左右曰："晏婴，齐之习辞者也。今方来，吾欲辱之，何以也？"左右对曰："为其来也，臣请缚一人，过王而行，王曰：'何为者也？'对曰：'齐人也。'王曰：'何坐[①]？'曰：'坐盗。'"

晏子至，楚王赐晏子酒。酒酣，吏二缚一人诣[②]王，王曰："缚者曷为者也？"对曰："齐人也，坐盗。"王视晏子曰："齐人固善盗乎？"

晏子避席对曰："婴闻之，橘生淮南则为橘，生于淮北则为枳[③]，叶徒相似，其实味不同。所以然者何？水土异也。今民生长于齐不盗，入楚则盗，得无楚之水土使民善盗耶？"

王笑曰："圣人非所与熙[④]也，寡人反取病[⑤]焉。"

注释

①坐：犯罪，触犯法律。

②诣：前往，去到。

③枳：落叶灌木或小乔木，小枝多刺，果实黄绿色，味酸不可食。

④熙：通“嬉”，嬉戏。

⑤取病：指自取其辱。

译文

晏子将出使楚国，楚王听说后，对左右近臣说：“晏婴是齐国能言善辩的人，现在他就要来访，我想羞辱他，有什么办法吗？”左右近臣回答说：“等他来时，请允许我绑一个人从大王面前经过，大王您问：‘这是什么人？’我回答说：‘是个齐国人。’大王您问：‘犯了什么罪？’我回答说：‘犯了盗窃罪。’”

晏子到了楚国，楚王招待晏子宴饮。酒喝得正尽兴时，两个小吏绑了一个人来见楚王，楚王问：“被绑的是什么人？”官吏回答说：“是个齐国人，犯了盗窃罪。”楚王看着晏子说：“齐国人本来就善于偷盗吗？”

晏子离开坐席回答说：“我听说，橘树长在淮河以南就是橘树，长在淮河以北就变成了枳树，只是树叶相似，果实的味道却很不一样。使它们这样的是什么原因呢？因为两地的水土不一样啊。现在这个人生长在齐国不会偷盗，到了楚国就会偷盗，难道不是楚国的水土使百姓善于偷盗吗？”

楚王笑了笑说：“对圣明的人是不能开玩笑的，我反倒是自取其辱了啊。”

楚王飨晏子进橘置削晏子不剖而食第十一①

原文

景公使晏子于楚，楚王进橘，置削，晏子不剖而并食之。楚王曰：“橘当去剖。”

晏子对曰：“臣闻之，赐人主前者，瓜桃不削，橘柚不剖。今者万乘之主无教令，臣故不敢剖。不然，臣非不知也。”

注　释

①削：指削皮的小刀。剖：破开。

译　文

齐景公派晏子出使到楚国，楚王呈上橘子给晏子，并放置了削皮的小刀。晏子没有剖开橘子就直接吃了。楚王说：“橘子应该剖开皮再吃。”

晏子回答说：“我听说，在赏赐食物的君主面前，瓜果桃李都不削皮，橘子柚子也不剥皮。现在拥有万辆兵车的大国君主没有下令，所以我不敢剥皮。否则就是我失礼，我不是不知道橘子要剥了皮才能吃。”

晏子布衣栈车而朝田桓子侍景公饮酒请浮之第十二①

原　文

景公饮酒，田桓子②侍，望见晏子，而复于公曰：“请浮晏子。”公曰：“何故也？”无宇对曰：“晏子衣缁布③之衣、麋鹿之裘，栈轸④之车，而驾驽马以朝，是隐君之赐也。”公曰：“诺。”

晏子坐，酌者奉觞进之，曰：“君命浮子。”晏子曰：“何故也？”田桓子曰：“君赐之卿位以显其身，宠之百万以富其家，群臣之爵莫尊于子，禄莫重于子。今子衣缁布之衣、麋鹿之裘，栈轸之车，而驾驽马以朝，则是隐君之赐也，故浮子。”

晏子避席曰：“请饮而后辞⑤乎？其辞而后饮乎？”公曰：“辞然后饮。”晏子曰：“君赐之卿位以显其身，婴非敢为显受也，为行君令也；宠以百万以富其家，婴非敢为富受也，为通⑥君赐也。臣闻古之贤君，臣有受厚赐而不顾其困族，则过之；临事守职，不胜其任，则过之。君之内隶，臣之父兄，若有离散，在于野鄙⑦，此臣之罪也；君之外隶，臣之所职，若有播亡⑧，在于四方，此臣之罪也；兵革之不完，战车之不修，此臣之罪也。若夫弊车驽马以朝，意者非臣之罪乎？且以君之赐，父之党⑨无不乘车者，母之党无不足于衣食者，妻之党无冻馁者，国之简士待臣而后举火者数百家⑩。如此者，为彰君赐乎？为隐君赐乎？”

公曰：“善！为我浮无宇也。”

注释

①栈车：古代用竹木做成的车子。浮：罚酒。

②田桓子：即田无宇，妫姓，田氏，名无宇，谥号桓，故称田桓子，是春秋时期齐国田氏家族首领之一。

③缁布：黑色的布帛。

④轸：古代指车厢底部四周的横木，借指车。

⑤辞：讲话。这里指解释。

⑥通：传递，传达。

⑦野鄙：代指离城较远的地方。

⑧播亡：流亡。

⑨党：指亲族。

⑩简士：指生活简单贫寒的人。举火：指烧火做饭。

译文

齐景公饮酒，田桓子在边上侍奉，远远看到晏子，就向景公禀告道：“请您罚晏子一杯酒。”景公问：“为什么？”田无宇回答说：“晏子穿着黑色的朝服、麋鹿皮的大衣，乘着栈车，驾着劣马来上朝，这是隐蔽您给的赏赐啊。”景公说：“对。”

晏子坐下后，倒酒的人捧着酒杯进送给他，说：“大王命令罚您酒。”晏子问：“为什么？”田桓子说：“大王赏赐您卿相的爵位来使您显赫，恩赐您百万的财富使您家族富有，群臣的爵位没有比您还尊贵的，俸禄没有比您还厚重的。现在您穿着黑色的朝服、麋鹿皮的大衣，乘着栈车，驾着劣马来上朝，这是隐蔽大王给您的赏赐，所以罚您喝酒。”

晏子离开座位说：“是让我喝了酒后再解释呢，还是解释之后再喝酒？”景公说：“解释之后再喝吧。”晏子说：“大王您赏赐我卿相的爵位来使我显赫，我不敢为了显赫而接受，只是为了履行您的命令；恩赐我百万的财富使我家族富有，我不敢为了富有而接受，只是为了显示君主的恩赐。我听说古代的贤德君主，对于那些接受丰厚赏赐却不顾念自己贫困族人的臣子，就要给予惩罚；处理事务，坚守职责，但不能胜任，也要给予惩罚。您的内臣，我的父兄，如果有离散在穷乡僻壤的，这是我的罪过；您的外臣，我所管辖的官吏，如果有流亡在四方的，这是我的罪过；兵器铠甲不完备，战车没修整，这是我的罪过。至于像这样乘着破车、驾着劣马来上朝，我想不是我的罪过吧？况且凭借您的赏赐，我父亲那边的亲族没有不坐车出行的，母亲那边的亲族没有不丰衣足食的，妻子那边的亲族没有挨饿受冻的，都城内的贫寒士人等着我接济然后才能生火做饭的有几百家。我这样做，是彰显了君主的恩赐呢，还是隐蔽了君主的恩赐？”

景公说：“说得好！给我罚田无宇喝酒。”

田无宇请求四方之学士晏子谓君子难得第十三

原　文

田桓子见晏子独立于墙阴，曰：“子何为独立而不忧？何不求四方之学士可者而与坐？”晏子曰：“共[①]立似君子，出言而非也。婴恶得学士之可者而与之坐？且君子之难得也，若华山然。名山既多矣，松柏既茂矣，望之相相然[②]，尽日不知厌。而世有所美焉，固欲登彼相相之上，仡仡然[③]不知厌。小人者与此异，若部娄[④]之未登，善，登之无蹊[⑤]，维有楚棘[⑥]而已；远望无见也，俯就则伤要[⑦]。婴恶能无独立焉？且人何忧，静处远虑，见岁若月，学问不厌，不知老之将至，安用从[⑧]酒？”

田桓子曰：“何谓从酒？”晏子曰：“无客而饮，谓之从酒。今若子者，昼夜守尊[⑨]，谓之从酒也。”

注　释

①共：通“拱”，抱拳，拱手。

②相（hū）相然：高大的样子。

③仡（yì）仡然：勤苦的样子。仡：通“劼（jié）”，勤勉。

④部娄：小山丘。

⑤蹊：小路。

⑥楚棘：即荆棘。

⑦要：通“腰”。

⑧从：通“纵”，放纵。

⑨尊：通“樽”，酒器。

译文

田桓子看到晏子一个人站在墙的背阳处，说：“你为什么独自站着而不忧愁？为什么不寻求四方学士中才学出众的人与您一起坐坐呢？”晏子说：“您拱手站着像君子一样，但一说话就不是了。我怎么能找到才学出众的学士与我一起坐坐呢？况且君子难以得到，就像华山一样。名山已经很多了，松柏已经很茂盛了，远远看去很高大，看一整天也不会厌倦。但世上有认为它美丽的人，就一定要登到高山之上，勤奋努力而不会厌倦。小人的行为就和这个情形不同，就像是还没攀登的小山丘，看着很好，但是攀登时却没有路，只有荆棘罢了；远远望去看不到什么东西，但是俯下身子就会伤害到腰部。我怎么就不能独自站着呢？况且人有什么可忧虑的，静心独处，考虑长远，看一年就像一个月那么短暂，勤学好问不知道满足，不觉得老年就要到来了，哪里用得着纵酒呢？”

田桓子问：“什么叫作纵酒？”晏子说：“没有客人而一个人喝酒，就叫作纵酒。现在像你这样的人，从早到晚都抱着酒杯，这就叫作纵酒。”

田无宇胜栾氏高氏[1]欲分其家晏子使致之公第十四

原文

栾氏、高氏欲逐田氏、鲍氏[2]，田氏、鲍氏先知而遂攻之。高强曰：“先得君，田、鲍安往？”遂攻虎门[3]。二家召晏子，晏子无所从也。从者曰：“何为不助田、鲍？”晏子曰：“何善焉，其助之也？”“何为不助栾、高？”曰：“庸[4]愈于彼乎？”门开，公召而入。

栾、高不胜而出，田桓子欲分其家，以告晏子。晏子曰：“不可！君不能饬法，而群臣专制，乱之本也。今又欲分其家，利其货，是非制也。子必致之公。且婴闻之，廉者，政之本也；让者，德之主也。栾、高不让，以至此祸，可毋慎乎？廉之谓公正，让之谓保德，凡有血气者，皆有争心，怨[5]利生孽，维义为可以长存。且分争者不胜其祸，辞让者不失其福，子必勿取。”

桓子曰：“善。”尽致之公，而请老于剧[6]。

注释

①栾氏高氏：指栾施和高强，齐国的两大家族。

②鲍氏：指鲍国，谥“文子”。

③虎门：齐国宫门。

④庸：表示反问，难道，岂。

⑤怨：通“蕴”，积聚。

⑥剧：古邑名，在今山东省寿光县东南。

译文

栾氏和高氏想驱逐田氏和鲍氏，田氏和鲍氏事先知道了这个消息，就率先攻打栾氏和高氏。高强说：“我们先控制住国君，田氏和鲍氏还能逃到哪里去？”于是就攻打虎门。交战双方都想争取晏子，但晏子谁也没有依从。随从问：“为什么不帮助田氏和鲍氏呢？”晏子说：“他们有什么好的，要去帮助他们？”随从又问：“那为什么不帮助栾氏和高氏呢？”晏子说：“难道他们比田氏和鲍氏好吗？”宫门开了，齐景公召见晏子，晏子进了宫。

栾氏和高氏没有获胜就出逃了，田桓子想要瓜分他们的家产，把这件事告诉了晏子。晏子说：“不可以！君主不能整治国法，使得群臣掌握政权，这是祸乱的根本。现在您又想要瓜分栾氏和高氏的家产，占有他们的财物，这不符合法制。您一定要把这些财物交给君主。况且我听说，廉洁是政治的根本，谦让是道德的主体。栾氏和高氏不谦让，因而招致了这场灾祸，您还能不谨慎吗？廉洁就是公正，谦让就是保全德行，凡是有血气的人都有争斗的心思，蓄积财物就会产生罪恶，只有道义可以使自己长存。况且争斗的人会不断遭受灾祸，而谦让的人不会失去福分，您一定不要获取那些财物。”

田桓子说：“您说的对。”于是就把那些财物全部交给了景公，并请求到剧邑去养老。

子尾[1]疑晏子不受庆氏之邑晏子谓足欲则亡第十五

原文

庆氏亡，分其邑，与晏子邶殿[2]，其鄙[3]六十，晏子勿受。

子尾曰：“富者，人之所欲也，何独弗欲？”

晏子对曰：“庆氏之邑足欲，故亡。吾邑不足欲也，益之以邶殿，乃足欲；足欲，亡无日矣。在外，不得宰[4]吾一邑。不受邶殿，非恶富也，恐失富也。且夫富，如布帛之有幅[5]焉，为之制度，使无迁[6]也。夫民生厚而用利[7]，于是乎正德以幅之，使无黜[8]慢，谓之幅利。利过则为败，吾不敢贪多，所谓幅也。”

注释

①子尾：齐国大夫名。

②邶（bèi）殿：春秋时为齐国的别都，在今山东昌邑北。

③鄙：采邑，小邑。

④宰：主宰。

⑤幅：布帛的宽度。下文的“幅”引申为约束，限度。

⑥迁：改变。

⑦用利：指见利忘义。

⑧黜：废除，取消。这里指随意减损，浪费。

译文

庆氏逃亡后，人们瓜分了他的封地，把邶殿给了晏子，共有六十个小邑，晏子没有接受。

子尾问："财富是每个人都想要的，为什么唯独您不想要呢？"

晏子回答说："庆氏的封地很多，已经满足了他的欲望，所以他逃亡了。我现在的封地不能满足我的欲望，如果增加了邶殿，就满足了；欲望得到了满足，那我离逃亡也就不远了。如果逃亡在外，我就不能主宰任何一个城邑。所以，不接受邶殿，不是厌恶财富，而是担心失去财富。况且财富，就像布帛有规定的宽度一样，给它制定了宽度，就能让它没有变化了。百姓生活富裕而见利忘义，于是要修正德行来规范他们，使他们不要浪费轻慢，这叫作约束财富。私利过多就会造成祸害，我不敢贪图过多的私利，这叫作有度。"

景公禄晏子平阴与槁邑晏子愿行三言以辞第十六[1]

原　文

景公禄晏子以平阴与槁邑，反市者十一社[2]。晏子辞曰："吾君好治宫室，民之力弊[3]矣；又好盘游玩好以饬[4]女子，民之财竭矣；又好兴师，民之死近矣。弊其力，竭其财，近其死，下之疾[5]其上甚矣！此婴之所为不敢受也。"

公曰："是则可矣。虽然，君子独不欲富与贵乎？"

晏子曰："婴闻为人臣者，先君后身。安国而度[6]家，宗[7]君而处身，曷为独不欲富与贵也？"

公曰："然则曷以禄夫子？"

晏子对曰："君商[8]渔盐，关市讥[9]而不征；耕者十取一焉；弛刑罚，若死者刑，若刑者罚，若罚者免。若此三言者，婴之禄，君之利也。"

公曰："此三言者，寡人无事焉，请以从夫子。"公既行若三言，使人问大国，大国之君曰："齐安矣。"使人问小国，小国之君曰："齐不我加[10]矣。"

注释

①禄：给予俸禄。这里指赏赐食邑。平阴：齐国邑名，在今山东平阴东北。槁邑：齐国邑名，今地不详。一说当为“棠邑”，在今山东聊城西北。

②反：通“贩”，贩卖。社：周礼以二十五家为一社。

③弊：疲困。

④饬：通“饰”，巧饰。

⑤疾：痛恨。

⑥度：考虑，打算。

⑦宗：尊崇。

⑧商：刘师培认为当作“宽”。放宽税收。

⑨讥：查问，稽查。

⑩加：凌驾，欺凌。

译文

齐景公把平阴和槁邑赏赐给晏子作为食邑，其中贩卖货物的集市有十一个社。晏子推辞说：“我的君主喜好修建宫室，百姓的气力已经疲困了；又喜好游乐，收集玩物，用来装饰宫中女子，百姓的财物已经枯竭了；又喜好发兵打仗，百姓已经接近死亡了。使百姓气力疲困，财物枯竭，接近死亡，他们怨恨君主已经很严重了！这就是我不敢接受封邑的原因。”

景公说：“如果是这样倒也可以。虽然如此，君子难道就偏偏不奢求富贵吗？”

晏子说：“我听说为人臣子的，要先考虑君主再考虑自身。安定了国家而后考虑家庭，尊崇君主而后安处自身，怎么能说偏偏不想富贵呢？”

景公问：“既然如此，那么用什么来赏赐您呢？”

晏子回答说：“您放宽渔业、盐业的税收，对关卡集市只稽查而不征税；收取农民十分之一的赋税；减轻刑罚，如果是死罪的改为徒刑，如果是徒刑的改为罚款，如果是罚款的就赦免。所说的这三条若都能做到，就是给我的恩赐，也是您的利益所在。”

景公说：“对于这三条，我没有什么意见，就听从您的吧。”景公实行了这三条后，派人去大国询问，大国的君主说：“齐国安定了。”派人去小国询问，小国的君主说：“齐国不会欺凌我们了。”

梁丘据言晏子食肉不足景公割地将封晏子辞第十七

原　文

晏子相齐三年，政平民说。梁丘据见晏子中食[①]而肉不足，以告景公。

旦日，封晏子以都昌[②]，晏子辞而不受，曰："富而不骄者，未尝闻之；贫而不恨者，婴是也。所以贫而不恨者，以若[③]为师也。今封，易婴之师。师已轻，封已重矣，请辞。"

注　释

①中食：指午饭。

②都昌：齐国邑名，在今山东昌邑。

③若：指代上文的"贫"。

译　文

晏子做了三年的齐国丞相，使得齐国的政治清平，百姓愉悦。梁丘据看到晏子吃的午饭没有什么肉，就告诉了齐景公。

第二天，景公要把都昌分封给晏子，晏子推辞而不接受，说："富有而不骄纵的人，我还没有听说过；贫困而不感觉遗憾的人，就是我晏婴。我之所以贫困却不感觉遗憾，是因为我把贫困当作老师。现在您分封给我土地，这是更换我的老师。老师被轻视，而封赏却被重视了，所以我请求辞谢封赏。"

景公以晏子食不足致千金而晏子固不受第十八

原　文

晏子方[①]食，景公使使者至。分食食之，使者不饱，晏子亦不饱。使者反，言之公。公曰："嘻！晏子之家，若是其贫也。寡人不知，是寡人之过也。"使吏致千金与市租[2]，请以奉宾客，晏子辞。

三致之，终再拜而辞曰："婴之家不贫。以君之赐，泽覆三族[3]，延及交游，以振百姓，君之赐也厚矣！婴之家不贫也。婴闻之，夫厚取之君而施之民，是臣代君君民也，忠臣不为也；厚取之君而不施于民，是为筐箧[4]之藏也，仁人不为也；进取于君，退得罪于士，身死而财迁于它人，是为宰[5]藏也，智者不为也。夫十总之布[6]，一豆之食，足于中，免矣。"

景公谓晏子曰："昔吾先君桓公，以书社[7]五百封管仲，不辞而受，子辞之何也？"

晏子曰："婴闻之，圣人千虑，必有一失；愚人千虑，必有一得。意者管仲之失，而婴之得者耶？故再拜而不敢受命。"

注　释

①方：正在，正当。

②市租：指商业税。

③三族：指父族、母族、妻族。

④筐箧：指竹子或柳条等编成的盛东西的器具。

⑤宰：家臣，管家。

⑥十总之布：一种质地较粗的布。总：通"缓（zōng）"，古代布帛在二尺二寸的幅度内含经线八十根为一缓，因此也指较为粗疏的布。

⑦书社：又称为"里社"。书社：本指将社员之名籍书于社簿，后成为历代实行的一种基层行政管理体制。

译　文

晏子正要吃饭，齐景公派遣的使者来了。晏子就和使者分吃了这些食物。结果使者没吃饱，晏子也没有吃饱。使者回到宫里，把这件事告诉了景公。景公说："咦！晏子的家里竟这样贫困啊。我都不知道，这是我的错啊。"于是派小吏送去千金并允许他收取一些商业税收，让晏子用来招待宾客，晏子推辞了。

景公派人送了三次，最终晏子拜了两拜推辞说：“我家不贫困。凭借大王的赏赐，我的三族都蒙受了恩泽，还延及朋友，而且赈济了百姓，大王的赏赐已经很丰厚了！我家不贫困。我听说，从君主那里获取丰厚的赏赐而施与百姓，是臣子代替君主统治百姓，忠臣不会做这种事；从君主那里获取丰厚的赏赐而不施与百姓，就成了储藏财物的箱子，仁爱的人不会做这种事；进身为官时从君主那里获取赏赐，辞官引退时得罪士人，自身死后财物转移给别人，这就成了替别人收藏财物的管家，明智的人不会做这种事。一匹粗布，一盆饭食，我心中就满足了，这些赏赐就免了吧。”

景公对晏子说：“我们的先王桓公曾把五百书社的土地分封给管仲，管仲没有推辞就接受了，您为什么要推辞呢？”

晏子说：“我听说，圣明的人思虑一千种情况，也一定会有一次失误；愚笨的人思虑一千种情况，也一定会有一次得当。我想管仲的失误之处，就是我晏婴的得当之处吧？所以我拜了两拜，不敢接受您的命令。”

景公以晏子衣食弊薄[1]使田无宇致封邑晏子辞第十九

原　文

晏子相齐，衣十升之布[2]，食脱粟之食、五卵苔菜而已[3]。左右以告公，公为之封邑，使田无宇致台与无盐[4]。

晏子对曰：“昔吾先君太公受之营丘，为地五百里，为世[5]国长。自太公至于公之身，有数十公矣。苟能说其君以取邑，不至公之身，趣齐搏以求升土[6]，不得容足而寓[7]焉。婴闻之，臣有德益禄，无德退禄，恶有不肖父为不肖子，为封邑以败其君之政者乎？”遂不受。

注　释

①弊薄：破败，简陋。

②十升之布：指经线为八百缕的麻布，泛指粗布。升：古代布以经线八十

缕为一升。

③脱粟：糙米，只去皮壳、不加精制的米。五卵：指粗盐。

④台：齐国邑名，在今山东费县费城镇东南。无盐：齐国邑名，在今山东东平东部无盐村。

⑤世：通“太”，大的。

⑥趣：通“趋”，趋向，奔向。抟：夺取。

⑦寓：寄居。

译 文

晏子做齐国的丞相，穿的是粗布衣，吃的也只是糙米饭和盐拌苔菜罢了。左右近臣把这个情况告诉给了齐景公，景公要封赏给晏子食邑，派田无宇把台邑和无盐邑送给晏子。

晏子回答说：“从前我们的先王姜太公受封在营丘，土地有方圆五百里，成为大国的首领。自太公传到大王您这里，已经有几十位君主了。如果都能靠取悦君主来获得食邑，那王位还没传到您这里时，大家就都跑到齐国来争夺土地，您也就没有立足之地容身了。我听说，臣子有德行的就增加俸禄，没有德行就减少俸禄，哪里有不贤德的父亲为不贤德的儿子求取封邑，从而败坏君主政治的呢？”于是就没有接受。

田桓子疑晏子何以辞邑晏子答以君子之事也第二十

原 文

景公赐晏子邑，晏子辞。田桓子谓晏子曰：“君欢然①与子邑，必不受以恨②君，何也？”

晏子对曰：“婴闻之，节受于上者，宠长于君；俭居于处者，名广于外。夫长宠广名，君子之事也。婴独庸能已乎？”

注 释

①欢然：喜悦的样子。

②恨：通“很”，违逆，不听从。

译文

齐景公赏赐晏子食邑，晏子推辞了。田桓子对晏子说："大王高高兴兴地赐给您食邑，您却坚决不肯接受，违背大王，这是为什么？"

晏子回答说："我听说，有节制地接受君主的赏赐，就能长久地得到君主的宠幸；简朴地过自己的生活，名声就能广泛地传扬。所受宠幸长久，名声得以传扬，这是君子要做的事情。我怎么能不这样做呢？"

景公欲更晏子宅晏子辞以近市得所求讽公省刑第二十一

原文

景公欲更晏子之宅，曰："子之宅近市，湫隘嚣尘[①]，不可以居，请更诸爽垲[②]者。"

晏子辞曰："君之先臣[③]容焉，臣不足以嗣[④]之，于臣侈矣。且小人近市，朝夕[⑤]得所求，小人之利也。敢烦里旅[⑥]？"

公笑曰："子近市，识贵贱乎？"

对曰："既窃利之，敢不识乎？"

公曰："何贵何贱？"

是时也，公繁于刑，有鬻踊[⑦]者。故对曰："踊贵而屦贱。"

公愀然[⑧]改容。公为是省于刑。

君子曰："仁人之言，其利博哉！晏子一言，而齐侯省刑。《诗》曰：'君子如祉，乱庶遄已[⑨]。'其是之谓乎！"

注释

①湫（jiǎo）隘：低洼狭小。嚣尘：喧闹而多扬尘。

②爽垲：高爽干燥。

③君之先臣：指君主以前的臣子，即晏子之先祖。

④嗣：接续，继承。

⑤朝夕：时时，经常。

⑥里旅：指乡里群众。

⑦鬻踊：卖受了刖刑的人穿的鞋子。

⑧愀然：形容神色变得严肃或不愉快。

⑨“君子如祉”二句：见于《诗经·小雅·巧言》。祉：福。庶：几乎。遄已：迅速终止。

译　文

齐景公想更换晏子的住宅，说：“您的房子靠近集市，低洼狭小，环境嘈杂，不能安居，请您换一个明亮干燥的地方吧。”

晏子推辞说：“我的先祖住在这里，我不配继承他们，这里对于我来说已经很奢侈了。况且我靠近集市，时时都能得到我所寻求的东西，这对我很有利。哪敢劳烦乡里群众为我修建新宅呢？”

景公笑着问：“您靠近集市，知道价格贵贱吗？”

晏子回答说：“既然我私下认为它有利，怎么敢不知道呢？”

景公问：“那什么贵什么便宜呢？”

当时正好景公滥施刑罚，有人专卖受了刖刑的人穿的鞋子。所以晏子回答说：“受了刖刑的人穿的鞋子贵，而一般人穿的鞋子便宜。”

景公脸色变得悲悯而忧愁。为此，景公减轻了刑罚。

君子评论说：“仁人的话，好处真大啊！晏子一句话，让齐君减轻了刑罚。《诗经》中说：‘君子如果来造福，祸乱很快就停止。’大概说的就是这个吧！”

景公毁晏子邻以益其宅晏子因[1]陈桓子以辞第二十二

原　文

晏子使鲁，景公为毁其邻，以益其宅。晏子反，闻之，待于郊，使人复于公曰：“臣之贪顽[2]而好大室也，乃通于君，故君大其居，臣之罪大矣。”

公曰：“夫子之乡[3]恶而居小，故为夫子为之，欲夫子居之，以慊[4]寡人也。”

晏子对曰："先人有言曰：'毋卜其居，而卜其邻舍。'今得意于君者慊其居，则毋卜已；没氏⑤之先人卜与臣邻，吉，臣可以废没氏之卜乎？夫大居而逆邻归之心，臣不愿也。请辞。"卒复其旧宅。

公弗许，因陈桓子以请，乃许之。

注　释

①因：通过。

②顽：顽劣。

③乡：指晏子居住的环境。

④慊（qiè）：满足，满意。

⑤没氏：指晏子的邻居。

译　文

晏子出使鲁国时，齐景公拆掉了晏子邻居的房子，来扩大晏子的宅子。晏子回来后，听说了这件事，就自己在都城郊外等着，派人去回禀景公说："我贪婪顽劣而且喜好大宅子，让大王您知道了，所以您扩大了我的宅子，我的罪过太大了。"

景公说："夫子您居住的里巷环境不好而且房子狭小，所以我为您这么做，是想要您住得好一点，来满足我的心愿。"

晏子回答说："古人有句谚语说：'不用占卜好的房屋，要占卜好的邻居。'现在在君主那里得志的人满意自己的居所，那就不用占卜了；没氏的先人经过占卜和我做了邻居，这是吉利的，我可以废弃没氏的占卜吗？扩大我的住宅却违逆邻人归附我的心志，我不愿意这样做。请让我辞谢您的好意。"最终恢复了他们的旧宅。

景公起初不答应，晏子通过陈桓子去请求，景公才同意了。

景公欲为晏子筑室于宫内晏子称是以远之而辞第二十三

原　文

景公谓晏子曰："寡人欲朝昔相见，为夫子筑室于闺内[①]，可乎？"

晏子对曰："臣闻之，隐而显，近而结[②]，维至贤耳。如臣者，饰其容止以待命，犹恐罪戾[③]也。今君近之，是远之也，请辞。"

注　释

①闺内：即宫内。闺：指宫中小门。

②结：指约束，收敛。

③罪戾：罪愆，罪过。

译　文

齐景公对晏子说："我想时时都能见到您，替您在宫内修建一处房屋，可以吗？"

晏子回答说："我听说，退隐而能显名，亲近君王而能自我约束，只有最圣贤的人才能做到。像我这样的，修饰好自己的仪容举止来等待君主的命令，还担心有罪过。现在您亲近我，其实是疏远我，请允许我辞谢您的好意。"

景公以晏子妻老且恶欲内爱女晏子再拜以辞第二十四[①]

原　文

景公有爱女，请嫁于晏子。公乃往燕晏子之家，饮酒酣，公见其妻曰："此子之内子邪？"

晏子对曰："然，是也。"

公曰："嘻！亦老且恶矣。寡人有女少且姣[②]，请以满夫子之宫。"

晏子违席[③]而对曰："乃此则老且恶，婴与之居故矣，故及其少且姣也。且人固以壮托乎老，姣托乎恶。彼尝托，而婴受之矣。君虽有赐，可以使婴倍其托乎？"再拜而辞。

注　释

①恶：丑陋。内：古代称妻妾。

②姣：容貌美丽。

③违席：即避席，离开座位以示敬意。

译　文

齐景公有个宠爱的女儿，请求嫁给晏子。景公于是到晏子家宴饮，酒喝得正尽兴时，景公看到了晏子的妻子，问："这是您的妻子吗？"

晏子回答说："是的，这就是我的妻子。"

景公说："哎！又老又丑。我有个女儿又年轻又漂亮，请让她充实您的内室吧。"

晏子离开坐席回答说："她现在是又老又丑，但是我和她长期生活在一起，以前也赶上过她又年轻又漂亮的时候。况且人本来就是少壮依附于年老，漂亮依附于丑陋的。她曾经把自己托付给我，而我接受了她。现在您即使有赏赐，难道可以让我背弃她的托付吗？"说完拜了两拜辞谢了。

景公以晏子乘弊车驽马使梁丘据遗之三返不受第二十五

原　文

晏子朝，乘弊车，驾驽马。景公见之曰："嘻！夫子之禄寡邪？何乘不佼[1]之甚也？"

晏子对曰："赖君之赐，得以寿[2]三族，及国游士，皆得生焉。臣得暖衣饱食、弊车驽马以奉其身，于臣足矣。"

晏子出，公使梁丘据遗之辂车乘马[3]，三返不受。公不说，趣召晏子。

晏子至，公曰："夫子不受，寡人亦不乘。"

晏子对曰："君使臣临[4]百官之吏，臣节其衣服饮食之养，以先[5]齐国之民，然犹恐其侈靡而不顾其行也。今辂车乘马，君乘之上，而臣亦乘之下，民之无义，侈其衣服饮食而不顾其行者，臣无以禁之。"遂让不受。

注　释

①佼：美好。

②寿：保全。

③辂车：天子的乘车。乘马：指四匹马。

④临：治理。

⑤先：前导，表率。

译　文

晏子去上朝，坐的是破车，驾的是劣马。景公看到后说："咦！夫子的俸禄很少吗？为什么乘坐这么差的马车呢？"

晏子回答说："仗着您的恩赐，我可以保全内外亲族，连国内和我有交往的士人都能够生活下去。我能穿暖吃饱，乘坐破车劣马来奉养自身，对于我来说已经足够了。”

晏子出宫时，景公派梁丘据送给他一辆四匹马拉的华丽马车，往返多次，晏子都没有接受。景公很不高兴，立即召见晏子。

晏子到了，景公说：“您不接受马车，我也不乘马车了。”

晏子回答说：“您让我治理百官，我节制他们衣服饮食的供养，来作为齐国百姓的表率，但仍担心他们奢侈浪费而不顾自己的行为。现在您在上坐着四马大车，我在下也乘坐四马大车，那么百姓中不讲道义，在衣服饮食上奢侈浪费而不顾自己行为的人，我就无法禁止了。”最终还是辞让没有接受。

景公睹晏子之食菲薄而嗟其贫晏子称有参士之食第二十六①

原　文

晏子相景公，食脱粟之食、炙三弋、五卵苔菜耳矣②。公闻之，往燕焉，睹晏子之食也。

公曰：“嘻！夫子之家如此其贫乎！而寡人不知，寡人之罪也。”

晏子对曰：“以世之不足也，免粟之食饱，士之一乞③也；炙三弋，士之二乞也；苔菜五卵，士之三乞也。婴无倍人之行，而有参士之食，君之赐厚矣，婴之家不贫。”再拜而谢。

注　释

①菲薄：刻苦俭约。参：通“叁”。

②炙：烤。弋：指禽鸟。

③乞：《太平御览》引作“足”，吴则虞认为当为“足”，盖草书形近而误作“乞”。

译文

晏子做齐景公的丞相，吃的是糙米饭、烤飞鸟、盐拌苔菜罢了。景公听说后，就去晏子家里宴饮，看看晏子的膳食。

景公说："咦！夫子您家这么贫困啊！我却不知道，这是我的错啊。"

晏子回答说："因为世上食物不充足，能吃糙米饭吃到饱，这是士人的第一种满足；有三种烤飞鸟吃，这是士人的第二种满足；吃得上盐拌苔菜，这是士人的第三种满足。我没有超过别人的德行，却有士人的三种食物，您的赏赐已经很丰厚了，我家不贫困。"晏子拜了两拜辞谢了。

梁丘据自患不及晏子晏子勉据以常为常行第二十七

原文

梁丘据谓晏子曰："吾至死不及夫子矣！"

晏子曰："婴闻之，为者常①成，行者常至。婴非有异于人也，常为而不置、常行而不休者②，故③难及也？"

注释

①常：常常，总是。

②常：长久地。置：放置，搁置。

③故：通"胡"，何。

译文

梁丘据对晏子说："我到死也赶不上夫子您啊！"

晏子说："我听说，凡事去做了总会成功，路途再远去走了总会到达。我和别人没有什么不同，长期坚持去做而不搁置、长期坚持去走而不中止罢了，有什么难以赶上的呢？"

晏子老辞邑景公不许致车一乘而后止第二十八

原　文

晏子相景公，老，辞邑。公曰："自吾先君定公①至今，用世②多矣，齐大夫未有老辞邑者。今夫子独辞之，是毁国之故③，弃④寡人也。不可！"

晏子对曰："婴闻古之事君者，称身而食，德厚而受禄，德薄则辞禄。德厚受禄，所以明上也；德薄辞禄，可以洁下也。婴老，德薄无能，而厚受禄，是掩上之明、污下之行，不可。"

公不许，曰："昔吾先君桓公，有管仲恤⑤劳齐国，身老，赏之以三归⑥，泽及子孙。今夫子亦相寡人，欲为夫子三归，泽至子孙，岂不可哉？"

对曰："昔者管子事桓公，桓公义高诸侯，德备百姓。今婴事君也，国仅齐于诸侯，怨积乎百姓，婴之罪多矣，而君欲赏之，岂以其不肖父为不肖子厚受赏，以伤国民义哉？且夫德薄而禄厚，智惛而家富，是彰污而逆教也，不可。"

公不许，晏子出。异日朝，得间而入邑⑦，致车一乘而后止。

注　释

①定公：齐国先王中没有定公，疑为"丁公"。

②用世：即历世。

③故：指旧制。

④弃：违背，背叛。

⑤恤：忧虑。

⑥三归：指三处宅院。

⑦间：空隙，机会。入邑：指晏子把封邑的印绶等交还给了景公。入：交纳。

译　文

晏子做齐景公的丞相，年老辞官时，想把封邑退还给景公。景公说："自从我们的先王丁公开始到现在，经历的朝代已经很多了，齐国的大夫中没有年老辞官时归还封邑的。现在唯独您要归还封邑，这是破坏齐国的旧制，违背我的意愿。不可以！"

晏子回答说："我听说古代侍奉君主的人，衡量自身的能力来接受食邑，品德厚重的就接受俸禄，品德微薄的就退还俸禄。品德厚重而接受俸禄，是用来彰显君主的圣明；品德微薄而退还俸禄，可以使臣下廉洁。我现在老了，品德微薄且没有能力，却享受着丰厚的俸禄，这会遮蔽君主的圣明，使臣下的品行受到玷污，不能这样做。"

景公没有答应，说："从前我们的先王桓公有管仲忧劳齐国，等他老了，桓公就赏赐他三处宅院，恩泽延及他的子孙。现在您做我的丞相，我也想给您三处宅院，恩泽延及您的子孙，难道不可以吗？"

晏子回答说："从前管仲侍奉桓公时，桓公的道义高于别的诸侯，恩德遍及百姓。现在我侍奉您，齐国仅仅和别的诸侯国平起平坐，怨恨积聚在百姓心中，我的罪过已经很多了，但您却想赏赐我，难道是要让不贤德的父亲为了不贤德的儿子接受丰厚的赏赐，从而损害国家百姓的道义吗？况且品德微薄而俸禄丰厚，才智昏聩而家产富有，这是彰显污浊的品行而违背教化啊，不能这样做。"

景公没有答应，晏子就出来了。过了几天上朝，他找到机会就把封邑归还给了景公，还送还了一辆马车，这才了事。

晏子病将死妻问所欲言云毋变尔俗第二十九

原　文

晏子病，将死，其妻曰："夫子无欲言乎？"

子曰："吾恐死而俗变。谨视尔家，毋变尔俗也。"

译 文

晏子生病快死了，他的妻子问："您没有什么想说的吗？"

晏子说："我担心自己死了之后家规就变了。你要谨慎地看好这个家，不要改变家规。"

晏子病将死凿楹纳书命子壮而示之第三十

原 文

晏子病，将死，凿楹①纳书焉，谓其妻曰："楹语也，子壮而示之。"

及壮，发书，书之言曰："布帛不可穷②，穷不可饰③；牛马不可穷，穷不可服④；士不可穷，穷不可任；国不可穷，穷不可窃⑤也。"

注 释

①楹：厅堂前部的柱子。

②穷：困窘，贫乏。

③饰：修饰。这里指遮蔽身体。

④服：役使，驾车。

⑤窃：古"浅"字。浅：通"践"，登上。不可践：指不能登上君位，即不能保有国家。

译 文

晏子生病快死了，他凿开柱子放了一封信进去，对他的妻子说："柱子里的遗言，等儿子长大了给他看。"

等到儿子长大后，打开信，信中说："布帛不能竭尽，竭尽就没有可以遮蔽身体的了；牛马不能竭尽，竭尽就没有可以役使的了；士人不能贫乏，贫乏的话就没有人可以任用了；国家不能困窘，困窘的话就不能保有了。"

第七卷　外篇第七

景公饮酒命晏子去礼晏子谏第一

原　文

景公饮酒数日而乐，去冠披①裳，自鼓盆瓮，谓左右曰："仁人亦乐是夫？"梁丘据对曰："仁人之耳目，亦犹人也，夫奚为独不乐此也？"公曰："趣驾迎晏子。"

晏子朝服而至，受觞，再拜。公曰："寡人甚乐此乐，欲与夫子共之，请去礼。"晏子对曰："君之言过矣！群臣皆欲去礼以事君，婴恐君子之不欲也。今齐国五尺之童子，力皆过婴，又能胜君，然而不敢乱者，畏礼义也。上若无礼，无以使其下；下若无礼，无以事其上。夫麋鹿维②无礼，故父子同麀③。人之所以贵于禽兽者，以有礼也。婴闻之，人君无礼，无以临其邦；大夫无礼，官吏不恭；父子无礼，其家必凶；兄弟无礼，不能久同④。《诗》曰：'人而无礼，胡不遄死⑤。'故礼不可去也。"

公曰："寡人不敏，无良左右淫蛊⑥寡人，以至于此，请杀之。"晏子曰："左右何罪？君若无礼，则好礼者去，无礼者至；君若好礼，则有礼者至，无礼者去。"

公曰："善。请易衣革冠，更受命。"晏子避走，立乎门外。公令人粪洒改席，召晏子，衣冠以迎。晏子入门，三让，升阶，用三献⑦礼焉。嗛⑧酒尝膳，再拜，告餍⑨而出。公下拜，送之门，反，命撤酒去乐，曰："吾以彰晏子之教也。"

注　释

①披：打开，解开。

②维：通"唯"，因为。

③麀（yōu）：母鹿。

④同：和睦，和谐。

⑤“人而无礼”二句：见于《诗经·鄘风·相鼠》。遄：快，迅速。

⑥淫蛊：惑乱，蛊惑。

⑦三献：古代祭祀时献酒三次，即初献爵、亚献爵、终献爵，合称“三献”。

⑧嗛（xián）：通“衔”，用嘴含物。这里指品酒。

⑨餍（yàn）：吃饱。

译 文

齐景公连着喝了几天酒，心情很舒畅，脱掉帽子，解开下裙，自己敲着盆子瓦罐，对左右近臣说：“仁义的人也能以此为乐吗？”梁丘据回答说：“仁义的人耳朵眼睛也和一般人一样，为什么会偏偏不喜欢这些呢？”景公说：“赶紧驾车去接晏子。”

晏子穿着朝服来了，接过酒杯，拜了两拜。景公说：“我非常喜欢这样玩乐，想和夫子您一起享受，请您免去礼节。”晏子回答说：“您的话说错了！群臣都想免去礼节来侍奉君主，我担心君子不这样想。如今齐国，五尺高的孩子，力量都能超过我，也能超过您，但是他们却不敢作乱，就是因为害怕礼义。身处上位的如果没有礼义，就无法驱使身处下位的人；身处下位的人如果没有礼义，就无法侍奉身处上位的人。麋鹿正是因为不懂礼义，所以父子同配一只母鹿。人之所以比禽兽高贵，就是因为有礼义。我听说，君主没有礼义，就无法治理国家；大夫没有礼义，下属官吏就不恭敬；父子之间没有礼义，这个家族一定会遭殃；兄弟之间没有礼义，就不能长久地和睦相处。《诗经》中说：‘做人如果不讲礼义，那还不如早早死去。’所以礼节不能免除。”

景公说：“我太愚钝了，那些没有好德行的左右随从蛊惑我，才到了这种地步，请让我杀了他们。”晏子说：“左右近臣有什么罪过？您如果不讲礼义，那喜好礼义的人就会离开，不讲礼义的人就会到来；您如果喜好礼义，那么讲礼义的人就会到来，不讲礼义的人就会离开。”

景公说：“您说得好。请让我更换一下衣服帽子，再来接受您的教诲。”晏子回避出去，站在门外。景公让人清理房间，更换酒席，然后召见晏子，自己穿戴整齐地迎接他。晏子进门，礼让了三次，登上台阶，使用三次献酒的礼仪。品了些酒，尝了点菜，拜了两拜，说吃饱了之后就出宫了。景公走下台阶拜了一拜，送晏子到门口，回来之后，下令撤去酒席和音乐，说：“我要以此来彰显晏子的教诲。”

景公置酒泰山四望而泣晏子谏第二

原 文

景公置酒于泰山之上，酒酣，公四望其地，喟然叹，泣数行而下，曰："寡人将去此堂堂国而死乎？"左右佐[①]哀而泣者三人，曰："臣细人也，犹将难[②]死，而况公乎？弃是国也而死，其孰可为乎？"

晏子独搏其髀[③]，仰天而大笑曰："乐哉！今日之饮也。"

公怫然[④]怒曰："寡人有哀，子独大笑，何也？"

晏子对曰："今日见怯君一，谀臣三，是以大笑。"

公曰："何谓谀怯也？"

晏子曰："夫古之有死也，令后世贤者得之以息，不肖者得之以伏。若使古之王者毋有死，自昔先君太公至今尚在，而君亦安得此国而哀之？夫盛之有衰，生之有死，天之分[⑤]也；物有必至[⑥]，事有常然[⑦]，古之道也。曷为可悲？至老尚哀死者，怯也；左右助哀者，谀也。怯谀聚居，是故笑之。"

公惭而更辞曰："我非为去国而死哀也。寡人闻之，彗星出，其所向之国君当之。今彗星出而向吾国，我是以悲也。"

晏子曰："君之行义回邪，无德于国。穿池沼，则欲其深以广也；为台榭，则欲其高且大也；赋敛如抝夺[⑧]，诛僇如仇雠。自是观之，茀[⑨]又将出。彗星之出，庸可惧乎？"

于是公惧，乃归，窴[⑩]池沼，废台榭，薄赋敛，缓刑罚，三十七日而彗星亡。

注释

①佐：陪同。

②难：恐惧。

③搏：通“拍”，轻击。髀（bì）：大腿。

④怫（fú）然：愤怒的样子。

⑤分：原则。

⑥必至：指必然的结局、归宿。

⑦常然：指常法，规律。

⑧扮（huī）夺：掠夺。

⑨茀：通“孛（bèi）”，类似彗星。

⑩寘：通“填”，填埋。

译文

齐景公在泰山上设置了酒席，喝得尽兴时，四面眺望国土，然后长叹一声，眼泪一行行流了下来，说：“我将要离开这堂堂大国而死去吗？”左右有三个近臣陪着他哀伤流泪，说：“我们只是微不足道之人，尚且怕死，何况是大王您呢？您抛弃这个国家而死去，还有谁能来治理呢？”

只有晏子敲着大腿，仰天大笑，说：“今天的宴饮真是欢乐啊！”

景公勃然大怒说：“我很哀伤，您却偏偏大笑，这是为什么？”

晏子回答说：“今天我看到了一位怯懦的君主，三个谄媚的臣子，所以大笑。”

景公问：“什么叫谄媚、怯懦？”

晏子说：“自古以来人就有一死，它让后代的贤人能够安息，让不贤德的人能够隐伏。如果古代的君王不会死去，那远自从前的先王姜太公到如今也还会存在，您又怎么能得到这个国家并为了死去而哀伤呢？有兴盛就有衰败，有生就有死，这是上天的原则；万物都有必然的归宿，万事都有一定的规律，这是自古以来的道理。有什么可悲伤的？到老了还为死亡而哀伤，这是怯懦；左右近臣陪着哀伤，这是谄媚。怯懦的人和谄媚的人聚集在一起，所以我大笑啊。”

景公惭愧地改口说：“我不是因为要离开国家死去而感到悲哀。我听说，彗星出现了，那它所指向国家的国君就要承受灾祸。现在彗星出现而且指向我国，所以我感到悲哀。”

晏子说："您的行为邪僻，对国家没有恩德。开凿池泽，就想让它又深又广；建造台榭，就想让它又高又大；征收赋税就像掠夺一样，杀戮百姓就像对待仇敌一样。由此看来，孛星也将要出现了。彗星出现，有什么可怕的呢？"

于是景公很害怕，就回宫了。他下令填了池泽，拆了台榭，减轻了赋税，放宽了刑罚，三十七天后，彗星就消失了。

景公瞢见彗星使人占之晏子谏第三

原　文

景公瞢见彗星。明日，召晏子而问焉曰："寡人闻之，有彗星者必有亡国。夜者，寡人瞢见彗星，吾欲召占瞢者使占之。"

晏子对曰："君居处无节，衣服无度，不听正谏，兴事无已，赋敛无厌，使民如将不胜①，万民怼②怨，茀星又将见瞢，奚独彗星乎？"

注　释

①如将不胜：将不能忍受。

②怼：怨恨。

译　文

齐景公梦到了彗星。第二天，他召见晏子询问说："我听说，有彗星出现，就一定会有国家灭亡。昨晚我梦到了彗星，我想召见占梦师，让他占卜一下。"

晏子回答说："您日常生活没有节制，衣服穿戴没有限度，不听从直言劝谏，大兴土木没有止境，征收赋税从不满足，役使百姓使他们无法忍受，万民都怨恨您，孛星也将出现在您梦里，何止只有彗星啊？"

景公问古而无死其乐若何晏子谏第四

原　文

景公饮酒，乐，公曰："古而无死，其乐若何？"

晏子对曰："古而无死，则古之乐也，君何得焉？昔爽鸠氏①始居此地，季荝因之②，有逢伯陵因之③，蒲姑氏④因之，而后太公因之。古若无死，爽鸠氏之乐，非君所愿也。"

注　释

①爽鸠氏：传说为少昊氏的司寇，居营丘。

②季荝（cè）：虞夏时的诸侯。因：因袭，继承。

③有：附在动词、名词、形容词前，相当于词缀，无实际意义。逢伯陵：商代诸侯。

④蒲姑氏：商周时东夷一带的诸侯。

译　文

齐景公喝酒喝得很快乐，问晏子说："自古以来没有死亡，那将是怎样的快乐啊？"

晏子回答说："若自古以来没有死亡，那就是古人的快乐了，您怎么能得到这种快乐呢？从前爽鸠氏首先居住在这里，季荝继承了他，逢伯陵继承了季荝，蒲姑氏继承了逢伯陵，之后姜太公继承了蒲姑氏。自古以来如果没有死亡，那就是爽鸠氏的快乐了，这不是您所愿意的。"

景公谓梁丘据与己和晏子谏第五

原 文

景公至自畋，晏子侍于遄台，梁丘据造[①]焉。公曰："维据与我和夫！"

晏子对曰："据亦同也，焉得为和？"

公曰："和与同异乎？"

对曰："异。和如羹焉，水火醯醢[②]盐梅，以烹鱼肉，燀[③]之以薪，宰夫和之，齐之以味，济其不及，以泄[④]其过，君子食之，以平其心。君臣亦然。君所谓可，而有否焉，臣献其否，以成其可；君所谓否，而有可焉，臣献其可，以去其否。是以政平而不干[⑤]，民无争心。故《诗》曰：'亦有和羹，既戒且平；鬷嘏无言，时靡有争[⑥]。'先王之济五味、和五声也，以平其心、成其政也。声亦如味，一气、二体、三类、四物、五声、六律、七音、八风、九歌[⑦]，以相成也；清浊、大小、短长、疾徐、哀乐、刚柔、迟速、高下、出入、周流[⑧]，以相济也。君子听之，以平其心，心平德和。故《诗》曰：'德音不瑕[⑨]。'今据不然，君所谓可，据亦曰可；君所谓否，据亦曰否。若以水济水，谁能食之？若琴瑟之专一，谁能听之？同之不可也如是。"

公曰："善。"

注 释

①造：拜访。

②醯醢（xī hǎi）：醋和肉酱。

③燀（chǎn）：烧。

④泄：排出。这里指减少。

⑤干：抵触，冲犯。

⑥“亦有和羹”四句：见于《诗经·商颂·烈祖》。戒：齐备。鬷（zōng）：通“总”，聚集。嘏（gǔ）：祈祷，祝福。

⑦一气：指人的气息。二体：指文舞和武舞。三类：指风、雅、颂三种乐调。四物：指制作乐器的四方之物。六律：通指黄钟、太簇、姑洗、蕤宾、夷则、无射六阳律与大吕、夹钟、中吕、林钟、南吕、应钟六阴律。七音：指在五音宫、商、角、徵、羽的基础上加上变宫、变徵。八风：指八方之风。东方谷风，东南清明风，南方凯风，西南凉风，西方阊阖风，西北不周风，北方广莫风，东北融风。九歌：相传为夏禹时的乐歌。

⑧周流：密与疏。

⑨德音不瑕：见于《诗经·豳风·狼跋》。

译文

齐景公从打猎的地方回来，晏子在遄台陪侍，梁丘据来拜见。景公说：“只有梁丘据与我相和啊！”

晏子回答说：“梁丘据不过是与您相同，怎么能算是相和呢？”

景公问：“相和与相同不一样吗？”

晏子回答说：“不一样。相和就像煮羹汤，用水、火、醋、酱、盐、梅子这些材料来烹调鱼肉，用柴草烧煮，厨师调和各种材料，使味道适中，不够就增加，过了就减少，君子吃了这种羹汤，就会心平气和。君臣之间的关系也是这样。君主认为可行的，但其中也有不可行的地方，臣子进言说出不可行的问题，来使君主的主张可行；君主认为不可行的，但其中也有可行的地方，臣子进言说出可行的主张，来去除不可行的问题。因此政治平和而不冲犯，百姓没有争斗之心。所以《诗经》中说：‘再把肉羹调制好，五味齐备又平和；众人祷告不出声，没有争执很庄重。’古代圣王用调和五味和五声的方法，来平和自己的心境，成就清平的政局。声音也像味道一样，是由一气、二体、三类、四物、五声、六律、七音、八风、九歌组成的；清与浊、大与小、短与长、疾与徐、哀与乐、刚与柔、快与慢、高与低、出与入、密与疏，这些相互补充。君子听了，就会心平气和，心平气和就会道德和顺。所以《诗经》中说：‘仁德的音乐没有瑕疵。’现在梁丘据却不是这样，您说可行，他也说可行；您说不可行，他也说不可行。就像拿水加水，谁要喝呢？就像琴瑟只弹一个音，谁要听呢？相同的不可取之处就像这样。”

景公说：“您说得好。”

景公使祝史禳彗星晏子谏第六

原　文

齐有彗星，景公使祝禳之。晏子谏曰："无益也，只取诬焉。天道不谄[①]，不贰[②]其命，若之何禳之也？且天之有彗，以除秽也。君无秽德，又何禳焉？若德之秽，禳之何损？《诗》云：'维此文王，小心翼翼，昭事上帝，聿怀多福，厥德不回，以受方国[③]。'君无违德，方国将至，何患于彗？《诗》曰：'我无所监，夏后及商，用乱之故，民卒流亡[④]。'若德回乱，民将流亡，祝史之为，无能补也。"公说，乃止。

注　释

①谄（tāo）：疑惑。

②贰：改变，背叛。

③"维此文王"六句：见于《诗经·大雅·大明》。昭：借作"劭"，勤勉。聿（yù）：语气助词。怀：这里指招来。厥：犹"其"，他，他的。回：邪僻。方：商朝时候称外部族。

④"我无所监"四句：今本《诗经》不见载，或为佚诗。监：通"鉴"，借鉴。后：上古君主称谓。用：因为。

译　文

齐国上空出现了彗星，齐景公让祝官祈祷祛除它。晏子劝谏说："这样是没有用的，只是自欺欺人罢了。天命不可怀疑，它不会改变旨意，像这样怎能祛除呢？况且上天出现彗星，是用来扫除污秽的。您没有污秽的德行，又为什么要祛除它呢？如果您的德行污秽，那祛除它又能去掉什么呢？《诗经》中说：'只有这个周文王，严肃小心又谨慎。勤勉地侍奉天帝，得到许多福气。德行光明又磊落，受到各国的崇敬。'若君主您没有邪曲的德行，各地的诸侯都将前来归附，还怕什么彗星呢？《诗经》中说：'我没有什么可借鉴的，只看到夏朝和商朝，它们由于政治昏乱，老百姓最终都流离逃亡。’如果您的德行邪恶昏乱，那百姓也将流亡，祝官和史官所做的事情，是不能补救的。”景公听了很高兴，就停止了祝祷。

景公有疾梁丘据裔款请诛祝史晏子谏第七

原　文

景公疥遂痁[①]，期而不瘳[②]，诸侯之宾，问疾者多在。梁丘据、裔款言于公曰：“吾事鬼神，丰于先君有加矣。今君疾病，为诸侯忧，是祝史之罪也。诸侯不知，其谓我不敬，君盍诛于祝固、史嚚[③]以辞宾？”

公说，告晏子。晏子对曰：“日[④]宋之盟，屈建问范会之德于赵武[⑤]，赵武曰：‘夫子家事治，言于晋国，竭情无私。其祝史祭祀，陈言不愧；其家事无猜，其祝史不祈。’建以语康王[⑥]，康王曰：‘神人无怨，宜夫子之光辅五君，以为诸侯主也。’”

公曰：“据与款谓寡人能事鬼神，故欲诛于祝史，子称是语何故？”

对曰：“若有德之君，外内不废，上下无怨，动无违事，其祝史荐信[⑦]，无愧心矣。是以鬼神用飨，国受其福，祝史与焉。其所以蕃祉[⑧]老寿者，为信君使也，其言忠信于鬼神。其适遇淫君，外内颇邪，上下怨疾，动作辟违，从欲厌私，高台深池，撞钟舞女，斩刈[⑨]民力，输[⑩]掠其聚，以成其违，不恤后人，暴虐淫纵，肆行非度，无所还忌，不思谤讟[⑪]，不惮鬼神，神怒民痛，无悛[⑫]于心。其祝史荐信，是言罪也；其盖失数美，是矫诬也；进退无辞，则虚以求媚，是以鬼神不飨，其国以祸，祝史与焉。所以夭昏[⑬]孤疾者，为暴君使也，其言僭嫚[⑭]于鬼神。”

公曰："然则若之何？"

对曰："不可为也。山林之木，衡鹿[15]守之；泽之萑蒲[16]，舟鲛[17]守之；薮[18]之薪蒸，虞候[19]守之；海之盐蜃，祈望[20]守之。县鄙之人，入从其政[21]；逼尔之关，暴征其私；承嗣[22]大夫，强易其贿[23]；布常无艺[24]，征敛无度；宫室日更，淫乐不违[25]；内宠之妾肆夺于市，外宠之臣僭[26]令于鄙；私欲养求，不给则应[27]。民人苦病，夫妇皆诅。祝有益也，诅亦有损。聊、摄[28]以东，姑、尤[29]以西，其为人也多矣，虽其善祝，岂能胜亿兆人之诅[30]？君若欲诛于祝史，修德而后可。"

公说，使有司宽政，毁关去禁，薄敛已责[31]。公疾愈。

注 释

①疥：通"痎（jiē）"，隔日疟。店（shān）：指大疟疾。

②瘳（chōu）：病愈。

③史嚚（yín）：一个名叫嚚的史官。

④日：日前，之前。

⑤屈建：屈氏，名建，字子木。春秋时楚国令尹。范会：晋国大夫，以贤德著称。赵武：即赵文子，嬴姓，赵氏。春秋时晋国卿大夫。

⑥康王：指楚康王，芈姓，熊氏，名招。春秋时期楚国国君，公元前559—公元前545年在位。

⑦荐信：指陈述实情。

⑧蕃祉：多福。蕃：繁多。

⑨斩刈：断绝，灭绝。

⑩输：交出，缴纳。

⑪讟（dú）：怨言。

⑫悛：悔改。

⑬夭昏：即夭折。

⑭僭嫚（màn）：欺诈轻侮。

⑮衡鹿：亦作"衡麓"。指守护山林之官。

⑯萑（huán）蒲：两种芦苇类植物。

⑰舟鲛：古代掌管泽薮的官。

⑱薮（sǒu）：草原，草泽。

⑲虞候：春秋时期掌管山泽的职官。

⑳祈望：春秋时齐国设置的主管鱼盐之利的官员。

㉑政：通“征”，征役。

㉒承嗣：世袭，传代。

㉓贿：财物。

㉔艺：标准，准则。

㉕淫乐不违：指过度享乐没有止息。

㉖僭：超越身份，冒用在上者的职权、名义行事。

㉗应：通“膺”，讨伐，打击。

㉘聊、摄：聊城和摄城，是当时齐国的西界。

㉙姑、尤：姑水和尤水，是当时齐国的东界。

㉚亿：古代指十万。兆人：即兆民，百姓。

㉛已责：废除债务。责：通“债”。

译文

齐景公得了二日一发的疟疾，后转成了大疟疾，一年了也没有痊愈，各地诸侯派来慰问的宾客大多还在齐国。梁丘据、裔款向景公说道：“我们侍奉鬼神，祭品比先王们更加丰厚。现在您生病这么严重，让诸侯们担忧，这是祝官和史官的罪过。诸侯们不了解情况，还以为我们对鬼神不恭敬，您为什么不杀了祝官固和史官嚚来向诸侯宾客们谢罪呢？”

景公听了很高兴，就把这件事告诉了晏子。晏子回答说：“之前在宋国会盟时，屈建向赵武询问范会的品德如何，赵武说：‘这位夫子的家事治理得很好，在晋国朝中说话，尽心竭力，没有私心，他的祝官和史官祭祀时，说的话不愧对鬼神；他的家事没有可猜疑的，祝官和史官于是不需要祈祷。’屈建把这些话告诉了楚康王，康王说：‘鬼神和众人对范会都没有怨恨，那他先后辅佐五位君主，使他们成为诸侯首领也是应该的了。’”

景公问：“梁丘据和裔款说我也能侍奉鬼神，所以想杀了祝官和史官，您说这些话是什么意思？”

晏子回答说：“如果是有德行的君主，朝廷内外的事务不荒废，上下臣民没有怨恨，行为不违背礼义，那他的祝官和史官向鬼神陈述实情，心中就没有愧疚。因此鬼神享用祭品，国家接受福泽，祝官和史官也沾了光。他们之所以多福多寿，就是因为做了诚信君主的使者，对鬼神说话忠诚信实。如果他们刚好遇到一个昏君，处理朝廷内外的事务偏颇不正，上下臣民都痛恨他，行为邪僻而违背礼义，放纵欲望而满足私心，高筑台榭，深挖水池，奏乐跳舞，竭尽民力，掠夺民财，来满足他邪僻的行为，不体恤后人，暴虐荒淫，行事放肆无度，没有顾忌，不思虑百姓的怨言，不忌惮鬼神的惩罚，使得鬼神愤怒而百姓痛苦，但他却没有悔改之心。他的祝官和史官向鬼神陈述实情，那就是述说君主的罪行；如果掩饰过失而述说美德，那就是掩饰欺骗；他们进退两难，没有话可说，就只能说些空话来向鬼神讨好献媚，因此鬼神不享用祭品，国家遭受祸患，祝官和史官也受到牵连。他们之所以过早夭折或患病，就是因为做了昏君的使者，对鬼神说话虚假轻慢。”

景公说：“既然如此，那该怎么做呢？”

晏子回答说：“不能杀了祝官和史官。山林里的树木，有衡鹿官守着；水泽中的芦苇，有舟鲛官守着；草地上的柴草，有虞候官守着；海边的盐与蛤蜊，有祈望官守着。边远地区的百姓，都要前来服从劳役；邻近的关卡，强行征收百姓的私财；世袭的大夫们，强制收买百姓的财物；颁布法令通常没有准则，横征暴敛没有限度；宫室天天改建，过度享乐没有止息；宫内受宠的姬妾在集市中放肆掠夺，宫外受宠的臣子在边界假传王命；为了私欲不断索求，不能得到满足就降罪于人。百姓痛苦不堪，男男女女都向上天发誓诅咒。祝祷是有益的，但诅咒是有害的，自聊城、摄城以东，到姑水、尤水以西，中间的百姓很多啊！即使祝官和史官擅长祷告，但怎么能胜过几十万百姓的诅咒呢？您如果想杀了祝官和史官，只有修养好自身的德行之后才可以。”

景公听了很高兴，就让主管官吏放宽政令，拆掉关卡，解除禁令，减轻赋税，废除债务。之后景公的病就痊愈了。

景公见道殣[1]自惭无德晏子谏第八

原　文

景公赏赐及后宫，文绣[2]被台榭，菽粟食凫雁[3]。出而见殣，谓晏子曰：“此何为而死？”

晏子对曰：“此馁[4]而死。”

公曰：“嘻！寡人之无德也甚矣。”

对曰："君之德著而彰，何为无德也？"

景公曰："何谓也？"

对曰："君之德及后宫与台榭，君之玩物，衣以文绣；君之凫雁，食以菽粟；君之营内[5]自乐，延及后宫之族，何为其无德？顾[6]臣愿有请于君：由君之意、自乐之心，推而与百姓同之，则何殣之有？君不推此，而苟营内好私，使财货偏[7]有所聚，菽粟币帛腐于困府，惠不遍加于百姓，公心不周乎万国，则桀、纣之所以亡也。夫士民之所以叛，由偏之也。君如察臣婴之言，推君之盛德，公布之于天下，则汤、武可为也，一殣何足恤哉！"

注释

①殣（jìn）：饿死的人。

②文绣：刺绣华美的丝织品或衣服。

③凫雁：鸭与鹅。

④馁：通"馁"，饥饿。

⑤营内：指为自身谋求。

⑥顾：只是，但是。

⑦偏：指独占。

译文

齐景公的赏赐遍及后宫，台榭上覆盖着绣着花纹的丝帛，鹅鸭之类的禽鸟吃着豆子谷子。他出宫看到一个饿死的人，问晏子说："这个人因何而死？"

晏子回答说："是因为饥饿。"

景公说："哎！我太没有德行了！"

晏子回答说："您的德行显著而彰明，怎么能说没有德行呢？"

景公问："您说的是什么意思？"

晏子回答说："您的恩德遍及后宫和台榭，您的玩物都覆盖着绣着花纹的丝帛；您的鹅和鸭吃着豆子谷子；您谋求自身的欢乐，延及后宫姬妾的亲族，怎么能说没有德行呢？只是我对您有几点希望：从您的本意以及自己追求享乐的思想，推广到和百姓共同享乐，那怎么还会有饿死的人呢？您不推广这个思想，只是苟且谋求自身私欲的满足，使财物聚集在一处，粮食、钱币、布帛都腐烂在仓库里，而恩惠不能普遍地施加于百姓，您的关心也不遍及各国，这就是夏桀和商纣王灭亡的原因。士人和百姓之所以背叛君主，是因为君主独占财物啊。您如果能体察我说的话，推广您的美德，将其公正地施放到天下各地，就可以成为像商汤、周武王那样的贤君了，体恤一个饿死的人又算什么呢！”

景公欲诛断所爱橚①者晏子谏第九

原　文

景公登箐室②而望，见人有断雍门之橚者，公令吏拘之，顾谓晏子趣诛之，晏子默然不对。

公曰："雍门之橚，寡人所甚爱也，比见断之，故使夫子诛之，默然而不应，何也？"

晏子对曰："婴闻之，古者人君出，则辟道③十里，非畏也；冕前有旒④，恶⑤多所见也；纩纮⑥充耳，恶多所闻也；泰带重半钧⑦，舄履⑧倍重，不欲轻也。刑死之罪，日中之朝⑨，君过之，则赦之。婴未尝闻为人君而自坐⑩其民者也。"

公曰："赦之，无使夫子复言。"

注　释

①橚（sù）：即楸树。

②箐室：室名。箐：一种小竹。

③辟道：开辟道路。古代帝王出行，先在道路上屏除行人，以防干扰冒犯。

④冕：帝王的礼帽。旒（liú）：古代皇帝礼帽前后悬垂的玉串。

⑤恶：讨厌。这里指避免。

⑥纩纮（kuàng hóng）：古时帝王冠冕左右悬垂耳塞的带子。

⑦泰带：宽大的衣带。泰：即大。钧：古代重量单位，三十斤为一钧。此处“半钧”当为十五斤，衣带十五斤似不合理，疑为“斤”之误。

⑧舄（xì）履：指双底的鞋子。

⑨朝：市朝，集市。

⑩坐：定罪。

译　文

齐景公登上箐室远望，看到有个人砍断了雍门前的楸树，景公命官吏去拘捕他，回头叫晏子赶紧杀了他，晏子沉默着没有回答。

景公说："雍门前的楸树是我非常喜欢的，现在看到被人弄断了，所以让您杀了他，您为什么沉默不回答？"

晏子回答说："我听说，古时候君主出宫，就要让十里内的百姓回避，这不是因为害怕；冠冕前面有下垂的玉串，这是避免君主看得太多；冠冕左右垂下的带子堵塞耳朵，这是避免君主听得太多；宽大的衣带重达半斤，双底的鞋子重量加倍，这是不让君主轻易行事。在正午的集市上处决判了死刑的犯人，君主如果从那里经过，就要赦免他。我从来没听说过做君主的亲自给百姓判罪。"

景公说："放了他，不要让夫子再说什么了。"

景公坐路寝曰谁将有此晏子谏第十

原　文

景公坐于路寝，曰："美哉室！其将谁有此乎？"

晏子对曰："其田氏乎，田无宇为垾[①]矣。"

公曰："然则奈何？"

晏子对曰："为善者，君上之所劝[②]也，岂可禁哉？夫田氏，国门击柝[③]之家，父以托其子，兄以托其弟，于今三世矣。山木如[④]市，不加于山；鱼盐蚌蜃，不加于海；民财为之归。今岁凶饥，蒿种芼敛不半[⑤]，道路有死人。齐旧四量，四升为豆，豆四而区，区四而釜，釜十而钟。田氏四量，各加一焉。以家量贷，以公量收，则所以籴[⑥]，百姓之死命者泽矣。今公家骄汏[⑦]，而田氏慈惠，国泽[⑧]是将焉归？田氏虽无德，而有施于民，公厚敛而田氏厚施焉。《诗》曰：'虽无德与汝，式歌且舞⑨。'田氏之施，民歌舞之也，国之归焉，不亦宜乎？"

注释

①垾（hàn）：小堤。这里指田氏已经深得民心，地位稳固了。

②劝：勉励。

③击柝（tuò）：敲梆子巡夜。

④如：到，往。

⑤蒿：通"耗"，消耗。芼（mào）：用手指或指尖采摘。

⑥籴（dí）：买进粮食。

⑦骄汰：即骄泰，骄恣放纵。

⑧泽：通"舍"，舍弃。

⑨"虽无德与汝"二句：见于《诗经·小雅·车舝》。式：发语词，无义。

译文

齐景公坐在路寝台上，说："这个宫室真美啊！以后谁将拥有它呢？"

晏子回答说："大概是田氏吧，田无宇已经深得民心、地位稳固了。"

景公问："那我该怎么办呢？"

晏子回答说："做好事是君主所要鼓励的，怎么能禁止呢？田氏本来是在城门打更的人家，父亲把这个传给儿子，兄长传给弟弟，到现在已经三代了。山上的木材运到集市上，价格不比在山上贵；鱼、盐、蚌、蛤运到集市上，价格不比在海边贵；百姓的财物都归到田氏家族那里了。今年收成不好闹了饥荒，消耗的种子收获的只有一半，路上有饿死的人。齐国公家旧有的四种量器，四升是一豆，四豆是一区，四区是一釜，十釜是一钟。但田氏的四种量器，都比公家的量器大一倍。他们用自家的量器贷出粮食，用公家的量器回收粮食，像这样买进粮食，就使濒临死亡的百姓受到了恩泽。如今王室骄奢放纵，而田氏却仁慈德惠，除了他国家还能归谁所有呢？田氏虽然没有德行，但施惠于百姓，您多收取，田氏却多施与。《诗经》中说：'虽无恩德赠予你，请来唱歌与跳舞。'田氏施惠于百姓，百姓为他唱歌跳舞，国家归他所有，不也是应该的吗？"

景公台成盆成适[1]愿合葬其母晏子谏而许第十一

原 文

景公宿于路寝之宫，夜分[2]，闻西方有男子哭者，公悲之。明日朝，问于晏子曰："寡人夜者，闻西方有男子哭者，声甚哀，气甚悲，是奚为者也？寡人哀之。"晏子对曰："西郭徒居布衣之士盆成适也[3]，父之孝子、兄之顺弟也，又尝为孔子门人。今其母不幸而死，祔柩[4]未葬，家贫，身老，子孺[5]，恐力不能合祔，是以悲也。"公曰："子为寡人吊之，因问其偏祔[6]何所在。"

晏子奉命往吊，而问偏祔之所在。盆成适再拜，稽首而不起，曰："偏祔寄于路寝，得为地下之臣，拥札掺笔[7]，给事[8]宫殿中右陛之下。愿以某日送，未得君之意也。穷困无以图之，布[9]唇枯舌，焦心热中。今君不辱而临之，愿君图之。"晏子曰："然。此人之甚重者也，而恐君不许也。"盆成适蹶然[10]曰："凡在君耳！且臣闻之，越王[11]好勇，其民轻死；楚灵王[12]好细腰，其朝多饿死人；子胥[13]忠其君，故天下皆愿得以为臣；孝己[14]爱其亲，故天下皆愿得以为子。今为人子，而离散其亲戚，孝乎哉？足以为臣乎？若此而得祔，是生臣而安死母也；若此而不得，则臣请挽尸车而寄之于国门外宇溜[15]之下，身不敢饮食，拥辕执辂[16]，木干鸟栖，袒肉暴骸，以望君愍[17]之。贱臣虽愚，窃意明君哀而不忍也。"

晏子入，复乎公。公忿然作色而怒曰："子何必患若言而教寡人乎？"晏子对曰："婴闻之，忠不避危，爱无恶言。且婴固以难之矣。今君营处为游观，既夺人有，又禁其葬，非仁也；肆心傲听，不恤民忧，非义也。若何勿听？"因道盆成适之辞。

公喟然太息曰：“悲乎哉！子勿复言。”乃使男子袒免、女子髽者以百数[18]，为开凶门[19]，以迎盆成适。适脱衰绖，冠条缨[20]，墨缘[21]，以见乎公。

公曰：“吾闻之，五子不满隅，一子可满朝[22]，非乃子耶！”盆成适于是临事不敢哭，奉事以礼。毕，出门，以后举声焉。

注 释

①盆成适（kuò）：人名。

②夜分：半夜。

③郭：在城的外围加筑的一道城墙，即外城。徒居：指无业闲居。

④祔（fù）柩：应合葬之柩。

⑤孺：幼小。

⑥偏祔：指已经葬了一位的合葬墓。这里指盆成适亡父的墓穴。

⑦拥札掺（shǎn）笔：拿着木片和毛笔。札：古代用来写字的小木片。掺：持，握。

⑧给事：供职。

⑨布：通“膊”，干肉。这里指干燥。

⑩蹶然：迅速起身的样子。

⑪越王：指越王勾践。姒姓，名勾践，春秋末年越国国君。前496年即位，曾败于吴国，被迫求和。返国后卧薪尝胆，最终打败吴国。

⑫楚灵王：芈姓，熊氏，初名围，即王位后改名虔。公元前541年，自立为楚国国君，是春秋时代有名的穷奢极欲之君。

⑬子胥：即伍子胥，名员，字子胥。本为楚国椒邑人，后逃到吴国，成为吴王阖闾的重臣。春秋末期吴国大夫、军事家。

⑭孝己：即祖己，商王武丁之长子，祖庚之兄。他每晚要起床五次，看父母是否睡得安好，故称“孝己”。

⑮宇溜：屋檐。溜：通“霤（liù）”，屋檐的流水处。

⑯辕：车前驾牲畜的两根直木。辂：古代车辕上用来挽车的横木。

⑰愍：通“悯”，怜悯。

⑱袒免：袒衣免冠。古代丧礼中规定：凡五服以外的远亲，无丧服之制，唯脱上衣，露左臂，脱冠扎发，用宽一寸布从颈下前部交于额上，又向后绕于髻，以示哀思。髽（zhuā）：古代妇人在办丧事时梳的发髻，用麻束住头发。

⑲凶门：旧时办丧事在门外用白绢或白布结扎成门形，称凶门。

⑳条缨：丝制的带子，饰于驾车的马或结于冠。条：通“绦”，用丝线编织成的带子。

㉑墨缘：指用墨染黑衣服的边缘。

㉒五子不满隅，一子可满朝：古代谚语，指不肖子再多也没用，好儿子一个就够了。

译文

齐景公晚上住在路寝宫中，半夜时，听到西边有个男子在哭，景公觉得很悲伤。第二天上朝，景公向晏子问道：“我昨晚听到西边有个男子在哭，声音很哀怨，气息很悲伤，这是什么人啊？我很怜悯他。”晏子回答说：“是住在西城门外无业的平民盆成适，他是父亲的孝顺儿子、兄长的恭顺弟弟，又曾经是孔子的弟子。现在他的母亲不幸去世了，要和亡父合葬的灵柩还没有下葬，他家里贫困，自身年老，孩子幼小，担心无力合葬，因此悲伤。”景公说：“您替我去吊唁一下，顺便问问他亡父安葬在什么地方。”

晏子受命去盆成适家吊唁，并询问他亡父安葬在什么地方。盆成适拜了两拜，叩头不起，说：“我亡父的墓穴依附着路寝台，能够成为君主的地下臣子，拿着木片毛笔，供职于宫殿右边的台阶下。我希望有天能把亡母送过去合葬，但没有得到君主的旨意。我处境艰难，没有办法图谋这件事，急得口干舌燥，内心焦灼。现在您屈尊来到这里，希望您能帮我想想办法。”晏子说：“好。这是人们非常看重的事情，但就怕大王不允许。”盆成适突然起身说：“一切都依靠您了啊！况且我听说，越王喜好勇武，他的百姓就轻视死亡；楚灵王喜好纤细的腰身，他的国内就有很多饿死的人；伍子胥忠于君主，所以天下诸侯都希望能得到他做臣子；孝己敬爱父母双亲，所以天下人都希望能得到他做儿子。现在我作为儿子，却要使父母分散于两地，这是孝顺吗？我足以做臣子吗？如果这件事能够办成，那就是让我活命又让亡母安息啊；如果不能办成，那我请求拉着灵车站在城门外的屋檐下，自身不敢喝水吃饭，抱着车辕拉着横木，像树干一样任鸟停息，袒露身体，来求得君主的怜悯。我虽然很愚钝，但私下也知道大王是会哀怜而不忍心的。”

晏子入宫，向景公回复。景公生气地变了脸色，愤怒地说：“您何必因为担心他的话而来教诲我呢？”晏子回答说：“我听说，忠心的人不回避危险，出于爱护而说的就没有不好的话。况且我本来也觉得这件事太难办了。现在你把这里建成了游玩观赏的处所，已经侵占了别人的地方，又禁止别人安葬亲人，这不仁爱；放纵私心，不听劝谏，不体恤百姓的忧虑，这不道义。您为什么不听我说完呢？”于是陈述了盆成适所说的话。

景公长叹一口气说：“这真是太悲惨了！您不要再说了。”于是命几百个人服丧，男的脱帽露臂，女的用麻束发，另外用白布扎成凶门，来迎接盆成适。盆成适脱掉丧服，头戴丝带帽，穿着用墨染黑边缘的衣服，去拜见景公。

景公说：“我听说，五个不好的儿子站不满屋角，一个好的儿子可以充满朝廷，不正是你吗！”盆成适于是在安葬时不敢哭泣，按照礼制行事。结束之后，出了宫门，才放声大哭。

景公筑长庲台晏子舞而谏第十二

原　文

景公筑长庲之台。晏子侍坐，觞三行，晏子起舞曰：“岁已暮矣，而禾不获，忽忽[①]矣若之何？岁已寒矣，而役不罢，惙惙[②]矣如之何？”舞三，而涕下沾襟。景公惭焉，为之罢长庲之役。

注　释

①忽忽：失意忧愁的样子。

②惙（chuò）惙：忧伤的样子。

译　文

齐景公修建长庲台。晏子坐在景公边上侍奉着，喝了三轮酒之后，晏子起身跳舞，唱道：“已经到年终了，庄稼却没有收获，忧愁啊该怎么办？天气已经寒冷了，劳役还不停止，忧伤啊该怎么办？”歌舞了三遍，眼泪流下沾湿了衣襟。景公觉得很羞愧，因此停止了修筑长庲台的徭役。

景公使烛邹主鸟而亡之公怒将加诛晏子谏第十三①

原　文

景公好弋，使烛邹主鸟而亡之，公怒，召吏欲杀之。

晏子曰："烛邹有罪三，请数之以其罪而杀之。"

公曰："可。"

于是召而数之公前，曰："烛邹！汝为吾君主鸟而亡之，是罪一也；使吾君以鸟之故杀人，是罪二也；使诸侯闻之，以吾君重鸟以轻士，是罪三也。"数烛邹罪已毕，请杀之。

公曰："勿杀！寡人闻命矣。"

注　释

①烛邹：人名。主：掌管。这里意为看管。

译　文

齐景公喜好射杀飞鸟，让烛邹看管禽鸟，烛邹却让鸟飞走了，景公很生气，召来官吏想杀了烛邹。

晏子说："烛邹有三项罪过，请让我列举他的罪过后再杀他。"

景公说："可以。"

于是晏子召来烛邹，并在景公面前列举他的罪过。晏子说："烛邹！你为我们君主看管禽鸟却让鸟跑了，这是第一项罪过；你让我们君主为了禽鸟的缘故而杀人，这是第二项罪过；如果诸侯们听到这件事，就会认为我们君主重视禽鸟而轻视士人，这是第三项罪过。"晏子列举完烛邹的罪过，就请景公杀了他。

景公说："不要杀！我听从您的教诲了。"

景公问治国之患晏子对以佞人谗夫在君侧第十四

原 文

景公问晏子曰："治国之患亦有常乎？"

对曰："佞人谗夫之在君侧者，好恶良臣，而行与小人，此治国之常患也。"

公曰："谗佞之人，则诚不善矣；虽然，则奚曾[①]为国常患乎？"

晏子曰："君以为耳目而好谋事，则是君之耳目缪[②]也。夫上乱君之耳目，下使群臣皆失其职，岂不诚足患哉？"

公曰："如是乎！寡人将去之。"

晏子曰："公不能去也。"

公忿然作色不说，曰："夫子何少[③]寡人之甚也！"

对曰："臣何敢挢[④]也！夫能自周于君者，才能皆非常也。夫藏大不诚于中者，必谨小诚于外，以成其大不诚。入则求君之嗜欲能顺之，君怨良臣，则具[⑤]其往失而益之；出则行威以取富。夫何密近，不为大利变，而务与君至义者？此难见而且难知也。"

公曰："然则先圣奈何？"

对曰："先圣之治也，审见宾客，听治不留[⑥]，患日不足，群臣皆得毕其诚，谗谀安得容其私？"

公曰："然则夫子助寡人止之，寡人亦事勿用矣。"

对曰："谗夫佞人之在君侧者，若社之有鼠也。谚言有之曰：'社鼠不可熏，去此乃治矣。'谗佞之人，隐君之威以自守也，是故难去焉。"

注释

①曾：竟。

②缪：纰缪，错误。

③少：轻视，小看。

④挢（jiǎo）：举起，翘起。这里指自大。

⑤具：具备。这里指搜罗完全。

⑥听治不留：指听政办事不拖延。

译文

齐景公问晏子说："治国也有常见的祸患吗？"

晏子回答说："在君主身边的奸谗之人，他们喜好诋毁忠良的臣子，亲近小人，这就是治国常见的祸患。"

景公说："奸谗之人，确实不好；虽然如此，但他们怎么会成为国家常有的祸患呢？"

晏子说："君主把他们当作耳目而喜欢和他们图谋国事，这就是君主的耳目出了差错。他们在上搅乱君主的耳目，在下使群臣都失去自身的职责，难道还不足以成为祸患吗？"

景公说："竟是像这样！那我要除去他们。"

晏子说："您无法除去他们。"

景公生气地变了脸色，很不高兴，说道："夫子您为什么这么小看我！"

晏子回答说："我怎么敢这么自大呢！凡是能在君主身边保全自身的人，才能都不同于常人。在内心隐藏着大奸大假的人，一定谨慎地在外表现出小忠诚，以此来成就他的大奸大假。进入朝廷就寻求君主的嗜好欲望尽量顺从他，君主一旦怨恨忠臣，他们就列举这个臣子以前的过失来增加他的罪责；走出朝廷就作威作福来获取财富。他们怎么会亲密接近君主而不为大利变节，一定要和君主达到道义的境界呢？这是很难看出而且很难知晓的。"

景公问："那以前的圣人是怎么做的呢？"

晏子回答说："古代圣人治理国家，审慎地接见宾客，听政办事不拖延，担心时间来不及，群臣都竭尽忠诚，怎么能容下奸谗阿谀之人的私心？"

景公说："既然这样，那您帮助我制止他们，我也什么事都不用他们了。"

晏子回答说："在君主身边的奸谗之人，就像社庙中的老鼠一样。有句谚语说：'社庙中的老鼠不能用火熏走，除去它们才能得到解决。'谗佞小人是隐藏在君主的威势下来保全自身的，因此难以除去。”

景公问后世孰将践①有齐者晏子对以田氏第十五

原　文

景公与晏子立于曲潢之上，望见齐国，问晏子曰：“后世孰将践有齐国者乎？”

晏子对曰：“非贱臣之所敢议也。”

公曰：“胡必然也？得者无失，则虞、夏②常存矣。”

晏子对曰：“臣闻见足以知之者，智也；先言而后当③者，惠④也。夫智与惠，君子之事，臣奚足以知之乎？虽然，臣请陈其为政。君强臣弱，政之本也；君唱臣和，教之隆也；刑罚在君，民之纪也。今夫田无宇，二世有功于国，而利取分寡，公室兼之，国权专之，君臣易施⑤，而无衰乎？婴闻之，臣富主亡。由是观之，其无宇之后无几，齐国，田氏之国也！婴老不能待公之事，公若即世⑥，政不在公室。”

公曰：“然则奈何？”

晏子对曰：“维礼可以已之。其在礼也，家施不及国，民不懈，货不移，工贾不变，士不滥⑦，官不滔⑧，大夫不收公利。”

公曰：“善。今知礼之可以为国也。”

对曰：“礼之可以为国也久矣，与天地并立。君令⑨臣忠，父慈子孝，兄爱弟敬，夫和妻柔，姑慈妇听，礼之经⑩也。君令而不违，臣忠而不二，父慈而教，子孝而箴⑪，兄爱而友，弟敬而顺，夫和而义，妻柔而贞，姑慈而从⑫，妇听而婉⑬，礼之质⑭也。”

公曰：“善哉！寡人乃今知礼之尚⑮也。”

晏子曰："夫礼，先王之所以临天下也，以为其民，是故尚之。"

注释

①践：登上，承袭。

②虞、夏：指虞舜和夏禹。

③先言而后当：指先预言而后应验。

④惠：通"慧"，聪明。

⑤君臣易施：意思是本该是君主施恩的，却是臣子在施恩，即言君臣的关系颠倒了。

⑥即世：去世。

⑦滥：虚妄不实。

⑧滔：倨傲。

⑨令：美好，善。

⑩经：准则，原则。

⑪箴（zhēn）：规劝，告诫。

⑫从：顺从，迁就。

⑬婉：温婉柔和。

⑭质：实质。

⑮尚：重要，重视。

译文

齐景公与晏子站在曲池上，远望齐国疆土，对晏子说："后世谁将占有齐国？"

晏子回答说："这不是我这个微贱的臣子敢议论的。"

景公说："为什么一定要这样呢？得到的人不失去，那虞舜、夏禹就能长久存在了。"

晏子回答说："我听说看到现象就能够了解事实的人，是明智的；事先能预言而后能应验的人，是聪慧的。明智与聪慧是君子的事情，我怎么能够知道呢？即使是这样，还请您允许我陈述一些治国的道理。君主强大臣子弱小，这是政治的根本；君主倡导臣子应和，教化就会兴盛；刑罚的权力在君主手中，百姓就有了纲纪。如今的田无宇，两代都对国家有功劳，取得的利益分给孤寡的百姓，又兼有王室的权力，专擅国家的权柄，君臣的地位互换了，您还能不衰败吗？我听说，臣子富有，君主就会灭亡。由此看来，田无宇之后时间不长，齐国就会是田氏的国家了！我老了，不能再伺候您办事了，您如果去世，政权就不会在王室手中了。”

景公问：“那该怎么办呢？”

晏子回答说：“只有礼义可以制止这一切。在礼制的规定中，大夫私家的恩惠不能遍及国人，百姓不懈怠，财物不转移，从事工商的人不改业，士人不浮夸虚伪，官员不傲慢无礼，大夫不私取公家的利益。”

景公说：“好。现在我知道用礼可以治国了。”

晏子回答说：“礼可以治国由来已经很久了，和天地同时存在。君主美善臣子忠诚，父亲慈爱儿子孝顺，兄长友爱弟弟恭顺，丈夫仁和妻子温柔，婆婆慈祥媳妇顺从，这是礼的原则。君主美善而不悖理，臣子忠贞而不怀二心，父亲慈爱而善于教导，儿子孝顺而敢于规劝，兄长仁爱而友善，弟弟恭敬而和顺，丈夫和悦而仁义，妻子温柔而贞洁，婆婆仁慈而随和，媳妇顺从而温婉，这是礼的实质。”

景公说：“好啊！我现在才知道礼的重要性。”

晏子说：“礼是先王用来统治天下的，用它来教化百姓，因此它很重要。”

晏子使吴吴王问君子之行晏子对以不与乱国俱灭第十六

原　文

晏子聘[①]于吴，吴王问：“君子之行何如？”

晏子对曰：“君顺怀之[②]，政治[③]归之；不怀[④]暴君之禄，不居乱国之位。君子见兆则退，不与乱国俱灭，不与暴君偕亡。”

注　释

①聘：访问。

②君顺怀之：指君主有德就归顺他。顺：指顺于道，即有德行。怀：归附。

③政治：指政治清明。

④怀：留恋。

译文

晏子出使到吴国，吴王问："君子的行为是怎样的？"

晏子回答说："君主有德就归顺他，政治清明就归附它；不留恋暴虐君主的俸禄，不担任混乱国家的职位。君子看见动乱的征兆就引退，不和混乱的国家一起灭亡，不和暴虐的君主一同死亡。"

吴王问齐君僈暴君子何容焉晏子对以岂能以道食人第十七[1]

原文

晏子使吴，吴王曰："寡人得寄僻陋蛮夷之乡，希见教君子之行[2]，请私而无为罪。"晏子蹴然辟位[3]。

吴王曰："吾闻齐君盖贼[4]以僈，野以暴，吾子容焉，何甚也？"

晏子遵循[5]而对曰："臣闻之，微事不通、粗事不能者，必劳；大事不得、小事不为者，必贫；大者[6]不能致人、小者不能至人之门者，必困。此臣之所以仕也。如臣者，岂能以道食人者哉！"

晏子出，王笑曰："嗟乎，今日吾讥晏子，犹倮而訾高撅者也[7]。"

注释

①僈（màn）：傲慢，轻视。以道食人：指拿道义来养活自己。

②希：少。见教：被指教。

③蹴然：恭敬的样子。辟位：即避席，离开座位表恭敬。

④贼：残忍。

⑤遵循：即逡巡，谦恭的样子。

⑥大者：指地位尊贵的人。下文“小者”指地位低下的人。

⑦倮：通“裸”。訾（zǐ）：指责，非议。撅（guì）：掀起衣裳。

译　文

晏子出使吴国，吴王问：“我生活在这偏僻的蛮荒地区，很少受到君子德行方面的指教，我想私下请教您，您不要怪罪。”晏子恭敬地起身离开座位。

吴王问：“我听说齐国君主既残忍又傲慢，既粗野又暴虐，先生您却能在他们身边容身，这是为什么呢？”

晏子恭敬地后退两步，回答道：“我听说，细微之事不精通、粗笨之事不会做的人，一定会辛劳；大事不能做成、小事不屑去做的人，一定会困窘；地位尊贵却不能招致别人来归附、地位低下却不愿归附到别人门下的人，一定会困苦。这就是我做官的原因。像我这样的人，哪里是能拿道义去向人乞食的人啊！”

晏子出去后，吴王笑着说：“哎，我今天讥讽晏子，就像自己没穿衣服却去批评别人高高掀起衣服一样。”

司马子期问有不干君不恤民取名者乎晏子对以不仁也第十八[1]

原　文

司马子期问晏子曰：“士亦有不干君、不恤民、徒居无为而取名者乎？”

晏子对曰：“婴闻之，能足以赡[2]上益民而不为者，谓之不仁。不仁而取名者，婴未得闻之也。”

注　释

①司马子期：名结，字子期，官司马，楚平王之子。干：求，进言献策以求重用。

②赡：周济，帮助。

译 文

司马子期询问晏子说："士人中也有不向君主求取俸禄、不体恤百姓、安居闲处无所作为却能获得名声的吗？"

晏子回答说："我听说，能力足够用来辅助君主、裨益百姓却不去做的，叫作不仁义。不仁义却能获得名声的事，我从来没听说过。"

高子问子事灵公庄公景公皆敬子晏子对以一心第十九

原 文

高子问晏子曰："子事灵公、庄公、景公，皆敬子，三君之心一耶？夫子之心三也？"

晏子对曰："善哉问！事君，婴闻一心可以事百君，三心不可以事一君。故三君之心非一也，而婴之心非三心也。且婴之于灵公也，尽复[①]而不能立之政，所谓仅全其四支以从其君者也。及庄公，陈[②]武夫，尚勇力，欲辟胜于邪，而婴不能禁，故退而野处。婴闻之，言不用者，不受其禄；不治其事者，不与其难，吾于庄公行之矣。今之君，轻国而重乐，薄于民而厚于养，藉敛过量，使令过任[③]，而婴不能禁，婴庸知其能全身以事君乎？"

注 释

①尽复：尽力进献忠言。

②陈：陈列。

③使令过任：指役使百姓超过百姓的承受力。

译 文

高子询问晏子说："您侍奉过灵公、庄公、景公，他们都尊敬您，这是因为三位君主的心思是一样的呢，还是因为您的心思有多种？"

晏子回答说："您问得好啊！关于侍奉君主，我听说一颗忠心可以侍奉一百位君主，多种心思却不能侍奉一个君主。所以三位君主的心思是不一样的，而我也没有多种心思。况且对于灵公，我尽力进献忠言也不能在政事上有建树，所以只能为保全自身而顺从君主罢了。等到庄公在位时，朝堂上站立着的都是武夫，他崇尚勇力，想用邪僻去战胜邪僻，我却不能阻止他，所以我引退隐居乡野。我听说，言论不能被君主采用的，就不能接受俸禄；不能为君主处理国家事务的，就不和他一起受难，我对于庄公就是这样做的。现在的君主，轻视国家而重视享乐，对百姓刻薄而对自身的供养丰厚，征收赋税过于沉重，役使百姓超过百姓的承受力，我却不能制止他，我怎么会知道能否保全自身来侍奉君主呢？”

晏子再治东阿上计[1]景公迎贺晏子辞第二十

原　文

晏子治东阿，三年，景公召而数[2]之曰：“吾以子为可，而使子治东阿，今子治而乱，子退而自察也，寡人将加大诛于子。”

晏子对曰：“臣请改道易行而治东阿，三年不治，臣请死之。”景公许之。

于是明年上计，景公迎而贺之曰：“甚善矣！子之治东阿也。”

晏子对曰：“前臣之治东阿也，属托不行[3]，货赂不至，陂池之鱼，以利贫民。当此之时，民无饥者，君反以罪臣。今臣后之治东阿也，属托行，货赂至，并重赋敛，仓库少内[4]，便事[5]左右，陂池之鱼，入于权家。当此之时，饥者过半矣，君乃反迎而贺臣。臣愚，不能复治东阿，愿乞骸骨[6]，避贤者之路。”再拜，便辟。

景公乃下席而谢之曰：“子强复治东阿，东阿者，子之东阿也，寡人无复与焉。”

注　释

①上计：由地方行政长官定期向上级呈报上计文书，报告地方的治理状况。

②数：数落，指责。

③属托不行：指不走后门托人办事。形容为官清廉，不谋私利。属：通“嘱”。

④内：通“纳”，纳入。

⑤便事：方便行事。

⑥乞骸骨：指请求君主让我告老还乡。

译　文

晏子治理东阿邑，三年后，齐景公召见并数落他说：“我以为您可以，才让您去治理东阿邑，现在您治理得很混乱，您还是退下自我反省吧，我将加重惩罚您。”

晏子回答说：“我请求改变方法再去治理东阿邑，三年内不能治理好，请治我死罪。”景公答应了。

于是第二年上报政绩时，景公迎接晏子并庆贺说：“您治理东阿邑治理得太好了！”

晏子回答说：“之前我治理东阿邑，不允许请托说情，不允许收受贿赂，池塘里的鱼，用来使贫民受益。在那时，没有忍饥挨饿的百姓，您反而要责罚我。现在我治理东阿邑，允许请托说情，允许收受贿赂，并且加重赋税，但很少收入府库，都给了左右随从方便他们行事，池塘里的鱼，都送给了有权势的人家。在这时，超过半数的百姓都在忍饥挨饿，您反而迎接并庆贺我。我太愚笨了，不能再治理东阿邑，希望能讨回我这把老骨头，给贤德的人让路。”拜了两拜，就要退下。

景公于是走下席位谢罪说：“请您勉为其难再去治理东阿邑吧，东阿是您的东阿，我不再干涉了。”

太卜绐[1]景公能动地晏子知其妄使卜自晓公第二十一

原 文

景公问太卜曰："汝之道何能？"

对曰："臣能动地。"

公召晏子而告之，曰："寡人问太卜曰：'汝之道何能？'对曰：'能动地。'地可动乎？"晏子默然不对。

出，见太卜曰："昔吾见钩星在四、心之间[2]，地其动乎？"

太卜曰："然。"

晏子曰："吾言之，恐子之死也；默然不对，恐君之惶[3]也。子言，君臣俱得焉。忠于君者，岂必伤人哉？"

晏子出，太卜走入见公，曰："臣非能动地，地固将动也。"

陈子阳[4]闻之，曰："晏子默而不对者，不欲太卜之死也；往见太卜者，恐君之惶也。晏子，仁人也。可谓忠上而惠下也。"

注 释

①绐：欺骗，欺诈。

②钩星：星名。四、心：指二十八宿中的房宿和心宿。四：通"驷"，房宿亦称"天驷"。

③惶：惶恐。

④陈子阳：人名，齐景公臣。

译 文

齐景公询问太卜说："您的道法有什么用？"

太卜回答说："我能使大地震动。"

景公召见晏子，告诉他说："我问太卜说：'您的道法有什么用？'太卜回答说：'能使大地震动。'大地可以震动吗？"晏子沉默着没有回答。

出来后，晏子见到太卜，说："昨晚我看到钩星在房宿和心宿之间，大地大概要震动了吧？"

太卜说："是的。"

晏子说："我如果跟大王说了这个情况，担心您会被处死；沉默着不回答，又担心君主惶恐不安。您自己去跟大王说，这对君臣都能有好处。忠于君主，难道一定要伤害别人吗？"

晏子出来后，太卜就跑去拜见景公，说："不是我能使大地震动，是大地本来就要震动了。"

陈子阳听到这件事，说："晏子沉默没有回答，是不想让太卜死；去见太卜，是担心君主惶恐不安。晏子是个仁德的人啊。可以称得上是忠于君主而慈惠下属了。"

有献书谮[①]晏子退耕而国不治复召晏子第二十二

原　文

晏子相景公，其论[②]人也，见贤而进之，不同君所欲；见不善则废之，不辟君所爱；行己[③]而无私，直言而无讳。有纳书者曰："废置不周[④]于君前，谓之专；出言不讳于君前，谓之易[⑤]。专易之行存，则君臣之道废矣，吾不知晏子之为忠臣也。"公以为然。

晏子入朝，公色不说，故晏子归，备载，使人辞曰："婴故老悖无能，毋敢服壮者事。"辞而不为臣，退而穷处，东耕海滨，堂下生藜藿，门外生荆棘。七年，燕、鲁分争，百姓惛乱，而家无积。公自治国，权轻诸侯，身弱高、国。[⑥]公恐，复召晏子。

晏子至，公一归七年之禄，而家无藏。晏子立，侯诸忌其威，高、国服其政，燕、鲁贡职，小国时朝。晏子没[⑦]而后衰。

注　释

①谮（zèn）：诬陷，中伤。

②论：通“抡”，选择。

③行己：立身行事。

④周：合。

⑤易：轻视。

⑥“七年”至“身弱高、国”句：义不可通，疑有错乱。刘师培认为当作：“七年而家无积。公自治国，权轻诸侯，身弱高、国，燕、鲁分争，百姓惛乱。”译文从此说。

⑦没：通“殁”，死。

译　文

晏子做齐景公的丞相，选拔人才时，看到贤德的就提拔，不苟同君主的想法；看到不好的就废黜，不讳开君主喜爱的人；立身行事而没有私心，正直说话而没有忌讳。有人写信给景公说：“废黜或使用人才不符合君主的想法，叫作专断；在君主面前说话没有忌讳，叫作轻视。专断和轻视的行为若存在，那君臣的道义就废弃了，我不觉得晏子是个忠臣啊。”景公认为有道理。

晏子上朝，景公表露出很不高兴的脸色，因此晏子回到家，把行李装上马车，派人去跟景公辞行，说：“我晏婴本来就年老糊涂又无能了，不敢担任青壮年该做的事情了。”于是辞职不做景公的臣子，引退闲居，在东海边耕种，堂前长满了野草，门外长满了荆棘，七年间家中也没有积蓄。景公自己治理国家，权势被诸侯们所轻视，自身地位比高氏、国氏还要卑弱，燕国和鲁国都来瓜分争抢齐国的土地，百姓混乱不堪。景公惶恐不安，又召回了晏子。

晏子回到都城，景公把七年的俸禄都还给了他，他却没有私藏在自己家里。晏子又站上了丞相的位置，诸侯们忌惮他的威势，高氏、国氏都服从他的政令，燕国、鲁国前来上贡，小国也时常来朝见。晏子死后，齐国就逐渐衰败了。

晏子使高纠治家三年而未尝弼①过逐之第二十三

原　文

晏子使高纠治家，三年而辞焉。傧者②谏曰："高纠之事夫子三年，曾无以爵禄而逐之，敢请其罪。"

晏子曰："若夫方立③之人，维圣人而已；如婴者，仄陋④之人也。若夫左婴右婴之人，不举四维⑤，四维将不正。今此子事吾三年，未尝弼吾过也，吾是以辞之。"

注　释

①弼：辅佐。这里指匡正，纠正。

②傧者：指接引宾客的人。这里指仆人、随从。

③方立：指以道立身。方：道。

④仄陋：卑微。

⑤四维：即礼、义、廉、耻四种道德。

译　文

晏子让高纠治理家事，三年后辞退了他。仆从劝谏说："高纠侍奉夫子您已经三年了，您竟然没有给他提拔加薪，还辞退了他，我斗胆请问他有什么罪过？"

晏子回答说："那些以道立身的，只有圣人罢了；像我这样的，只是个卑微的人。如果在我左右侍奉的人，不能发扬礼、义、廉、耻四种道德，那这四种道德就会邪曲不正。现在这个人侍奉了我三年，却从来没有纠正过我的错误，我因此辞退了他。"

景公称桓公之封管仲益晏子邑辞不受第二十四

原　文

景公谓晏子曰："昔吾先君桓公，予管仲狐与穀①，其县十七，著之于帛，申之以策②，通之诸侯，以为其子孙赏邑。寡人不足以辱而③先君，今为夫子赏邑，通之子孙。"

晏子辞曰："昔圣王论功而赏贤，贤者得之，不肖者失之，御德修礼，无有荒怠。今事君而免于罪者，其子孙奚宜与焉？若为齐国大夫者必有赏邑，则齐君何以共其社稷与诸侯币帛？婴请辞。"遂不受。

注　释

①狐与穀：地名，今地不详。

②策：策书。古代君主对臣下封土、授爵、免官或发布其他敕令的文件。

③而：通"尔"，你的。

译　文

齐景公对晏子说："从前我们的先王桓公，赐予管仲狐地和穀地，共有十七个县，把它写在布帛上，用策书申明，通报各诸侯，作为管仲子孙的封赏食邑。我不够资格辱没您的先人，现在赏赐您食邑，留给您的子孙后代。"

晏子推辞说："从前圣王是根据功绩来赏赐贤人，贤德的人得到赏赐，而不贤德的人失去赏赐，增进德行修习礼仪，没人荒废懈怠。现在侍奉您而只能避免责罚的人，他的子孙怎么应该受到赏赐呢？如果做齐国的大夫就一定有封赏的食邑，那齐国君主用什么来供给国家的开支和给予诸侯的礼物呢？请允许我推辞封赏。"于是没有接受。

景公使梁丘据致千金之裘晏子固辞不受第二十五

原文

景公赐晏子狐之白裘，玄豹之茈①，其赀②千金，使梁丘据致之。晏子辞而不受，三反。

公曰："寡人有此二，将欲服之，今夫子不受，寡人不敢服。与其闭藏之，岂如弊之身③乎？"

晏子曰："君就赐，使婴修百官之政。君服之上，而使婴服之于下，不可以为教。"固辞而不受。

注释

①玄豹：黑豹，其皮毛极为贵重。茈：一说为"芘（pí）"之误。芘：通"纰"，衣冠的镶边。一说为"冠"之误，玄豹之冠：指用黑豹皮制成的帽子。译文从前说。

②赀：通"资"，价值。

③弊之身：指在身上穿坏。

译文

齐景公赐给晏子一件白狐皮衣，上面有黑色豹皮的镶边，价值千金，让梁丘据送去。晏子推辞没有接受，来回了多次。

景公说："我有两件这样的衣服，想穿上它，现在您不接受，我也不敢穿了。与其把它封藏起来，难道比不上在身上穿破吗？"

晏子说："您已恩赐我让我治理百官的政事，您在上穿着这么华贵的裘皮，又让我在下也穿着这样的衣服，这就不能教化别人了。"坚决辞谢而没有接受。

晏子衣鹿裘以朝景公嗟其贫晏子称有饰第二十六[1]

原　文

晏子相景公，布衣鹿裘以朝。公曰："夫子之家，若此其贫也，是奚衣之恶也！寡人不知，是寡人之罪也。"

晏子对曰："婴闻之，盖顾人而后衣食者，不以贪昧为非；盖顾人而后行者，不以邪辟为累[2]。婴不肖，婴之族又不如婴也，待婴以祀其先人者五百家，婴又得布衣鹿裘而朝，于婴不有饰乎！"再拜而辞。

注　释

①鹿：当为"麤"字的省文。麤：即"粗"之异体字。有饰：指有装饰。这里指已经很华丽了。

②"盖顾"以下四句：陶鸿庆认为此四句多有错漏，其中的"衣"字，第二个"盖"字，以及两个"不"字均为衍文。译文从此。盖：句首发语词，无义。累：忧患，祸害。

译　文

晏子做齐景公的丞相，穿着布衣、粗皮袍去上朝。景公说："夫子您家竟这样贫困啊，这件衣服多么粗劣！我不知道这个情况，是我的罪过。"

晏子回答说："我听说，看过别人的衣饰饮食而后再考虑自己的，就会认为贪财昧利是错误的；看过别人的行为而后再行动，就会认为邪僻是有害的。我不贤德，我的族人又不如我，等着我的俸禄去祭祀先人的有五百家，我还能穿着布衣、粗皮袍上朝，对于我来说不是已经很华丽了吗！"晏子拜了两拜，辞谢而去。

仲尼称晏子行补三君而不有果君子也第二十七

原文

仲尼曰："灵公污，晏子事之以整齐[①]；庄公壮[②]，晏子事之以宣武[③]；景公奢，晏子事之以恭俭。晏子，君子也！相三君而善不通下，晏子，细人也！"

晏子闻之，见仲尼曰："婴闻君子有讥于婴，是以来见。如婴者，岂能以道食人者哉！婴之宗族待婴而祀其先人者数百家，与齐国之简士待婴而举火者数百家，婴为此仕者也。如婴者，岂能以道食人者哉！"

晏子出，仲尼送之以宾客之礼，再拜其辱。反，命门弟子曰："救民之姓[④]而不夸，行补三君而不有[⑤]，晏子，果君子也！"

注释

①整齐：指端正清白的品行。

②壮：勇猛。这里指崇尚武力。

③宣武：宣扬武德。武德：是指用仁义的武去恶除暴。

④姓：命，性命。

⑤不有：指不自认为有功劳。

译文

孔子说："齐灵公德行污秽，晏子用端正的礼仪去侍奉他；齐庄公崇尚武力，晏子凭借宣讲武德去侍奉他；齐景公骄奢淫逸，晏子用恭俭礼让的态度去侍奉他。晏子是个君子啊！辅佐三位君主但善政不能遍及下面的臣民，晏子是个见识短浅的人啊！"

晏子听到这些话，去拜见孔子说："我听说您说了些话讥讽我，因此我来拜见您。像我这样的人，哪里能凭借道义去向人求取俸禄呢？我的家族中等待我的俸禄来祭祀先人的有几百家，还有齐国的贫寒士人，他们中等待我的接济才能烧火做饭的有几百家，我是为了这些才做官的。像我这样的人，哪里能凭借道义去求取俸禄呢？”

晏子出门，孔子用对待宾客的礼节送他，再次拜谢晏子屈尊光临。回来后，他对弟子们说：“救助百姓的性命而不自夸，用品行补益三位君主却不自认为有功劳，晏子果真是个君子啊！”

第八卷　外篇第八

仲尼见景公景公欲封之晏子以为不可第一

原　文

仲尼之齐，见景公。景公说之，欲封之以尔稽①，以告晏子。晏子对曰："不可。彼浩裾自顺②，不可以教下；好乐缓③于民，不可使亲治；立命④而怠事，不可使守职；厚葬破民贫国，久丧循哀⑤费日，不可使子民；行之难者在内，而儒者无⑥其外，故异于服、勉于容，不可以道众而驯百姓⑦。自大贤之灭，周室之卑也，威仪加多，而民行滋⑧薄；声乐繁充，而世德滋衰。今孔丘盛声乐以侈世，饰弦歌鼓舞以聚徒；繁登降之礼⑨以示仪，务趋翔之节以观众⑩；博学不可以仪世⑪，劳思不可以补民；兼寿⑫不能殚其教，当年不能究其礼⑬，积财不能赡⑭其乐；繁饰邪术以营世君，盛为声乐以淫愚民。其道也，不可以示世；其教也，不可以导民。今欲封之，以移齐国之俗，非所以导众存民也。"

公曰："善。"于是厚其礼，留其封，敬见而不问其道，仲尼乃行。

注　释

①尔稽：地名。《墨子》中作"尼谿"。

②浩裾：倨傲自大。浩：通"傲"，傲慢。裾：通"倨"，傲慢。自顺：指顺从自己，自以为是。

③缓：宽缓。这里指放纵，纵容。

④立命：指顺从天命。

⑤循哀：持续地哀伤。

⑥无：通"妩"，美。

⑦道：通"导"，引导。驯：通"训"，教诲。

⑧滋：更加，愈益。

⑨登降之礼：指登阶、下阶、进退、揖让之礼。

⑩趋翔之节：形容步趋之节。古时朝拜晋谒须依一定的节奏和规则行步。观众：指示范给众人看。观：示范，显示。

⑪仪世：指做世人的表率。仪：典范，表率。

⑫兼寿：加倍的寿命。

⑬当年：有生之年。究：追查，探求。

⑭赡：供给。

译　文

孔子到齐国，拜见齐景公。景公很喜欢他，想把尔稽封赏给他，就把这个想法告诉了晏子。晏子回答说："不可以！他傲慢不恭、自以为是，不能教化在下的人；爱好礼乐、放任民众，不能让他亲自治理百姓；顺从天命而处事怠惰，不能让他坚守职责；主张厚葬消耗百姓和国家的钱财，服丧的时间久，哀伤不断就浪费时间，不能让他做百姓的父母官；修行的难处在于内心，但儒家的人却注重外表，所以衣服奇怪，尽力修饰容貌，不能够引导民众并教化百姓。自从圣贤去世之后，周王室就衰弱了，威严的礼仪增加了，但百姓的品行却更加轻薄了；声色礼乐繁盛充足，但世上的德行却更加衰败了。现在孔丘用盛大的声色礼乐使世俗风气变得奢侈，整饬器乐舞蹈来聚集门徒；使上下台阶的礼节更加繁琐来显示仪容，致力于行走快慢的节奏来示范给众人；他学问渊博却不能用来做世人的表率，劳苦思虑却不能用来补益百姓；人们有了加倍的寿命也不能学完他的礼教，花费一生也不能搞清他的礼节，财富积聚起来也不能供养他的音乐；他繁琐地修饰自己的邪僻学说来迷惑世上的君主，用盛大的声色礼乐来蛊惑愚笨的百姓。他的主张不能向世人显示，他的教化不能引导民众。现在您想要封赏他，来改变齐国的风俗，这不是引导众人保存百姓的途径。"

景公说："好。"于是增加了给孔子的礼物，但留下了给他的封地，恭敬地接见他但并不询问他的主张，孔子于是离开了齐国。

景公上路寝闻哭声问梁丘据晏子对第二

原　文

景公上路寝，闻哭声，曰："吾若闻哭声，何为者也？"

梁丘据对曰："鲁孔丘之徒鞠语[1]者也。明于礼乐，审于服丧，其母死，葬埋甚厚，服丧三年，哭泣甚疾。"公曰："岂不可哉？"而色说之。

晏子曰："古者圣人，非不知能繁登降之礼、制规矩之节、行表缀[2]之数以教民，以为烦人留日[3]，故制礼不羡[4]于便事；非不知能扬干戚[5]、钟鼓竽瑟以劝众也，以为费财留工，故制乐不羡于和民；非不知能累世[6]殚国以奉死、哭泣处哀以持久也，而不为者，知其无补死者而深害生者，故不以导民。今品[7]人饰礼烦事，羡乐淫民，崇死以害生，三者，圣王之所禁也。贤人不用，德毁流俗，故三邪得行于世。是非贤不肖杂，上妄说邪，故好恶不足以导众。此三者，路[8]世之政，单[9]事之教也。公曷为不察，声受而色说之？"

注释

①鞠（jū）语：孔子弟子。

②表缀：表率，榜样。

③留日：延误时日。

④羡：超过，盖过。

⑤干戚：指盾和斧这类舞具。

⑥累世：历代。

⑦品：众多。

⑧路：通"露"，衰败。

⑨单：通"瘅（dàn）"，病，危害。

译文

齐景公登上路寝台，听到哭声，问："我好像听到了哭声，这是谁啊？"

梁丘据回答说："这是鲁国孔丘的弟子鞠语。这个人明白礼乐，熟悉服丧制度，他母亲去世时，葬礼特别隆重，守丧三年，哭得非常哀痛。"景公说："难道不合适吗？"脸上露出赞赏的神色。

晏子说："古代的圣人，不是不知道能繁富上下台阶的礼仪、制定规矩礼节、推行表率的礼数来教化百姓，而是认为礼节太麻烦又耽误时间，所以制定礼法不会超出方便行事的原则；不是不知道能挥动盾和斧、敲击钟鼓、吹奏竽瑟来劝导民众，而是认为制作这些用具浪费钱财又耗费工时，所以制定礼乐不会超出调和百姓的准则；不是不知道能竭尽历代的财物来供奉死者、哀伤哭泣来表达对死者长久的悼念，但是他们不这样做，是因为知道这样做对死者没有好处而且还严重危害生者，所以不用这些来引导百姓。如今众人都修饰礼仪、行事繁琐，礼乐过盛而浸淫百姓，重视死者而损害生者，这三条都是圣德君主所禁止的。贤人不得任用，德行毁坏流于世俗，因此这三种邪僻的行为能够在世上盛行。是与非、贤德与不贤德都混杂在一起，君主荒诞喜好邪僻的主张，所以他们的爱好和憎恶都不能用来引导众人。这三种情况，是败坏国家的主张、危害政事的学说。您为什么不审察清楚，听到哭声就露出赞赏的神色呢？”

仲尼见景公景公曰先生奚不见寡人宰[①]乎第三

原　文

仲尼游齐，见景公。景公曰：“先生奚不见寡人宰乎？”

仲尼对曰：“臣闻晏子事三君而得顺焉，是有三心，所以不见也。”

仲尼出，景公以其言告晏子，晏子对曰：“不然！非婴为三心，三君为一心故。三君皆欲其国家之安，是以婴得顺也。婴闻之，是而非之，非而是之，犹非[②]也。孔丘必据处此一心矣[③]。”

注　释

①宰：古官名。辅佐国君执政的百官之长，即丞相。

②非：通“诽”，诽谤，诋毁。

③孔丘必据处此一心矣：此句义不通。于鬯认为“据”字涉“处”而衍，“心”字涉上文而衍，此句当为“孔丘必处此一矣”。译文从此。

译文

孔子到齐国游说，拜见了齐景公。景公问："先生您为什么不去拜见我的丞相呢？"

孔子回答说："我听说晏子侍奉三位君主都能顺从他们，他是有多种心思啊，所以我不见他。"

孔子出去后，景公把这些话告诉晏子，晏子回答说："不是这样！不是我晏婴有多种心思，而是因为三位君主的心思相同。这三位君主都想让国家安定，因此我能顺从他们。我听说，正确的却说成错误的，错误的却说成正确的，这就像诽谤一样。孔丘必居其一。"

仲尼之齐见景公而不见晏子子贡①致问第四

原文

仲尼之齐，见景公而不见晏子。子贡曰："见君不见其从政者②，可乎？"仲尼曰："吾闻晏子事三君而顺焉，吾疑其为人。"

晏子闻之，曰："婴则齐之世民③也，不维其行，不识其过，不能自立也。婴闻之，有幸见爱，无幸见恶。诽誉为类，声响相应，见行而从之者也。婴闻之，以一心事三君者，所以顺焉；以三心事一君者，不顺焉。今未见婴之行，而非其顺也。婴闻之，君子独立不惭于影，独寝不惭于魂。孔子拔树削迹④，不自以为辱；身穷陈、蔡，不自以为约⑤。非人不得其故，是犹泽人之非斤斧、山人之非网罟⑥也，出之其口，不知其困⑦也。始吾望儒而贵之，今吾望儒而疑之。"

仲尼闻之，曰："语有之：言发于尔⑧，不可止于远也；行存于身，不可掩于众也。吾窃议晏子而不中夫人⑨之过，吾罪几⑩矣！丘闻君子过人以为友，不及人以为师。今丘失言于夫子，夫子讥之，是吾师也！"因宰我⑪而谢焉，然仲尼见之。

注　释

①子贡：端木赐，字子贡，春秋末年卫国人。孔子的得意门生，“孔门十哲”之一。

②从政者：处理政事的人。这里指丞相晏子。

③世民：世代为民。

④拔树削迹：指孔子在宋国一棵树下讲礼时，桓魋想杀他，就拔掉了树；孔子去往卫国，又被禁止居留。是谓“伐树于宋，削迹于卫”。

⑤约：窘迫。

⑥网罟：渔网。

⑦困：指困惑、无知。

⑧尔：通“迩”，近。

⑨夫人：那个人。

⑩几：几乎，差不多。

⑪宰我：即宰予，字子我，春秋末年鲁国人。孔子弟子，“孔门十哲”之一。

译　文

孔子到齐国，拜见了齐景公而没有去见晏子。子贡问：“您拜见君主而不拜见他的丞相，可以吗？”孔子说：“我听说晏子侍奉三位君主都能顺从他们，我怀疑他的人品。”

晏子听到后，说：“我晏婴在齐国世代都是平民，不能维持自己的品行，不能认识到自己的过错，不能在世上立身。我听说，幸运的人就被人喜爱，不幸运的人就被人讨厌。诋毁和赞誉同类相从，就像声音和回响互相应和一样，见到别人的行为后诋毁和赞誉就跟着来了。我听说，凭借一种心思侍奉三位君主，这是可以顺从君主的原因；凭借多种心思侍奉一位君主，就无法做到顺从。现在孔丘没有看到我的行为，就诋毁我的顺从了。我听说，君子一个人站着不会对影子感到羞愧，一个人睡觉时不会对魂魄感到惭愧。孔子习礼时被人拔了树，在卫国时又被禁止居留，却不自认为受辱；在陈国、蔡国遭遇困境，却不自认为窘迫。批评别人不明白其中的缘故，这就像住在湖泽边的人批评斧头、住在山上的人批评渔网一样，话从他们的嘴里说出来，却没意识到自己的无知。先前我看到儒者就觉得他高尚，现在我看到儒者就怀疑他的人品。”

孔子听到后，说：“有句俗语说：话语从近处说出，却不能阻止它传到远处；品行存在于自身，却不能在众人面前掩盖。我私下议论晏子却不能说中他的过错，我的过错大了！我听说君子和不如自己的人交朋友，把超过自己的人当老师。现在我关于晏子的话说得不合适，晏子讥讽了我，他是我的老师！”于是让宰我先去向晏子谢罪，之后自己去拜见了晏子。

景公出田顾问晏子若人之众有孔子乎第五

原　文

景公出田，寒，故以为浑①，犹顾而问晏子曰：“若人之众，则有孔子焉乎？”

晏子对曰：“有孔子焉，则无有；若舜焉，则婴不识。”

公曰：“孔子之不逮舜为间②矣，曷为‘有孔子焉，则无有；若舜焉，则婴不识’？”

晏子对曰：“是乃孔子之所以不逮舜。孔子行一节③者也，处民之中，其过之识，况乎处君子之中乎？舜者处民之中，则自齐乎士；处君子之中，则齐乎君子；上与圣人，则固圣人之林④也。此乃孔子之所以不逮舜也。”

注　释

①浑：通“温”，取暖。

②间：间隔，距离。

③一节：事物的一端，谓行为偏执。

④林：指人或事物的汇聚、汇集处。

译　文

齐景公出宫打猎，天气寒冷，所以停下来取暖，还回头询问晏子说：“这么多人中，有孔子那样的人吗？”

晏子回答说：“孔子那样的人是没有的；如果说有没有舜那样的人，我就不知道了。”

景公说："孔子比舜差得远了，为什么'孔子那样的人是没有的；如果说有没有舜那样的人，那您就不知道了'呢？"

晏子回答说："这就是孔子比不上舜的原因了。孔子行为偏执，处在百姓中间，他超过别人的地方就能被人看见，何况是处在君子中呢？像舜那样的人处在百姓中间，自己就和百姓一样；处在君子中间，就和君子一样；往上和圣人同处，他本来就是圣人中的一个。这就是孔子比不上舜的原因。"

仲尼相鲁景公患之晏子对以勿忧第六

原　文

仲尼相鲁，景公患之，谓晏子曰："邻国有圣人，敌国之忧也。今孔子相鲁，若何？"

晏子对曰："君其勿忧。彼鲁君，弱主也；孔子，圣相也。君不如阴①重孔子，设②以相齐。孔子强谏而不听，必骄③鲁而有齐，君勿纳也。夫绝于鲁，无主于齐，孔子困矣。"

居期年，孔子去鲁之齐，景公不纳，故困于陈、蔡之间。

注　释

①阴：暗中，暗地里。

②设：假说。

③骄：轻视。

译　文

孔子做鲁国的丞相，齐景公很忧虑，对晏子说："邻国有个圣人，这是敌对国家的忧患啊。现在孔子做了鲁国的丞相，该怎么办？"

晏子回答说："大王您不需要忧虑。那鲁国的国君是个软弱的君主，孔子是个圣明的丞相。您不如暗中表示对孔子很看重，假装说要让他担任齐国丞相。孔子极力劝谏鲁国君主而不被听从，一定会轻视鲁国而到齐国来，到时候您不要接纳他。和鲁国断绝了关系，齐国又不收留他，那孔子就陷入困境了。"

过了一年，孔子离开鲁国去往齐国，景公没有接纳他，所以他在陈国和蔡国之间陷入了困境。

景公问有臣有兄弟而强足恃[1]乎晏子对不足恃第七

原 文

景公问晏子曰："有臣而强，足恃乎？"

晏子对曰："不足恃。"

"有兄弟而强，足恃乎？"

晏子对曰："不足恃。"

公忿然作色曰："吾今有恃乎？"

晏子对曰："有臣而强，无甚如汤；有兄弟而强，无甚如桀。汤有弑其君，桀有亡其兄[2]。岂以人为足恃，可以无亡也？"

注 释

①恃：依赖。

②桀有亡其兄：指夏桀有驱逐兄长的事情。事不详。

译 文

齐景公问晏子说："有臣子而能力很强，足以依靠吗？"

晏子回答说："不足以依靠。"

景公又问："有兄弟而能力很强，足以依靠吗？"

晏子回答说："不足以依靠。"

景公生气地变了脸色，说："那我现在有依靠吗？"

晏子回答说："有臣子而能力很强，没有人能比得上商汤；有兄弟而能力很强，没有人能比得上夏桀。但商汤有弑杀君主的行为，夏桀有驱逐兄长的事情。难道可以认为有了足以依靠的人就可以不灭亡了吗？"

景公游牛山①少乐请晏子一愿第八

原 文

景公游于牛山，少乐，公曰："请晏子一愿。"

晏子对曰："不②，婴何愿？"

公曰："晏子一愿。"

对曰："臣愿有君而见畏③，有妻而见归④，有子而可遗。"

公曰："善乎！晏子之愿也。载⑤一愿。"

晏子对曰："臣愿有君而明，有妻而材⑥，家不贫，有良邻。有君而明，日顺婴之行⑦；有妻而材，则使婴不忘⑧；家不贫，则不愠⑨朋友所识；有良邻，则日见君子。婴之愿也。"

公曰："善乎！晏子之愿也。载一愿。"

晏子对曰："臣愿有君而可辅，有妻而可去，有子而可怒。"

公曰："善乎！晏子之愿也。"

注 释

①牛山：山名，在今山东临淄。

②不：通"否"。

③畏：敬服。

④归：女子出嫁。

⑤载：通"再"。

⑥材：能力，资质。

⑦日顺婴之行：张纯一认为"婴"字当在"日"之前，当是。婴日顺之行：指晏婴每天都顺从君主的命令。

⑧忘：疑通"妄"，胡乱。

⑨愠：含怒，生气。

译　文

齐景公到牛山游玩，没有什么好玩的事情，景公就说：“请晏子说个心愿。”

晏子回答说：“算了吧，我能有什么心愿？”

景公说：“晏子说个心愿吧。”

晏子回答说：“我希望有个能让人敬服的君主，有个能嫁给我的妻子，有个能继承我的儿子。”

景公说：“晏子的心愿真好啊！再说一个心愿吧。”

晏子回答说：“我希望有个圣明的君主，有个能干的妻子，家里不贫困，邻居很贤德。有个圣明的君主，我就可以每天都顺从他的命令；有个能干的妻子，就能让我不胡乱行事；家里不贫困，就不会被认识的朋友恼怒；有贤德的邻居，那就每天都可以看到君子。这是我的心愿。”

景公说：“晏子的心愿真好啊！再说一个心愿吧。”

晏子回答说：“我希望有个可以辅佐的君主，有个可以赶走的妻子，有个可以对之发怒的儿子。”

景公说：“晏子的心愿真好啊！”

景公为大钟晏子与仲尼柏常骞知将毁第九

原　文

景公为大钟，将县[①]之。晏子、仲尼、柏常骞三人朝，俱曰：“钟将毁。”冲[②]之，果毁。

公召三子者而问之。晏子对曰：“钟大，不祀先君而以燕，非礼，是以曰钟将毁。”

仲尼曰：“钟大而县下，冲之，其气下回而上薄[③]，是以曰钟将毁。”

柏常骞曰：“今庚申，雷日[④]也，音莫胜于雷，是以曰钟将毁也。”

注 释

①县：通“悬”，悬挂。

②冲：猛烈地撞击。

③薄：迫近。

④雷日：雷击的日子。

译 文

齐景公铸造了一口大钟，将要悬挂起来。晏子、孔子、柏常骞三个人上朝，都说：“这口钟将要毁坏了。”一撞击，果然毁坏了。

景公召见这三个人，询问其中的原因。晏子回答说：“钟这么大，却不事先祭祀先王就拿来宴饮，这不符合礼制，因此我说钟将要毁坏了。”

孔子说：“钟这么大却悬挂在低处，一撞击，它的气流就往下回旋而后向上压迫，因此我说钟将要毁坏了。”

柏常骞说：“今天是庚申日，是属雷之日，钟的声音不能胜过雷声，因此我说钟将要毁坏了。”

田无宇非晏子有老妻晏子对以去老谓之乱第十

原 文

田无宇见晏子独立于闺[①]内，有妇人出于室者，发班[②]白，衣缁布之衣而无里裘。

田无宇讥之曰：“出于室何为者也？”

晏子曰：“婴之家[③]也。”

无宇曰：“位为中卿，食田[④]七十万，何以老妻为？”

对曰：“婴闻之，去老者，谓之乱；纳少者，谓之淫。且夫见色而忘义，处富贵而失伦，谓之逆道。婴可以有淫乱之行，不顾于伦，逆古之道乎？”

注 释

①闺：内室。

②班：通“斑”，杂色。

③家：指妻子。

④食田：田地的租税。

译 文

田无宇看到晏子一个人站在内室门口，有个妇人从内室走出来，头发花白，穿着黑布衣服，里面没有皮袄。

田无宇讥讽道：“从内室出来的人是谁啊？”

晏子说：“这是我晏婴的妻子。”

田无宇说：“您有着中卿的爵位，田租收入有七十万，为什么还要这么老的妻子呢？”

晏子回答说：“我听说，抛弃年老的妻子叫作乱，娶年轻的女子叫作淫。而且看到美色就忘记仁义，身处富贵就丧失伦理，这叫作违背道德。难道我晏婴可以有淫乱的行为，可以不顾及人伦、违背传统道德吗？”

工女①欲入身于晏子晏子辞不受第十一

原 文

有工女托于晏子之家者，曰：“婢妾，东廓②之野人也，愿得入身，比数于下陈焉③。”

晏子曰：“乃④今而后自知吾不肖也！古之为政者，士农工商异居，男女有别而不通，故士无邪行，女无淫事。今仆⑤托国主民，而女欲奔⑥仆，仆必色见而行无廉也。”遂不见。

注 释

①工女：古代指从事蚕桑、纺织、缝纫等工作的女子。

②廓：通“郭”，外城。

③比数：相与并列，相提并论。下陈：古代殿堂下陈放礼品、站列婢妾的地方。借指后宫内院中地位低下的姬妾。

④乃：此，这个。

⑤仆：晏子自我谦称。

⑥奔：私奔。

译　文

有个从事纺织的女子想把自己托付给晏子，说："我是住在城东的一个粗野之人，希望能到您家里，充当您后院的姬妾。"

晏子说："自此以后我知道自己是不贤德的了！古代处理政事的人，可以让士人、农民、工匠、商人都分别居住，男女有别而不互相往来，所以士人没有邪僻的行为，女子不做淫乱的事情。现在我受君主的托付治理百姓，却有女子想私奔于我，我一定是有喜好美色的表现而行为上也有不廉正之处。"于是没有再见她。

景公欲诛羽人①晏子以为法不宜杀第十二

原　文

景公盖姣②，有羽人视景公僭③者。公谓左右曰："问之，何视寡人之僭也？"羽人对曰："言亦死，而不言亦死，窃姣公也。"公曰："合④色寡人也？杀之！"

晏子不时⑤而入，见曰："盖闻君有所怒羽人。"公曰："然。色寡人，故将杀之。"晏子对曰："婴闻拒欲不道，恶爱不祥。虽使色君，于法不宜杀也。"公曰："恶⑥！然乎？若使沐浴，寡人将使抱背⑦。"

注　释

①羽人：古代官名，掌管征收羽毛等装饰物。

②姣：容貌美好。

③僭：超越本分，越礼犯上。

④合：通“盍”，为什么。

⑤不时：指不按正常时间。

⑥恶：表示惊讶。

⑦抱背：指搓背。

译　文

齐景公长相俊美，有个羽人官越礼直视景公。景公对左右近臣说：“你去问问他，为什么越礼直视我？”羽人官回答说：“我说了是死，不说也是死，我是私下觉得大王很俊美。”景公说：“为什么对我怀有色心？杀了他！”

晏子没等上朝时间就入了宫，拜见景公，说：“我听说您对羽人官发怒了。”景公说：“是的。他对我怀有色心，所以我要杀了他。”晏子回答说：“我听说拒绝别人的欲望是不道德的，厌恶别人的爱意是不吉利的。虽然对你怀有色心，但在法律上来说是不应该诛杀的。”景公说：“啊？是这样吗？那如果让他来服侍我沐浴，我就只让他给我搓背。”

景公谓晏子东海之中有水而赤晏子详[1]对第十三

原　文

景公谓晏子曰：“东海之中，有水而赤，其中有枣，华而不实，何也？”

晏子对曰：“昔者秦缪公[2]乘龙舟而理天下，以黄布裹烝[3]枣，至东海而捐[4]其布。彼黄布，故水赤；烝枣，故华而不实。”

公曰：“吾详问子，何为对？”

晏子对曰：“婴闻之，详问者，亦详对之也。”

注　释

①详：通“佯”，假装。

②秦缪公：即秦穆公，嬴姓，赵氏，名任好。春秋时期秦国国君，前

659—前621年在位，春秋五霸之一。

③烝：通“蒸”。

④捐：舍弃，抛弃。

译　文

齐景公对晏子说：“东边海中，有些水是红色的，红水中有棵枣树，光开花不结果，这是为什么？”

晏子回答说：“以前秦穆公坐着龙船治理天下，用黄布裹着蒸熟的枣子，到了东海就把黄布包扔了下去。因为那是黄布，所以水变成红色；里面包着的是蒸熟的枣子，所以光开花不结果。”

景公问：“我用假的事情来询问您，您怎么也回答？”

晏子回答说：“我听说，用假的事情来询问，就用假的事情来回答。”

景公问天下有极大极细晏子对第十四

原　文

景公问晏子曰：“天下有极大物乎？”

晏子对曰：“有。北溟①有鹏，足游浮云，背凌②苍天，尾偃③天间，跃啄北海，颈尾咳于天地④，然而漻漻乎不知六翮之所在⑤。”

公曰：“天下有极细者乎？”

晏子对曰：“有。东海有虫，巢于蚊睫⑥，再乳⑦再飞，而蚊不为惊。臣婴不知其名，而东海渔者命曰焦冥。”

注　释

①溟：海。

②凌：迫近。

③偃：倒伏，下垂。

④颈尾：首尾。咳：通“阂”，阻隔。

⑤漻（liáo）漻：即寥寥，旷远的样子。六翮（hé）：指鸟的两翼。

⑥睫：眼睫毛。

⑦乳：生育，繁殖。

译文

齐景公问晏子说："天下有极大的东西吗？"

晏子回答说："有的。北海有种大鹏鸟，双脚在浮云里游走，背部接近苍天，尾巴垂在天际，跳起来在北海啄食，首尾阻隔了天地，只见一片空旷辽远却看不到它的翅膀在哪里。"

景公问："天下有极细小的东西吗？"

晏子回答说："有的。东海有种虫子，在蚊子的睫毛上筑巢，两次繁殖完了飞走，都没有惊动蚊子。我不知道它的名字，东海打鱼的人叫它焦冥。"

庄公图莒国人扰绐以晏子在乃止第十五[①]

原文

庄公阖门[②]而图莒，国人以为有乱也，皆操长兵而立于衢间[③]。

公召睢休相[④]而问曰："寡人阖门而图莒，国人以为有乱，皆操长兵而立于衢间，奈何？"

休相对曰："诚无乱而国以为有，则仁人不存。请令于国，言晏子之在也。"

公曰："诺。"以令于国："孰谓国有乱者，晏子在焉。"然后皆散兵而归。

君子曰："夫行不可不务也。晏子存而民心安，此非一日之所为也，有所以见于前信于后者。是以晏子立人臣之位，而安万民之心。"

注释

①扰：混乱。绐（dài）：欺骗，欺诈。

②阖门：指关闭城门。

③衢间：街道里巷。

④睢（suī）休相：齐庄公臣，事不详。

译　文

齐庄公关闭城门图谋攻打莒国，国人以为发生动乱了，都拿着长兵器站到了大街巷口。庄公召见睢休相问道："我关闭城门谋划攻打莒国，国人以为发生动乱了，都拿着长兵器站到了大街巷口，该怎么办呢？"

睢休相回答说："确实没有动乱而国人以为有，那是因为仁德的人不在。请您在城内下令，就说晏子在。"

庄公说："好。"于是在城内下令说："谁说城内发生了动乱？晏子在这里。"之后百姓都放下兵器回家了。

君子评论道："人的品行不能不努力修养。晏子在，百姓的心里就安定，这不是一天之内就能做到的，晏子的品行在以前被众人所见，所以之后他就被众人所信任。因此晏子处在大臣的位置上，就安定了万民之心。"

晏子死景公驰往哭哀毕而去第十六

原　文

景公游于菑，闻晏子死，公乘侈舆服繁驵驱之①。自以为迟，下车而趋②；知不若车之速，则又乘。比至于国者，四下而趋。行哭而往，伏尸而号，曰："子大夫日夜责寡人，不遗尺寸，寡人犹且淫佚而不收③，怨罪重积于百姓。今天降祸于齐，不加于寡人，而加于夫子，齐国之社稷危矣，百姓将谁告夫？"

注　释

①乘侈舆：一说当作"侈乘舆"。侈：古与"趋"同，趋又通"促"，催促。繁驵（pó zǎng）：古良马名。繁：白色。

②趋：快步走。

③犹且：仍然，还是。淫佚：放纵。

译文

齐景公在菑地游玩，听到晏子去世的消息，他催促随从备车驾着快马赶回去。齐景公觉得马车跑得太慢，就下车快步走；发现这样又不如马车跑得快，就又坐上车。等他回到都城内，四次下车快跑。一边哭一边赶往晏子家，到了之后，趴在晏子的尸身上号啕大哭，说："大夫您天天教诲我，不遗漏各种细小的事情，我却仍然放纵而不知道收敛，在百姓心中积聚了深重的罪孽。现在上天降下祸患给齐国，不施加在我身上，却施加在夫子您身上，齐国的江山社稷危险了啊，百姓将向谁求告呢？"

晏子死景公哭之称莫复陈告吾过第十七

原文

晏子死，景公操玉加于晏子尸上而哭之，涕沾襟。

章子[①]谏曰："非礼也。"

公曰："安用礼乎？昔者吾与夫子游于公阜之上，一日而三不听[②]寡人，今其孰能然乎？吾失夫子则亡，何礼之有？"免而哭，哀尽而去。

注释

①章子：指弦章，齐景公臣。

②不听：不允许。这里指批评教育。

译文

晏子去世了，齐景公拿着玉放在晏子尸身上并为之哭泣，眼泪流下来沾湿了衣襟。

章子劝谏说："这不符合礼制啊。"

景公说："哪还用得着礼仪啊？从前我和夫子在公阜上游玩，他一天三次批评我，现在还有谁能这样做啊？我失去夫子也活不下去了，还需要什么礼仪？"于是脱下帽子大哭，极尽哀伤之情才离开。

晏子没左右谀弦章谏景公赐之鱼第十八

原　文

晏子没十有七年，景公饮诸大夫酒。公射，出质[①]，堂上唱善[②]，若出一口。公作色太息，播[③]弓矢。

弦章入，公曰："章！自吾失晏子，于今十有七年，未尝闻吾不善。今射出质，而唱善者若出一口。"

弦章对曰："此诸臣之不肖也，知不足以知君之不善，勇不足以犯君之颜色。然而有一焉，臣闻之，君好之则臣服之，君嗜之则臣食之。夫尺蠖[④]食黄则其身黄，食苍则其身苍。君其犹有食谄人言[⑤]乎？"

公曰："善。今日之言，章为君，我为臣。"是时海人入鱼，公以鱼五十乘赐弦章。

章归，鱼乘塞途，抚其御之手曰："曩[⑥]之唱善者，皆欲若鱼者也。昔者晏子辞赏以正君，故过失不掩。今诸臣谄谀以干利，故出质而唱善，如出一口。今所辅于君，未见于众，而受若鱼，是反晏子之义，而顺谄谀之欲也。"固辞鱼不受。

君子曰："弦章之廉，乃晏子之遗行也。"

注　释

①质：箭靶。

②唱善：称赞，叫好。

③播：舍弃。

④尺蠖：蛾的幼虫。

⑤食谄人言：指喜欢听奉承的话。

⑥曩：以往，从前。

译文

晏子去世十七年后，有一天齐景公宴请各位大夫喝酒。酒宴中景公射箭，射到了靶子外面，朝堂上的人却一致称赞，那些话就像从同一张嘴巴里说出来的一样。景公变了脸色，叹了口气，扔掉了弓箭。

弦章进来，景公说："弦章！自从我失去晏子，到现在已经十七年了，从来没有听到过别人说我不好。今天我射箭射到了靶子外面，但他们的称赞声却像出自同一张嘴巴。"

弦章回答说："这是那些大臣不够贤德啊，他们的智慧不足以看出君主的缺点，勇气不足以冒犯君主的颜面。但是有一点，我听说，君主喜欢穿什么，臣子就给他穿什么；君主喜欢吃什么，臣子就会给他吃什么。像尺蠖这种虫子，吃了黄色的东西就变成黄色，吃了青黑色的东西就变成青黑色。您大概还有喜欢听人说奉承话的时候吧？"

景公说："您说得好！今天所说的话，您弦章是君主，我是臣子。"这时海上的渔民来进献鱼，景公把五十车鱼赐给了弦章。

弦章回家，载鱼的车堵塞了道路，弦章按住车夫的手说："之前称赞君主的人，都想得到类似鱼这样的赏赐。以前晏子推辞赏赐来规劝君主的过失，所以那些过失就藏不住。现在这些大臣们都是为了求取利益而阿谀奉承，所以君主的箭射到靶子外面，那些叫好声却仍像出自同一张嘴巴。如今我辅佐君主，还没有为众人所知，却要接受这些鱼，这就违背了晏子的道义，而顺同于谄媚臣子的欲望了。"于是坚决推辞，不接受这些鱼。

君子评论说："弦章的廉洁，是晏子流传下来的品行啊。"